Felix Nattermann

Gebt den Kindern die Verantwortung zurück

Ein leidenschaftlicher Lehrer macht Mut

Unter Mitarbeit von Ann-Kathrin Schwarz und Jan Wielpütz

Besuchen Sie uns im Internet:
www.knaur.de

Originalausgabe April 2018
© 2018 Knaur Verlag
Ein Imprint der Verlagsgruppe
Droemer Knaur GmbH & Co. KG, München
Alle Rechte vorbehalten. Das Werk darf – auch teilweise – nur mit
Genehmigung des Verlags wiedergegeben werden.
Covergestaltung: ZERO Werbeagentur, München
Coverabbildung: © Mike Timo/gettyimages
Illustration im Innenteil: Daniela Sonntag
Satz: Adobe InDesign im Verlag
Druck und Bindung: CPI books GmbH, Leck
ISBN 978-3-426-21441-1

2   4   5   3   1

Wir vermögen mehr, als wir glauben. Wenn wir das erleben,
werden wir uns nicht mehr mit weniger zufriedengeben.
Kurt Hahn, Reformpädagoge

Inhalt

Die Erziehung zu perfekten Konsumenten

Habt keine Angst um mich.
Ich komme immer zurecht.

Pippi Langstrumpf

Ich weiß nicht, wie es Ihnen geht, aber ich bin mit den Büchern von Astrid Lindgren aufgewachsen, und die Figuren sind nach wie vor in meiner Erinnerung lebendig: Pippi Langstrumpf, die allein in einer kunterbunten Villa lebt und für ihr Pferd Kleiner Onkel und ihr Äffchen Herr Nilsson sorgt. Meisterdetektiv Kalle Blomquist, der – obwohl von Freunden verlacht – an seinem Fall dranbleibt und den Juwelendieb schnappt. Oder Ronja Räubertochter, die in die Bärenhöhle zieht, weil sie ihren Freund Birk nicht aufgeben will. Lindgrens Figuren haben mich bezaubert, inspiriert und begleitet, und die Philosophie der klugen Autorin hat mich vor allem eines gelehrt: Es ist egal, ob ich ein Kind bin, ich kann etwas erreichen, wenn ich es wage.

Natürlich war ich in Wahrheit froh, dass ich den Winter nicht in einer Bärenhöhle verbringen oder allein in einer kunterbunten Villa hausen musste. Aber im Vertrauen auf meine kindliche Stärke habe ich draußen gespielt, habe mit Freunden meine Heimatstadt Erfurt erkundet, habe mich mit ihnen in Hinterhöfe geschlichen und Klingelstreiche gespielt, an der nahe gelegenen Gera Staudämme gebaut und mit selbst gebastelten Holzschwertern gefochten, bin im Garten meiner Großeltern auf Bäume geklettert und erst nach Hause gekommen, wenn es draußen dunkel wurde. Ich bin Fahrrad ohne Helm gefahren, habe mich auf dem

Schulhof behauptet und mit der Zeit einen immer weiteren Radius erkundet und erobert. Ich war Kind, und das durfte ich auch sein – wie bei Lindgren wild und frei und wunderbar, und vor allem auch: abenteuerlustig.

Ich war sicher, dass meine Eltern mir vertrauten, und es fühlte sich gut an, auf sich selbst gestellt zu sein, sich ausprobieren zu können und Verantwortung zu übernehmen. Es hat mir Lust gemacht auf das Leben, auf die Welt und darauf, etwas auf die Beine zu stellen.

Leider ist es heute für Kinder nicht mehr selbstverständlich, so aufzuwachsen. Und das ist sehr zu ihrem Nachteil, wie ich in diesem Buch zeigen werde.

Wenn im Folgenden von Kindern die Rede ist, spreche ich im Grunde über Kinder und Jugendliche. Ich bin seit über 20 Jahren in der Jugendarbeit tätig, arbeite heute als Lehrer, kenne also die verschiedenen Altersstufen. Und ich beobachte, dass viele Eltern ihren Kindern heute unbewusst Steine in den Weg legen: Die Kids dürfen kaum noch eigene Entscheidungen treffen. Und sie konsumieren nur, sind fremdbestimmt. Die Eltern verplanen die Zeit ihrer Kinder so gründlich, wie dies zuvor noch nie der Fall war, und sie minimieren jegliches Risiko. Eltern tun dies aus Sorge um das Wohl der Kinder, was absolut verständlich ist. Leider entziehen sie ihren Kindern dabei etwas Wesentliches: das Vertrauen, dass sie viele Situationen alleine meistern können. Sie lehren ihren Nachwuchs nicht, Verantwortung für das eigene Handeln zu übernehmen.

Schon Kleinkinder werden von ihren Eltern heute dort beschützt, wo sie eigentlich keinen Schutz brauchen. Mama und Papa halten sie auf der Rutsche fest, reichen auf dem Klettergerüst die Hand oder fahren auf dem Kinderkarussell mit. Dabei gibt es hier keine lebensbedrohlichen Gefahren, denen die Kinder ausgesetzt wären, sondern vielmehr die ersten wichtigen Erfahrungen im Leben eines Kindes: Oben auf der Rutsche loszulassen, im Vertrauen darauf, dass man die rasante Fahrt schon alleine meistern kann, und das berauschende Gefühl, wenn alles gut gegangen ist. Das Wagnis, auf dem Klettergerüst in die Höhe zu steigen im Bewusstsein des Risikos, zu fallen. Oder die Freude, alleine auf dem Karussell zu fahren, selbst wenn das ganz komisch im Magen kribbelt.

Für größere Kinder ist der Schulweg ein weiterer wichtiger Schritt zur Eigenständigkeit. Zu meiner Zeit völlig selbstverständlich, dürfen heute kaum noch Erstklässler ihren Schulweg ohne elterliche Aufsicht absolvieren. Und nein, obwohl viele Menschen dies denken, ist die Welt da draußen nicht schlimmer oder gefährlicher geworden. Was den Schulweg angeht, ist sie sogar sicherer: Es gibt heute mehr Zebrastreifen und Fußgängerampeln als früher.

Eltern, die ihr Kind zur Schule fahren, berauben es auch hier einer wichtigen Erfahrung: dass ihm jemand zutraut, mit der Situation klarzukommen. Dass es seine Umwelt erlebt, denn den Schulweg zu gehen, bedeutet auch, sich in seiner Umgebung zu orientieren. Und dass es das »Ich kann etwas erreichen, wenn ich es wage«-Gefühl erlebt, wenn es sein Ziel erreicht – mein Astrid-Lindgren-Feeling.

Bei Jugendlichen setzt sich das Problem fort, wenn Eltern beispielsweise von ihnen verlangen, dass sie auch auf Klassenfahrt per Handy erreichbar sind. So wird die Erfahrung verhindert, fern von zu Hause auf sich allein gestellt zu sein und diese Situation selbstständig zu meistern. Ähnliche Auswirkungen hat es, wenn Eltern selbst bei 12- oder 13-Jährigen noch permanent die Hausaufgaben kontrollieren, anstatt dies dem Kind zu überlassen – es wird dann kaum verstehen, dass es selbst für Erfolge und Misserfolge verantwortlich ist. Oder wenn sie dem fast erwachsenen Spross bedingungslos den Führerschein und das erste Auto finanzieren, ohne dass das Kind darüber nachdenken müsste, wie es selbst dazu beitragen könnte.

Das sind nur einige Beispiele, mit denen ich immer wieder konfrontiert werde, doch es gibt Tausende von Situationen, an denen Kinder und Jugendliche wachsen könnten, die ihnen aber heutzutage von vielen Erziehenden, Eltern genau wie von Jugendarbeitern und Lehrern vorenthalten werden. Und das ist nicht gut für Kinder. Denn sie wollen und müssen Verantwortung übernehmen, damit starke Erwachsene aus ihnen werden.

Das immer wieder verwehrte Vertrauen verhindert hingegen, dass Kinder Erfolgserlebnisse sammeln, und es wirkt sich später in mangelndem Selbstvertrauen und fehlender Selbstständigkeit aus. Kinder, denen wir heute kein Vertrauen schenken und die wir nicht dazu erziehen, Verantwortung zu übernehmen und eigene Erfahrungen zu sammeln, werden ihr Leben morgen nicht selbst in die Hand nehmen können.

Die All-inclusive-Kindheit und ihre Folgen

Verstehen Sie mich nicht falsch: Kinder sind so ziemlich das Größte, und der Wunsch, sie zu behüten, ist darum absolut nachvollziehbar. Aber viele Eltern sind heute zu ängstlich. Und sie tun ihrem Nachwuchs damit keinen Gefallen. Denn Kindheit und Jugend sind eine ungemein wichtige und prägende Zeit. Unsere Aufgabe als Erwachsene ist es, Kinder flügge zu machen, anstatt sie nur mit Nestwärme zu umsorgen. Und so ist es eine Katastrophe, wenn Kinder von überbehütenden Eltern die einseitige Botschaft erhalten: Du musst dich um nichts kümmern, es gibt ein Netz und einen doppelten Boden. Ich fange dich auf, ich halte dich die ganze Zeit fest. Es ist für alles gesorgt. Immer.

Damit erweisen wir unseren Kindern einen Bärendienst. Denn erst durch das Vertrauen der Erwachsenen lernen Kinder, sich selbst zu vertrauen. Und indem sie Verantwortung übernehmen, entwickeln sie Eigeninitiative und lernen, eigene Entscheidungen zu treffen. Wenn ihnen jedoch jede Mühe abgenommen wird, wenn immer alles um sie herum geplant und abgesichert ist, lehnen sie sich zurück und entwickeln eine Beifahrermentalität: Mama und Papa haben das Steuer fest in der Hand, sie selbst müssen nur danebensitzen, brauchen nichts zu tun und gelangen trotzdem ans Ziel.

Ich sehe das in der Schule. Von meinen Schülern – ich spreche hier, wenn nicht ausdrücklich anders erwähnt, immer von beiden Geschlechtern, also Jungs und Mädchen – sind viele die ganze Woche über verplant. Wie auf Schienen fahren sie durch den Tag und verbringen zudem die meiste Zeit in gesicherten Räumen: Sie sind entweder in der Schule, zu Hause vor dem Fernseher oder Computer, vielleicht auch in der Musikschule und in Vereinen. Nichts gegen Vereine – sie leisten wertvolle pädagogische Arbeit. Aber auch hier gibt es eine Aufsicht und ein Programm. Auch hier konsumieren die Kinder und Jugendlichen ein vorgefertigtes Produkt. Dabei ist es egal, ob sie ein Instrument erlernen oder einen Sport ausüben. Sie bekommen einen Ablauf geboten, ohne wirkliche Gestaltungsfreiheit, ohne die Chance, sich selbst und die Welt dort draußen zu erfahren. Das Gleiche gilt für die Schule. Hier sitzen die Schüler brav und konsumieren ihren Stoff. Frontalunterricht und Einzelarbeit, Übungen zu zweit oder in größeren Gruppen wechseln sich ab, aber die Kinder entscheiden nicht selbstständig, wann und wie und was sie lernen. Und so besteht Matheunterricht meist nur aus Regeln und Formeln, Englisch aus Vokabeln, die man pauken, und Lückentexten, die man ausfüllen muss.

Ein kurzes Beispiel, welche Folgen das haben kann: Früher gab es noch an fast jeder Schule eine Schülerzeitung, die komplett in Schülerhand lag. Heutzutage ist dies eher selten geworden. Wenn überhaupt, so leiten oftmals Lehrer in Form einer AG eine solche Schülerzeitung, die man dann kaum noch als eine solche bezeichnen kann. Und sie haben Mühe, ihre Schüler fürs Schreiben der Artikel zu begeistern.

Kein Wunder. Durch die Art, wie wir ihren Tag durchstrukturiert haben, haben die Kinder gelernt, Schule zu konsumieren und automatisiert jeden Stoff zu schlucken. Im besten Fall jagen sie nur noch guten Noten hinterher. Wie sollen Schüler da eine Zeitung gründen und organisieren? Sie haben noch nie etwas selbst aufbauen müssen oder besser gesagt: dürfen. Sie kennen nicht das Gefühl, eine eigene Idee zu haben und diese dann mit viel Elan umzusetzen. So werden ihnen auch zwei prägende Erfahrungen vorenthalten: den Erfolg ihres eigenen Unternehmens auszukosten ebenso, wie zu lernen, mit einem Misserfolg umzugehen. Und es ist dabei egal, ob es sich um die Schülerzeitung handelt, eine Schülerfirma, ein wirklich in Schülerhand liegendes *Jugend-forscht*-Projekt, ein Theaterstück oder eine AG, die die Schüler selbst leiten.

Wenn wir unseren Job als Lehrer ordnungsgemäß erledigt haben, dann sind die Kinder am Ende super ausgebildet, verfügen über ein breites Wissen, sind in der Lage, Integrale zu lösen und aufs Trefflichste Gedichte zu interpretieren. Was ihnen aber fehlt, ist Leidenschaft, das wirkliche Interesse an einer Sache.

Viele Schüler wissen daher nach der Schule nicht, was sie machen wollen. Die unendlichen Möglichkeiten unserer offenen Welt verängstigen sie – es gibt plötzlich keinen vorgefertigten Fahrplan mehr. Sie sind von der Freiheit überfordert, eine wirklich relevante Entscheidung zu treffen, nämlich, was sie mit ihrem Leben anfangen wollen. In der Schule waren sie zwar in einigen Fächern gut, es gibt aber nichts, wofür sie wirklich brennen. Aus eigenem Antrieb können sich daher nur die wenigsten für ein bestimmtes Studium oder eine Ausbildung begeistern. Viel eher entscheiden sie sich für Studienfächer oder Berufe, die ihnen von den Eltern souffliert werden. Und damit zieht sich das Problem weiter: Denn in ihrem späteren Leben sollen sie die Verantwortung für eine eigene Familie übernehmen, Verträge unterzeichnen, mit problematischen Situationen umgehen und sich selbstständig um ihre Zukunft kümmern – doch dazu geben wir ihnen nicht die richtigen Mittel an die Hand, sondern machen sie abhängig von uns.

So lernen sie nur, das Leben zu konsumieren, statt es zu gestalten.

Was daran so schlimm ist?

Um für die Zukunft fit zu sein, brauchen wir Menschen, die Dinge verändern, eigenständig denken und handeln. Stattdessen züchten wir uns eine Generation ohne Leidenschaft heran. Die heutigen Kinder werden zu Menschen, die sich nichts zutrauen und ihrem Job nachgehen, ohne für etwas zu brennen. Sie werden zwar eine Arbeit finden, aber wahrscheinlich keine Unternehmen gründen, sich nicht über Gebühr engagieren und nichts Neues wagen. So bilden wir Arbeitnehmer aus, die nicht flexibel auf den sich wandelnden Arbeitsmarkt reagieren können. Und das ist fatal, denn viele der Jobs, für die wir sie heute ausbilden, wird es morgen durch die Digitalisierung nicht mehr geben.

Gleichzeitig starten unsere Kinder mit hohen Erwartungen ins Leben, was den eigenen Lebensstandard oder Karrierepläne betrifft – Erwartungen, die zwangsläufig enttäuscht werden, da es im Leben eben keine Automatismen gibt, sondern sehr viel von Eigeninitiative abhängt. Wenn wir unseren Kindern immer alles abnehmen, werden sie später nicht mal in der Lage sein, alleine bei einem Arbeitgeber anzurufen, um dort nach offenen Stellen zu fragen. Zudem werden sie steuerbar, denn wer nicht gelernt hat, Verantwortung zu übernehmen, bleibt unmündig und läuft größere Gefahr, sich von Rattenfängern verführen zu lassen. Anders ausgedrückt: Wer die Freiheit nie schätzen gelernt hat, wird sie nicht verteidigen.

Machen wir unsere Kinder zu mündigen Bürgern statt zu Konsumenten

Es ist nicht alles schlecht. Natürlich gibt es auch Eltern, Lehrer, Schulen und Vereine, die Kinder und Jugendliche hervorragend darin unterstützen, zu mutigen und engagierten Erwachsenen zu werden. Genauso gibt es tolle Kinder und Jugendliche, die vieles von dem können, was ich ihnen in meinem Buch abspreche. Ich schildere die negativen Beispiele deswegen so überdeutlich, weil es um eine falsche und gefährliche Tendenz in der Gesellschaft geht, der wir dringend Aufmerksamkeit schenken müssen – und der wir nur gemeinsam entgegenwirken können.
Ich spreche bewusst von »Wir«.
Lehrer und Eltern müssen an einem Strang ziehen – zum Wohl der Kinder. Es geht mir nicht darum, Eltern in eine Ecke zu stellen. Die Kinder brauchen uns: Eltern genau wie Lehrer und Erziehende in der Kinder- und Jugendarbeit.
Lassen Sie uns das also gemeinsam angehen.
Oft genug sind Schule und Eltern nicht verbündet, dabei geht es um etwas, das uns allen wichtig ist: aus Kindern Menschen zu machen, die auf eigenen Füßen stehen. Menschen, die unsere Gesellschaft dringend braucht. Wenn ich also im Folgenden »wir« sage, dann sind damit Sie als Eltern genau wie wir Lehrer, aber auch andere Menschen gemeint, die in erzieherischer Funktion im Leben des Kindes eine Rolle spielen: Großeltern, Onkel und Tanten, Freunde, Nachbarn, sogar Menschen auf der Straße. Das alte Sprich-

wort, nachdem ein ganzes Dorf ein Kind erzieht, hat seine Gültigkeit nicht verloren.

Gemeinsam sollten wir uns zunächst einem obersten Ziel verschreiben: Spätestens mit 18 Jahren müssen unsere bis dahin Schutzbefohlenen auf eigenen Beinen stehen können. Reif genug sein, um für sich und auch für andere Verantwortung zu übernehmen. Das können sie nicht, wenn wir sie nicht mit altersgemäßen Herausforderungen darauf vorbereiten.

Dazu müssen Eltern und Schulen Räume schaffen, in denen Kinder und Jugendliche wachsen können. Wir dürfen die Kinder nicht an die Hand nehmen und über jede Stolperstelle vorsichtig hinwegführen oder diese noch besser komplett umfahren. Vielmehr sollten wir sie an altersgemäße Hürden heranführen und darauf vertrauen, dass unsere Kinder diese bewältigen werden.

Natürlich sind diese Hürden gelegentlich auch mit Gefahren verbunden. So gern ich das möchte, kann ich nicht versprechen, dass die Kinder den Lernprozess völlig ohne blaue Flecken überstehen. Meine Tipps sollen dazu dienen, die Kinder mit der Schönheit und den Widrigkeiten dieser Welt vertraut zu machen, sie mutig und stark machen. Nichts bewahrt sie vor der Gefahr, die damit verbunden ist, Verantwortung zu übernehmen. Wer glaubt, dass es besser wäre, Kinder zu behüten, übersieht, dass der Umgang mit riskanten Situationen besser schult, als das eigene Kind mit 18 quasi ins offene Messer laufen zu lassen – denn in dem Alter muss es spätestens so weit sein, dass es die komplette Verantwortung für sein Leben übernehmen kann. Daher müssen wir Kinder lehren, nach und nach immer mehr Risiko einzugehen.

Wir müssen uns also bewusst werden, dass es vor allem die Herausforderungen und Hindernisse sind, aus denen Kinder lernen und an denen sie wachsen – nicht die kuschligen

Komfortzonen oder behüteten Lernbereiche. Dazu gehört auch das Scheitern. Wir leben leider in einer Kultur, in der es verpönt ist, Fehler zu machen, weshalb wir uns alle davor fürchten. Das ist Unsinn. Denn wir lernen durch Fehler. Genauso ist das bei Kindern. Wir müssen ihnen wieder erlauben, Fehler zu machen und daraus ihre Schlüsse zu ziehen. Erst so erlangen sie Selbstsicherheit. Sie können einem Kleinkind das Laufen nicht beibringen, indem Sie ihm einen Vortrag darüber halten, wie es dabei die Beine bewegen muss. Es lernt nur, indem es das Laufen ausprobiert – und dabei auch mal auf sein Hinterteil fällt. Sich auszutesten, seine Grenzen kennenzulernen und zu überschreiten, gehört zu den wertvollsten Erfahrungen im Leben. Diese Art zu lernen müssen wir auf alle Lebensbereiche übertragen, wenn wir erreichen wollen, dass Kinder selbstständig werden: Wir müssen sie ausprobieren, ihre eigenen Erfahrungen machen – und auch scheitern lassen.

Das gelingt aber nur, wenn wir den Kindern zeigen, dass wir ihnen vertrauen, und wenn wir ihnen die Verantwortung zurückgeben. Wir müssen ihnen ihre Welt Stück für Stück anvertrauen. Indem wir das tun, gestalten wir die Zukunft. Nicht nur die der Kinder, sondern auch die der Welt, in der wir alle und auch künftige Generationen leben. Denn nur, wenn die Kinder und Jugendlichen, die wir erziehen, selbstbewusst und frei genug sind, werden sie Lust haben, diese Welt und die Gesellschaft aktiv mitzugestalten und diese Haltung an ihre eigenen Kinder weitergeben.

Das Beste, was ich mit diesem Buch erreichen kann, ist, den Blick darauf zu lenken, wie wir derzeit Kinder ihrer Möglichkeiten berauben – und Mut für eine Erziehung zu machen, die den Kindern die Verantwortung zurückgibt.

Um zu erklären, warum das vielen von uns gar nicht so leichtfällt, werde ich zeigen, wie sehr die aktuelle Erziehung durch Angst geprägt ist und wohin dies führt. Wichtig ist mir aber, in diesem Buch nicht nur das Problem zu schildern, sondern auch konkrete Lösungen anzubieten: In welchen Situationen wir dem Kind die Verantwortung überlassen und uns selbst von unseren Ängsten frei machen können. Welches Maß an Verantwortung für welches Alter geeignet ist und wie wir Kinder im angemessenen Rahmen stetig fordern können, statt sie nur zu fördern. Weiter hinten im Buch finden Sie neben Tipps aus meiner Praxis als Lehrer eine Übersicht, die aufzeigt, was Kindern ungefähr wann zugetraut werden kann.

Gehen Sie mit mir neue Wege, die Kinder zu fördern

Die Anregungen in diesem Buch stammen nicht allein aus meiner Praxis als Lehrer, sondern auch von zahlreichen Pädagogen und Eltern, mit denen ich gesprochen habe.
Vorwiegend basieren sie aber auf Erkenntnissen, die ich in meiner Arbeit gesammelt habe. Ich bin schon recht lange im Bereich der Kinder- und Jugendarbeit tätig: Vor über 20 Jahren habe ich damit begonnen und bekam für meine Aktivitäten im Jahr 2000 den Kinderfreundlichkeitspreis der Stadt Bonn verliehen. Vor zehn Jahren habe ich dann den Beruf des Lehrers für Mathematik und Informatik ergriffen – nicht gerade Fächer, die allen geheuer sind, das weiß ich, die aber in unserer heutigen Welt eine wachsende Bedeutung haben. Für mein leidenschaftliches Engagement wurde ich 2014 in Berlin mit dem Deutschen Lehrerpreis ausgezeichnet.
Weil der gewöhnliche Schulunterricht die Sozialkompetenz, die Eigenständigkeit und den Zusammenhalt der Schüler nicht so sehr förderte, wie ich es mir wünschte, habe ich mir vor einigen Jahren Methoden und Projekte ausgedacht, die schon bald für Aufsehen sorgten.

Obgleich sich viele Schulen gerne die Erziehung zur Eigenverantwortlichkeit und Selbstständigkeit der Schüler auf die
Fahnen schreiben, bieten der herkömmliche Unterricht und
der volle Lehrplan nicht genügend Raum, um Sozialkompetenz, Eigenständigkeit und Zusammenhalt der Schüler zu
fördern. Das ist nicht immer der einzelnen Schule anzu-
lasten. Es hat vielmehr mit dem bestehenden System und
der gesamtgesellschaftlichen Entwicklung zu tun.
So braucht es hier und da neue Wege, und ich hatte Glück,
eine Schule zu finden, die diese Wege mitgeht.
Neben dem eigentlichen Unterricht leite ich an unserem
Gymnasium in Mönchengladbach eine Computer-AG, an
der inzwischen über einhundert Schülerinnen und Schüler
teilnehmen. Die AG zeichnet sich durch ihren neuartigen
Aufbau aus: Hier unterrichten Schüler andere Schüler, und
es gibt viele erlebnispädagogische Elemente.
Zudem führe ich im Rahmen von Modulen, die in unserem
Schulkonzept verankert sind, regelmäßig den sogenannten
Haik durch, eine mehrtägige Wanderung, für deren Erfolg
die Kinder und Jugendlichen selbst verantwortlich sind:
Zwölf- bis fünfzehnjährige Schüler suchen Sponsoren,
schreiben Journalisten an, leiten Pressekonferenzen, sammeln Gelder für einen guten Zweck und bereiten sich auf
den großen Lauf vor. Dabei liefen sie zum Beispiel im letzten
Jahr von Lindau in Deutschland über Österreich und die
Schweiz bis nach Liechtenstein. Vom Materialkauf über die
Organisation der Bahnreise, das Handhaben der Karte bis
zum Zeltaufbau und der Verpflegung liegt bei so einem Lauf
alles in den Händen der Schüler. Ich wandere lediglich mit
und lasse den Tag am Abend mit ihnen zusammen Revue
passieren.
Die Schüler lieben diese Projekte – die AG wie auch die
Wanderungen. Und das vor allem, weil sie sich darin beweisen können. Sie wachsen daran, dass sie selbstständig

handeln und dass ihre Bemühungen zu ausgezeichneten Ergebnissen, zu Lob und Anerkennung führen. Und sie schöpfen Kraft daraus, dass sie als Gruppe enger zusammenwachsen.

Dass die Kinder so darauf ansprechen, zeigt mir sehr deutlich, dass ich auf dem richtigen Weg bin. Und auf diesen möchte ich Sie gerne mitnehmen.

Kinder brauchen Wurzeln – und Flügel

Das Tolle ist: Wir haben es in der Hand, dass unsere Kinder sich nicht unterkriegen lassen und ihren Weg wild und frei und wunderbar gehen. Und so wünsche ich mir, dass dieses Buch seinen erwachsenen Leserinnen und Leser als Inspiration dient. Dass es Sie dazu anregt, Ihren Kindern so viel Freiheit und Verantwortung zu geben wie möglich. Denn beides sind wahre Wundermittel, damit Kinder als Persönlichkeiten wachsen, damit sie stark und eigenständig werden. Damit sie Flügel bekommen, um die Welt selbstbewusst zu erobern, um Kraft und Fantasie zu entwickeln. Das wünsche ich mir vor allem, weil mir die Kinder und Jugendlichen, die ich unterrichte – Ihre Kinder –, sehr am Herzen liegen.

Deswegen möchte ich mit diesem Buch Mut machen: Es ist nicht schwer, Kindern und Jugendlichen mehr Verantwortung an die Hand zu geben. Gehen Sie diesen Weg mit mir – lassen Sie sich von mir überzeugen, Ihre Kinder in die Bärenhöhle ziehen zu lassen oder in die Villa Kunterbunt. Es ist das Beste, was Sie für sie tun können.

Bereit?

Dann schauen wir uns an, was uns eigentlich davon abhält.

Kapitel 1
Die Angstspirale
Wie wir unsere Kinder lehren, sich zu fürchten

Angst ist ein schlechter Ratgeber.
Englisches Sprichwort

Ein Dienstagnachmittag im Sommer. Ich unterrichte im Computerraum einen Oberstufenkurs in Informatik. Die Schüler sind mit einer Programmieraufgabe beschäftigt, und ich gehe von Tisch zu Tisch und schaue, wer vielleicht meine Hilfe benötigt. Plötzlich dringen durch das geöffnete Fenster laute Hilferufe zu uns herein. Es sind Kinderstimmen. Ich trete ans Fenster, ein paar Schüler folgen mir. Wir schauen gemeinsam, was draußen vor sich geht.

Unsere Schule teilt sich den Pausenhof mit der benachbarten Grundschule. Das Schauspiel, das sich uns dort unten bietet, ist reichlich merkwürdig. Ein roter VW-Kombi mit getönten Scheiben steht auf der Mitte des Platzes. Ein dunkel gekleideter Mann – selbst aus der Ferne vom Körperbau her ein ziemlicher Schrank – macht sich am geöffneten Kofferraum des Wagens zu schaffen.

Etwa zehn Meter von ihm entfernt stehen rund zwanzig Grundschüler in einer Reihe. Jedes Kind tritt einzeln vor und geht an dem roten Kombi vorbei. Wenn es auf gleicher Höhe mit dem dunkel gekleideten Mann ist, dreht sich dieser um und kommt mit bedrohlicher Körperhaltung auf das Kind zu. Manchmal gibt er sich zur Abwechslung auch zahm und versucht, das Kind mit einer Tafel Schokolade zu sich zu locken. Die Reaktion der Grundschüler läuft immer gleich ab, was ich als Zeichen werte, dass sie diese zuvor mit einem Trainer, bestimmt dem jetzt »bösen« Mann, einstudiert haben müssen. Die Dreikäsehochs halten abwehrend eine Hand in die Höhe und rufen: »Stopp! Lass mich!« Dann rennen sie weg, so schnell sie ihre kurzen Beine tragen, und schreien dabei laut: »Hilfe! Hilfe! Hilfe!«

Ich staune nicht schlecht. Und meine Schüler machen ebenfalls verdutzte Gesichter, manche finden es »voll krass« oder schütteln den Kopf.

Von Kollegen und Bekannten habe ich bereits gehört, dass diese Art von »Selbstsicherheitstraining« oder »Präventionskurs« bei Kindern, beziehungsweise ihren Eltern, gerade en vogue sein soll. Externe Dienstleister bieten Kurse dieser Art in Kindergärten und Schulen an. Es ist allerdings das erste Mal, dass ich eine solche Übung live mitverfolge.

Und ich habe selten etwas Blödsinnigeres gesehen.

Denn: Ist ein solches Training wirklich realistisch? Rüstet es die Kinder tatsächlich für den »Ernstfall«? Und macht es ihnen Mut für den Alltag?

Wohl kaum.

Die überwiegende Zahl der Kinder wird zum Glück nie in eine solche Lage geraten. Das Training ist also reine Panikmache. »Viele Anbieter werben mit angsteinflößenden Videos, Werbetexten oder Statistiken für Kurse und andere Trainings, die Kinder gegen Übergriffe von Fremden schützen sollen. Tatsache ist aber, dass Anbieter mit der Angst der Eltern Geld verdienen wollen«, sagt auch Andreas Mayer, Geschäftsführer der Polizeilichen Kriminalprävention der Länder und des Bundes in einem Interview mit der Webseite urbia.de.

Prominente Fälle wie der von Natascha Kampusch oder Jakob von Metzler machen zwar Schlagzeilen, doch solche Entführungen sind ausgesprochen selten und haben meist etwas damit zu tun, dass die Eltern des Kindes reich sind und ein üppiges Lösegeld zahlen können. Die rund 750 Kinder, die in Deutschland jährlich als entführt gemeldet werden, sind aber in den allermeisten Fällen nach der Trennung von einem Elternteil entführt worden. Die Wahrscheinlichkeit, dass Ihr Kind von einem x-beliebigen Fremden entführt wird, ist verschwindend gering – Schätzungen zufolge ist die jährliche Zahl einstellig. Das Risiko, dass Ihr Nachwuchs von einem Blitz erschlagen wird, kommt dem in etwa gleich.

Was die Kinder dort unten auf dem Schulhof bei dem Training lernen, bereitet sie weder auf eine real existierende Gefahrensituation vor, noch gibt es ihnen Selbstbewusstsein. Sie lernen eher das Gegenteil.

Sie lernen, Angst zu haben.

Angst vor dunkel gekleideten Kombi-Fahrern. Angst vor Erwachsenen im Allgemeinen. Angst, alleine irgendwohin zu gehen.

Wenn solche Angst geschürt wird, kommt es selbst in alltäglichen Situationen zu Überreaktionen: Eine Grundschülerin einer hiesigen Schule wurde neulich auf dem Heimweg von einem Mann angesprochen und am Arm festgehalten. Das Kind rannte zur Mutter nach Hause. Was genau der Grund für die Situation war, konnte nicht ermittelt werden. Die Mutter rief jedoch sofort in der Schule an, dass ein Entführer es auf ihr Kind abgesehen hätte. Die Schule verpflichtete daraufhin alle Eltern, ihre Kinder an diesem Tag abzuholen, selbst diejenigen, die das nicht wollten. Angst und Panik verbreiteten sich sichtlich unter den Schülern. Auch das Kind einer befreundeten Mutter, das sonst sehr selbstständig ist, war am Abend fix und fertig, es wollte die Nacht bei seinen Eltern im Bett verbringen und weinte sich in den Schlaf. Die heftige Reaktion der Mutter und der Schule förderte nur Angst und den Hang zum Klammern bei Eltern wie Kindern. All dies ist Ausdruck eines generellen Trends, den ich in der Schule und im Alltag beobachte: Wir lehren unsere Kinder, sich zu fürchten. Ich kenne 13- oder 14-jährige Schüler und

Schülerinnen, die noch nie allein in der Stadt waren, weil ihre Eltern befürchten, sie könnten sich dort nicht zurechtfinden, mit der Situation Stadt überfordert sein, entführt werden oder in die falschen Kreise geraten. Vor Kurzem habe ich mit einer Mutter gesprochen, die nicht wollte, dass sich ihre halbwüchsige Tochter bei Amnesty International engagiert. Sie hatte Bedenken, ihr Kind könne auf Demos gehen und sich dort radikalisieren. Und ich kenne Eltern, die schicken ihre Kinder nicht mal auf Klassenfahrten. Sie geben vor, dass ihr Sprössling unter Heimweh leidet. Dabei haben sie selbst einfach Angst, nicht bei ihrem Kind zu sein, nicht zu wissen, was gerade in dessen Leben geschieht. Diese Eltern leiden unter Kindweh, was inzwischen fast weiterverbreitet ist als Heimweh. Und es ist deutlich schädlicher: denn Furcht ist ein schlechter Ratgeber.

Zum einen haben unsere Ängste oft nichts mit der Realität zu tun: Wir mögen zum Beispiel Bilder von Krawallen im Fernsehen sehen, aber in der Mehrzahl verlaufen Demonstrationen friedlich. Wenn Eltern Angst haben, ihr Teenager könne von fliegenden Flaschen getroffen werden, wenn er oder sie zu einer harmlosen Tierschutzdemo in der nächstgelegenen Kreisstadt geht, machen sie ihrem Nachwuchs eher Angst und bremsen ein soziales Engagement später möglicherweise aus.

Zum anderen verunsichert es die Kinder, wenn wir unsere Ängste nicht im Zaum halten, wie es bei Kindweh der Fall ist. Tun Sie mir daher einen Gefallen, und lassen Sie Ihre Kinder allein zur Klassenfahrt, ins Ferienlager oder auf den Vereinsausflug fahren. Das packen die schon, glauben Sie mir! Das Kindweh der Eltern mitzuerleben, ist viel schlimmer für das Kind, als Heimweh zu haben. Indem Eltern ihre – meist unbegründete – Angst ausleben, stellen sie ihre eigenen Bedürfnisse über die Entwicklung des Kindes.

Ich erinnere mich in diesem Zusammenhang an eine Mutter, die Probleme hatte, ihre Tochter alleine wegfahren zu lassen. Die 6. Klasse, die das Kind besuchte, reiste für eine Übernachtung in ein Landschulheim.

»Ich bin eine Glucke«, sagte sie im Gespräch mit mir, und lachte unsicher. »Ich weiß, dass das vollkommen übertrieben ist, aber ich kann nicht anders.«

»Es wäre super, wenn Sie Ihre Angst Ihrer Tochter zuliebe ein wenig zurückstellen«, riet ich ihr.

Sie nickte und schwieg einen Moment. »Wird die Tür nachts abgeschlossen?«, fragte sie dann. »Sonst könnten die Kinder doch entführt werden … Und liegt das Haus in der Nähe des Waldes?«

»Die Stadt ist doch viel gefährlicher als der Wald«, antwortete ich.

»Ja, aber im Wald sind die ganzen Mörder.«

Erstaunt fragte ich sie, wie sie darauf käme.

»Das weiß ich aus dem Fernsehen.«

Mit dieser Urangst fertigzuwerden, war für sie nicht leicht, auch wenn sie selbst ein bisschen über ihre Furcht schmunzeln musste. Sie fragte dann ernsthaft, ob sie nicht auf die Klassenfahrt ihrer elfjährigen Tochter mitfahren könne. »Ich würde mich auch draußen vor die Haustür legen, nur damit ich weiß, dass es meinem Kind gut geht.«

Sie erklärte mir noch, dass sie zwar wüsste, dass der Übernachtungsausflug mit Gleichaltrigen ihrem Kind guttun würde, dass ihre Tochter aber besonders empfindsam sei und sich sonst sicher ängstigte. Das höre ich sehr oft von Eltern. Doch was Kindern in vielerlei Hinsicht wirklich schadet, sind Eltern, die nicht loslassen können.

Wie schief dies gehen kann, zeigt das Beispiel des 13-jährigen Florian, der auf einer Ferienfreizeit mitfahren sollte. Die Mutter wollte ihn nicht mit im Landheim übernachten lassen, buchte also für sich und ihn ein Zimmer in einer nahe gelegenen Pension. Tagsüber sollte er am Programm der Ferienfreizeit teilnehmen, abends nach der Gutenacht-geschichte wurde er dann abgeholt und übernachtete bei seiner Mutter in der Pension. Für Florian und auch für uns als Gruppe war dies nachteilig: Er hatte ohnehin Anschluss-probleme, die sich dadurch verstärkten, und die Mutter brachte ihn nicht immer zuverlässig, wir mussten also oft auf ihn warten. Eines Morgens wurde er überhaupt nicht gebracht, ich ging also mit dem Leiter der Ferienfreizeit zur Pension, um zu fragen, was los sei.

»Das muss ich *Sie* fragen«, rief die Mutter aufgebracht. »Flo-rian ist gestern total verstört heimgekommen!« Ihr Junge würde jetzt gar nicht mehr zum Programm kommen.

Wir erfuhren schließlich den Grund für ihre Verärgerung: Am Abend zuvor hatten sich die Jungs in dem Zimmer, wo Florian mit ihnen auf die Gutenachtgeschichte wartete, Geistergeschichten erzählt. So, wie Jungs das in dem Alter eben machen. Für die Mutter war eindeutig eine Grenze überschritten.

»Mein Sohn ist sehr sensibel, und nicht ohne Grund sind Horrorfilme erst ab achtzehn«, warf sie uns vor. »Wo war denn da die Aufsicht, als die Jungs sich solche Geschichten erzählt haben?«

Ich sehe, dass die Mutter auf dieser Fahrt in einem Dilemma war: Einerseits wusste sie, dass ihr Junge auch mal unter Gleichaltrigen sein muss, andererseits konnte sie eine Woche ohne ihn nicht aushalten, weil sie sich so um ihn sorgte.

Angesichts der Tatsache, dass kein anderer der Jungen ein Problem mit den Storys gehabt hatte, bin ich jedoch der festen Überzeugung, dass diese auch für Florian unbedenk-lich gewesen wären. Mehr noch: Wäre er in der Gruppe geblieben, hätten der Aufenthalt mit Gleichaltrigen und die professionelle Betreuung dafür sorgen können, dass er diese Erfahrung verarbeitet und daran wächst, statt seiner Angst nachzugeben.

Da es für Kinder gerade in diesem Alter sehr wichtig ist, Erfahrungen ohne elterliche Aufsicht zu machen, würde ich so etwas heute nicht mehr erlauben: Entweder die Kinder übernachten im Landschulheim, oder sie fahren gar nicht mit.

Denn der Effekt solcher Überbehütung ist nicht nur, dass andere Schüler das Kind nicht als vollwertig akzeptieren. Wir vermitteln den Kindern auch ein schlechtes Bild der Welt und unserer Gesellschaft. Wir bringen ihnen bei: Seid auf der Hut! Da draußen gibt es lauter böse Erwachsene und allerhand fiese Dinge. Ihr seid nirgends sicher, denn hinter jeder Ecke lauert eine Gefahr. Fürchtet euch! Bleibt lieber zu Hause. Das zerstört das Vertrauen der Kinder in die Welt und in ihre Mitmenschen.

Ich habe von meinen Eltern noch gelernt, dass ich einen Passanten fragen soll, wenn ich mich verlaufe, und ich vertraute darauf, immer jemanden zu finden, der mir helfen würde, wenn ich Hilfe benötigte. Da war ich ungefähr sechs oder sieben Jahre alt und erkundete mit meinen Freunden oder allein die Stadt. Damals gab es noch keine Handys, und ich hatte keine Uhr um, also fragte ich einfach Leute auf der Straße, wie spät es sei oder wie ich zu einem bestimmten Treffpunkt käme. Mein Opa ist mit 14 Jahren als Handwerker durch die Region gezogen und ein, zwei Jahre darauf sogar allein auf Walz durch das ganze Land gegangen.

Das wäre wohl für viele Eltern, die ich kenne, heute undenkbar.

Gründe für unsere Furcht

Eltern leiden heute unter zwei Formen der Angst.
Die erste ist ganz normal, es ist die Urangst aller Eltern, die Sorge um das Wohl ihrer Kinder. Dazu haben sie jedes

Recht, immerhin sind die Kleinen das Kostbarste, was es in ihrem Leben gibt. Die Angst um das eigene Kind wird bei der Geburt praktisch mitgeliefert und nimmt im Laufe des Lebens die vielfältigsten Formen an: Da ist die Angst, dass es als Baby beim Krabbeln in die Steckdose fasst oder die Treppe runterfällt. Die Angst, dass es einen Unfall hat, wenn es größer ist und zum ersten Mal auf eigene Faust Brötchen holen geht. Die Angst, dass es eine schlimme Krankheit haben könnte. Die Angst, dass es im Freibad ertrinkt. Die Angst, dass es mit Drogen in Berührung kommt. Die Angst, ob alles gut geht, wenn es zum ersten Mal alleine verreist oder bei einem Schüleraustausch mitmacht. Die Angst, wenn es mit dem ersten eigenen Auto in die Disko fährt. Kurz, es ist die unterschwellige, immer präsente Angst, dass es das Kind nicht mehr geben könnte. Und das ist vollkommen normal – wer sich als Elternteil nicht um sein Kind sorgt, sollte wohl ein ernstes Gespräch mit einem Arzt führen.

Auch ich als Lehrer kenne diese Gefühle. Wenn Sie Ihre Kinder in meine Obhut geben, übertragen Sie damit auch einen Teil Ihrer Sorgen auf mich. Auch ich möchte, dass es den Schülern, für die ich die Verantwortung trage, gut geht – dass sie in der Schule zurechtkommen, etwas lernen, nicht auf die schiefe Bahn geraten oder aus Liebeskummer verzweifeln, und natürlich hat es oberste Priorität für mich, dass alle von der Klassenfahrt oder dem Schüleraustausch wohlbehalten zurückkehren. Mir liegt aber auch sehr viel daran, dass aus jedem meiner Schüler ein starker, selbstbewusster Erwachsener wird, der ein glückliches Leben führt.

Deswegen weiß ich: Diese Form der Sorge ist zwar völlig natürlich, aber ihr in jedem Fall nachzugeben, bringt nichts. Sie können mir glauben, dass ich mir Sorgen mache, wenn ich auf Klassenfahrten die Schüler in Dreiergruppen die Gegend erkunden lasse und nicht alle pünktlich zurück

sind. Oder wenn eine Nachtwanderung in Gruppen stattfindet und einige Schüler nicht zur vereinbarten Zeit ein-
trudeln.

Bisher sind aber noch immer alle heil angekommen; selbst
wenn sie sich mal verlaufen hatten, schafften sie es aus eigener Kraft zum Treffpunkt zurück. Es wäre nun ein fataler
Fehler, keine Nachtwanderungen oder Gruppenausflüge
anzubieten, nur damit ich selbst kein angespanntes Gefühl
mehr aushalten muss. Denn die Schüler profitieren davon,
gerade wenn mal was nicht ganz nach Plan läuft. Aus jeder
dieser Situationen kommen sie bestärkt zurück – sie haben
etwas geschafft. So verständlich die Angst um sie ist, so
schädlich ist es für die Kinder, ihr nachzugeben.

Die mediale Angstspirale

Doch es gibt noch eine zweite Form der Angst: die Angst,
die wir als Erwachsene vor der Gesellschaft und der Welt
haben, in der wir leben und in der wir unsere Kinder groß-
ziehen. Wir fürchten, unsere Kinder könnten darin nicht
sicher sein. Wir vertrauen nichts und niemandem.

Diese Angst ist nicht natürlich. Sie ist kulturell erzeugt. Sich
vor allem zu fürchten, ist irrational, und das ist in unserer
Zeit ein großes Problem für Eltern und ihre Kinder, weil es
zu einer übertriebenen Vorsicht führt.

Doch eigentlich gibt es keinen Grund zur Sorge.

Wir Westeuropäer, besonders wir Deutschen, führen heute
ein Leben, das so sicher ist, wie es vermutlich noch für keine
Generation vor uns in der Geschichte je war. Es gibt Airbags,
Fahrradhelme haben sich durchgesetzt, und für so ziemlich
alles muss man einen Befähigungsschein nachweisen.
Obwohl seit 1970 immer mehr Fahrzeuge auf den Straßen
fahren, sind die Zahlen der Verkehrstoten seit dieser Zeit

stark rückläufig. Wir sind eine der wohlhabendsten Nationen der Welt, die Menschen werden immer älter, leben immer gesünder, und die junge Generation wird von ihren Eltern einen ungekannten Reichtum erben.

Trotzdem haben wir den Eindruck, unsere Welt sei so gefährlich wie nie zuvor. Wir lesen Kettenbriefe über Verbrechen bei Facebook, Twitter und Co. Wir sehen im Fernsehen, dass Fahrzeuge auf Weihnachtsmärkten oder Promenaden in Menschenmengen rasen, dass Terroristen mit Maschinengewehren auf Besucher von Rockkonzerten schießen, und wie Schüler und Lehrer bei einem Amoklauf in Angst und Schrecken versetzt werden und geduckt aus dem Schulgebäude zu Polizisten und Sanitätern laufen – welche Eltern denken in dem Moment nicht daran, dass auch ihr Kind dort sein könnte. Wir lesen in den Zeitungen von Schandtaten an Kindern und Jugendlichen, seien es Kinderpornos, Menschenhandel oder Missbrauchsfälle – kein Wunder, wenn viele befürchten, das eigene Kind könnte in die Hände solcher Menschen geraten. Und wenn uns besorgte Freunde in WhatsApp-Gruppen oder auf Facebook über schlimme Krankheiten informieren, die gerade die Runde machen, oder von Cybermobbing und Drogen an der Schule ihrer Kinder berichten, dann schrillen abermals alle Alarmglocken.

Schlechte Nachrichten haben sich schon immer schneller verbreitet als gute. Dass wir Menschen dafür von Natur aus empfänglich sind, hatte früher einmal einen guten Grund. Als wir vor Urzeiten noch in Höhlen lebten und mit der Keule Jagd auf Mammuts machten, konnte es überlebenswichtig sein, vom Unglück eines anderen zu erfahren. Denn das hatte einen Lerneffekt: Durch den Schreck war man gewarnt und konnte die Gefahr künftig umgehen.

Heute aber gibt es mehr schlechte Nachrichten, als gut für uns ist. Mit der Vielzahl der medialen Publikationsmöglichkeiten hat sich die Kunde vom Übel auf der Welt explosionsartig vermehrt.

Dabei spielen vor allem Nachrichten eine besondere Rolle, die Angst in den sozialen Netzwerken wie ein Virus verbreiten: Fake News.

Meldungen, die uns beunruhigen, kennen wir natürlich auch aus den herkömmlichen Medien. Doch diese recherchieren im Normalfall gründlich und berichten auf der Basis von nachprüfbaren Fakten. Bei Fake News ist das anders.

Begonnen hat alles vor etlichen Jahren mit Schneeball-E-Mails, die vor Computerviren warnten oder vor bestimmten Dateien, die angeblich den Rechner zerstörten, wenn man sie auf der Festplatte hatte. Es stellte sich jedoch vielfach heraus, dass es die benannten Viren gar nicht gab und die gefährlichen Dateien ganz normale Systemdateien waren. Schaden entstand allein dann, wenn man die genannten Dateien aufgrund der Warnung in der Mail löschte. Heute verbreiten sich solche Meldungen nicht nur per Mail, sondern auch in den sozialen Medien, wo sie unbedarfte Nutzer aus Sorge teilen. So erreichen Fake News innerhalb kürzester Zeit enorm viele Menschen.

Es gibt dazu unzählige Beispiele. Aus Relevanzgründen möchte ich hier jedoch lediglich auf einen Typ von Fake News eingehen, der auf die größte Sorge der Eltern abzielt: das Wohl ihrer Kinder.

Sehr bekannt sind beispielsweise Postings, die vor der »Organmafia« in Deutschland warnen. Angeblich treiben wahlweise Banden aus Bulgarien, Rumänien, Belgien, dem asiatischen Raum oder auch Syrien hierzulande ihr Unwesen, entführen Kinder von Spielplätzen, reißen sie Eltern von der Hand oder zerren sie auf offener Straße in Transporter. Viele solcher Meldungen nennen auch konkrete Orte, wo gerade besonders große Gefahr herrscht – Stuttgart, Duisburg, Essen, Bremen, um nur einige zu nennen.

Begleitet werden die alarmierenden Worte von Fotos, die von der Polizei zur Fahndung ausgeschriebene Verdächtige zeigen und in besonders schlimmen Fällen auch misshandelte Kinder.

Die Verfasser dieser Nachrichten wenden sich mit eindringlichen Appellen an Eltern, zum Beispiel: »Lasst eure Kinder, auch wenn sie zusammen spielen, nicht allein. Diese Leute nehmen sogar Kinder aus Kinderwagen heraus. Lasst eure Kinder nicht hinter euch oder paar Meter vor euch laufen. Achtet auf ausländische Kennzeichen und Zigeuner. Am besten direkt ansprechen was die hier machen zu Abschreckung.« (So im originalen Wortlaut mit falscher Rechtschreibung und Satzstellung.)

Um es ganz klar zu sagen:

Der Wahrheitsgehalt dieser Geschichten ist gleich null.

Es gibt keine belegbaren Fakten, die nahelegen könnten, diese Schreckensmeldungen zu glauben und sich zu fürchten. Und schon gar keinen Grund, den Unsinn weiterzuverbreiten.

Meldungen dieser Art sind von seriösen Recherchenetzwerken wie Mimikama, die sich im Internet darauf spezialisiert haben, Fake News aufzudecken, sowie von zuständigen Polizeidienststellen samt und sonders als Falschmeldungen enttarnt worden.

Es gibt noch viele andere Fälle wie diesen, beispielsweise Nachrichten, in denen vor schlimmen Kinderkrankheiten gewarnt wird. Den Ursprung solcher Meldungen im Detail zu erklären, würde an dieser Stelle etwas zu weit führen, daher sei kurz gesagt: Wenn nicht gerade gelangweilte Jugendliche hinter Falschmeldungen stecken (so etwas kommt durchaus häufig vor), bedienen Fake News in der Regel politische oder finanzielle Interessen. Besonders berüchtigt ist in dieser Beziehung das Portal 4Chan, das sich unter anderem auch während der Präsidentschaftskampagne von Donald Trump als gigantische Fake-News-Schleuder erwiesen hat. Die Schöpfer der Nachrichten haben ihr Ziel erreicht, wenn die ganze Welt ihren falschen Behauptungen Glauben schenkt.

Das Schlimme ist: Selbst, wenn solche Meldungen als Lüge enttarnt werden, verfangen ihre Botschaften und halten sich oft für sehr lange Zeit in der digitalen Welt und in den Köpfen der Menschen. Immer wieder treten verunsicherte Kollegen oder Eltern an mich heran und zeigen mir Nachrichten dieser Art. So wird die Angst um ihre Schutzbefohlenen geschürt. Dass nichts davon wahr ist, bekommen viele von ihnen nicht mit. Denn die Aufklärungsarbeit von Polizei und Recherchenetzwerken verbreitet sich leider weit weniger rasant als einzelne Fake News.

Vielleicht wäre unsere Welt eine andere, wenn auf Facebook nur Katzenfotos kursierten und wir im Fernsehen jeden Tag nur harmlosen Klamauk sehen würden. Doch die pausenlosen Schreckensmeldungen – sowohl die echten wie auch die erfundenen – haben einen deutlichen Effekt auf uns alle: Wir sind inzwischen hypersensibilisiert für Gefahren.

Mir geht es ja selbst so. Auch ich muss mich dann und wann zur Ordnung rufen, mir selbst klarmachen, in welcher Situation es um eine reale Gefahr geht und in welcher es sich um Panikmache handelt.

Sicher erinnern Sie sich noch an den rechtsradikalen Terroranschlag von Anders Breivik auf der Insel Utøya im Jahr 2011. Dabei kamen 69 Menschen ums Leben, vorwiegend Teilnehmer eines Zeltlagers der Jugendorganisation der sozialdemokratischen Partei Norwegens. Zur selben Zeit war ich mit einer Gruppe Jugendlicher bei einem Ferienlager in den Bergen Österreichs. Eines Tages erschien dort die Polizei und erkundigte sich über unser Camp. Offenbar wurden Informationen über alle Ferienfreizeiten des Landes gesammelt, um die Gefahrenlage vor Ort einzuschätzen. Am

Ende erzählten die Beamten von den Vorfällen in Norwegen. Allein die Vorstellung, jemand könnte so einen Anschlag auch in unserem Camp verüben, sorgte dafür, dass mich für den Rest der Ferienfreizeit ein mulmiges Gefühl begleitete – und das, obwohl mir bewusst war, dass dieser Fall höchst unwahrscheinlich wäre.

Für mich ist ein mulmiges Gefühl aber kein Grund, keine Ferienfreizeiten mehr anzubieten. Denn die Arbeit, die wir dabei machen, ist wichtig und richtig. Ohnehin kann uns nichts wirklich vor einem Anschlag schützen, wenn es jemand darauf angelegt hat, möglichst viele Menschen in den Tod zu reißen.

Wir müssen also lernen, mit den Nachrichten über den Terror zu leben. Jeder potenziellen Gefahrensituation auszuweichen, kann keine Lösung sein. Und diese Nachrichten gibt es ja auch schon länger: Die Hochzeit des Terrorismus in unseren Breiten lag in den Jahren 1972 bis 1988, als die RAF und die ETA aktiv waren. In den Jahren unmittelbar vor dem Anschlag auf Utøya war es in Westeuropa relativ unwahrscheinlich, Opfer eines Terroranschlags zu werden – weniger als zwanzig Menschen starben daran pro Jahr. Und selbst mit den jüngeren Anschlägen in Madrid, London und Paris starben zuletzt weniger Menschen als in Lockerbie, in Bologna und auf dem Münchener Oktoberfest in den Achtzigerjahren. Zudem habe ich noch nie erlebt, dass auf einer Klassenfahrt etwas wirklich Schlimmes geschehen ist, und auch in Österreich passierte schließlich nichts. Trotzdem wurde ich mein ungutes Bauchgefühl nicht los.

Denn es ist nun einmal so: Die vielen schlimmen Nachrichten machen uns Angst, auch wenn die meisten Bedrohungen nie unseren persönlichen Alltag erreichen. Unser Gehirn merkt sich nur: Da lauert offenbar eine Gefahr!

Und weil der Infostrom über Gefahrenquellen nicht abreißt, sind wir in einer Angstspirale gefangen. Haben wir einmal eine mögliche Bedrohung zur Kenntnis genommen, und wiederholt sich nun ein entsprechendes Ereignis, dann bestätigt das unsere Befürchtung – die Gefahr scheint real zu sein. Und je mehr Gefahren dieser Art sich in unserem Unterbewusstsein ansammeln, desto größer wird unsere allgemeine Angst vor der Welt und unseren Mitmenschen. Etwas, das zusätzlich dadurch verstärkt wird, wenn es vielen anderen Leuten ähnlich geht. Leider treffen wir ständig auf misstrauische Zeitgenossen, was uns wiederum in dem Eindruck bestärkt, dass man heute wirklich niemandem mehr vertrauen kann. Ein Satz, den ich im Alltag erschreckend oft höre.

Das unbestimmte Gefühl von Angst sitzt tief. Wir Deutschen sind dafür seit Langem bekannt. Wir sind nämlich nicht nur Fußball- und Exportweltmeister, sondern auch Angstweltmeister. »German Angst« ist im Englischen ein stehender Begriff und wird auch in anderen Ländern gerne verwendet, um eine unbegründete, diffuse Furcht zu beschreiben.

Eine solche Angst kann keine Basis für Entscheidungen sein. Sowohl in Bezug auf Fake News als auch auf reale Schreckensnachrichten gilt es daher, immer wieder an die eigene Vernunft zu appellieren. Zum einen durch das Hinterfragen und Überprüfen von Behauptungen. Zum anderen dadurch, dass man sich selbst kritisch befragt: Ist meine Angst rational berechtigt, oder lasse ich mich gerade von einem alarmierenden Artikel oder einer diffusen Stimmung anstecken? Halten Sie im Strudel des Alltags immer wieder inne, und treten Sie einen Schritt zurück. Das ist nicht nur für uns selbst gut, weil wir so weniger ängstlich durchs Leben gehen. Sondern es dient vor allem den Kindern, denen wir so Sicherheit vermitteln und die wir viel eher ziehen lassen können – in ihre eigenen Abenteuer, in ihr eigenes Leben.

Kinder sind wertvoller denn je – aber sie so zu behandeln, hilft ihnen nicht

Es gibt noch einen weiteren Faktor, der die Angst um unsere Kinder potenziert, und auch er ist kultureller Natur: Elternschaft ist heute ganz und gar anders geartet als früher, und mit den veränderten Lebensbedingungen hat sich auch die Sorge um den Nachwuchs gewandelt.

Unsere Großeltern und Urgroßeltern sind noch in Großfamilien aufgewachsen. Es war üblich, dass Eltern vier, fünf oder gar noch mehr Kinder hatten. Das Leben war hart, und man konnte es sich nicht leisten, den Nachwuchs in Watte zu packen. Oft mussten schon Kinder mitverdienen, um die Familie zu ernähren. Und es gab so elementare Probleme für die Eltern, dass Kindererziehung zur Nebensache geriet. Man war damit beschäftigt, den Lebensunterhalt zu sichern und den Haushalt zu organisieren, schlicht: über die Runden zu kommen. Kinder waren also häufig auf sich gestellt, Rundumbetreuung gab es damals nicht.

Das hat sich im Laufe des vergangenen Jahrhunderts drastisch verändert. Die Kindersterblichkeit ist heute hierzulande – zum Glück! – wesentlich geringer. Gleichzeitig werden aber auch weniger Babys geboren. Deutsche Eltern bringen im statistischen Durchschnitt 1,5 Kinder zur Welt. Kinder sind mehr denn je Mittelpunkt einer Familie, manchmal sogar der einzige Lebensinhalt der Eltern, vor allem der Mütter, wenn diese zur Betreuung zu Hause bleiben.

Erschwerend für die Kids kommt hinzu, dass Eltern heute mehr Freizeit als je zuvor haben und damit auch mehr Zeit, sich mit ihnen zu beschäftigen. Eltern verbringen heute die ersten Tage nach der Geburt im Familienzimmer des Krankenhauses, besuchen Wickelkurse, gehen zum Babyschwimmen und sorgen sich allgemein intensiver um das Wohl der Sprösslinge – ein Trend, der seine deutlichste Ausprägung in

»Helikoptereltern« und »Latte-Macchiato-Müttern« findet. Es ist also wenig verwunderlich, dass Kinder heute einen sehr viel höheren Stellenwert im Leben ihrer Eltern einnehmen als früher.

Übrigens gibt es natürlich auch das andere falsche Extrem: Eltern, die sich kaum um ihre Kinder kümmern, Kinder, die nur auf sich selbst gestellt sind. Ihre Probleme sind ebenfalls gravierend, aber sie sind nicht Thema dieses Buches. Beide Gruppen sind in Gefahr: die einen, weil sie verwahrlosen, die anderen, weil sie mitunter strenger erzogen werden als in der Hundeschule und mehr umsorgt werden als ein Schoßhündchen. In diesem Buch widme ich mich den überbehüteten Kindern – mit ihnen habe ich täglich zu tun, und ihre Zahl wächst rasant an.

Mit Netz und doppeltem Boden – Deutschland sichert sich ab

Obwohl das Leben noch nie so sicher war wie heute, sind wir eine Angstgesellschaft. Über 14 Prozent der Bevölkerung leiden unter Angststörungen, dabei muss eine solche Angst gar nicht erst pathologisch werden, um sich negativ auszuwirken. Bei vielen Eltern, deren Kinder einen sehr hohen Stellenwert in ihrem Leben einnehmen, entsteht ein erhöhter Beschützerinstinkt. Durch die kulturell erzeugte Angst wird dieser zusätzlich völlig übersteigert. Viele versuchen heute, ihre Kinder in möglichst jeder Lebenslage abzusichern und vor den Gefahren zu beschützen, die sie in der Welt wähnen. Damit übertragen sie die übertriebene Vorsicht und ihre eigene Ängstlichkeit auf ihre Kinder.

Nicht nur Eltern sind heute auf der Suche nach der absoluten Sicherheit gegen die Gefahren, die der Alltag möglicherweise birgt. Der Versicherungsmarkt entwickelt ständig neue

Produkte, die uns absichern sollen, und er wird immer individueller. Der Trend geht dahin, dass bald keine Versicherungen, sondern Sicherheit verkauft wird, wie eine Zukunftsstudie von 2016 zeigt.

Und das ist nicht verwunderlich – der Aufforderung, ein sicheres Leben zu führen, möglichst wenig Risiken einzugehen, begegnen wir überall: Von den antiseptischen Feuchttüchern, die Supermärkte inzwischen im Eingangsbereich anbieten, um den Griff der Einkaufskörbe zu desinfizieren, über Hygiene-Sticks, die man an den Schlüsselbund clippt, um Getränkedosen oder Besteck vor der Benutzung zu reinigen, bis zu abgesicherten Abenteuerspielplätzen, obwohl Spielplätze eigentlich dem Zweck dienen, dass Kinder sich ausprobieren können, und dazu einladen sollten, Risiken einzugehen. Vielleicht werden in Zukunft sogar Schubladen mit Fingerabdruckscanner gesichert, damit das Kind nicht an die Küchenmesser gelangt. Oder auf der Straße wird die Fahrbahn vom Bürgersteig mit einer großen Plexiglasscheibe abgetrennt, damit es nicht vor ein Auto rennen kann. Oder der Staat wird verklagt, weil er nicht besser auf die Sicherheit eines Kindes geachtet hat, das überfahren wurde, nachdem es bei Rot über die Ampel gelaufen ist. Das kommt Ihnen absurd vor? Schon jetzt gibt es Harnische für Kleinkinder, um sie an der Leine zu führen, und Babyphones mit Kamera, Atemmesser und Temperaturfühler. Und die Möglichkeit, die Wege des Kindes über GPS und Handy live zu tracken, damit Eltern jederzeit über den Aufenthaltsort ihres Sprösslings im Bilde sind. Von einem Chip, der bei der Geburt implantiert wird, sind wir also nicht mehr so weit entfernt, wie wir vielleicht meinen mögen. Auch wenn das heute noch Zukunftsmusik ist, spekulieren Zukunftsforscher schon darüber, ob wir irgendwann nur noch mit einem solchen Chip bezahlen, Türen aufschließen und Grenzkontrollen passieren.

Die Risiken werden schon jetzt so weit wie möglich zurückgefahren. Beispielsweise ist das TÜV-geprüfte Programm für eine Klassenfahrt so standardisiert, dass es keinen Spielraum für ungeplante Erfahrungen mehr lässt. Die Eltern geben die Verantwortung an die Lehrer ab, die Lehrer wenden sich damit an einen externen Anbieter, der Anbieter sichert sich via TÜV ab: eine Absicherungskette, in der wir weder uns selbst noch unseren Mitmenschen oder unserer Umwelt wirklich vertrauen. Auch Eltern vertrauen ihren Kindern nicht – und die übernehmen dieses Gefühl und trauen sich selbst und anderen ebenfalls nicht über den Weg.

Deutschland sichert sich ab und betreibt einen hohen Aufwand für diese Absicherung. Das nimmt bisweilen sogar absurde Züge an: Mit einer Gruppe von Schülern war ich in einer Selbstversorgerhütte des Deutschen Alpenvereins, die wir zuvor schon mal besucht hatten und in der die Jugendlichen auf einem Matratzenlager übernachteten. Der Leiter der Hütte forderte trotz dieser legeren Umgebung, dass die Jugendlichen ihre Sachen immer penibel auf den hinter den Matratzen befindlichen Ablagen verstauten.

»Vor einiger Zeit sind wir verklagt worden, weil jemand über etwas gestolpert ist, das im Gang zwischen den Matratzen lag«, erzählte er mir. »Und die haben den Prozess gewonnen. Seitdem sind wir extrem vorsichtig.«

Die Betreiber der Hütte sichern sich jetzt ab. Sie bauen um, und das wird nicht ohne eine Preiserhöhung für Gäste möglich sein. Sicherheit hat eben ihren Preis – auch für die Entwicklung unserer Kinder und Jugendlichen, die immer weich fallen sollen, wenn sie stolpern.

Auch die Schulleitung versucht, sich gegen alle Eventualitäten abzusichern: Fenster in Schulen und Jugendherbergen sind wegen der Sturzgefahr oft nicht richtig zu öffnen. So sitze ich mit meiner Klasse bisweilen im Sommer in einer Art Sauna, wenn die pralle Sonne hereinscheint und nicht richtig gelüftet werden kann. Die Fenster in meinem Klassenzimmer sind nämlich mit einem Schloss gesichert, sodass sie nur auf Kipp gestellt werden können. Den Schlüssel dazu habe nicht einmal ich als Lehrer.

Vermutlich wird die Schule der Zukunft Sicherheitsunternehmen damit beauftragen, alle Risiken zu minimieren, und auch in den Klassenzimmern Webcams installieren lassen, damit Eltern jederzeit in den Unterricht schalten können. Lehrer finden diese Vorstellung vielleicht gruselig, aber die sicherheitsbedachten Eltern werden sich freuen, dass die Klassen ständig beobachtet werden können. Vielleicht kommt dann aber irgendwer einmal auf den Gedanken, dass die meisten Gewalttaten nicht in der Schule, sondern im eigenen Elternhaus begangen werden – und wir bringen Webcams auch in der Wohnung an, damit der Staat seiner Verantwortung als Schützer und Bewahrer innerer Ordnung nachkommt.

Dazu kommt, dass ich als Lehrer zur eigenen Sicherheit ständig alles dokumentieren muss: Ich muss mich nicht nur mit schriftlicher Bestätigung der Eltern absichern, dass Kinder an der Klassenfahrt teilnehmen dürfen. Ich müsste gleichzeitig auch Polizist, Arzt und Rettungssanitäter sein, wenn ich alle Kinder mitnehmen wollte, denn die Bedenken der Eltern sind groß: Kann das Kind teilnehmen, wenn es Diabetes hat, ich als Betreuer aber nicht über eine medizinische Ausbildung verfüge? Ebenso besorgt sind Eltern von Kindern, die Asthma, ADHS, eine Lebensmittelunverträglichkeit oder eine Wespenstichallergie haben. Wenn man es genau nimmt, brauche ich nicht nur die Einwilligung der Eltern, sondern auch noch eine Bestätigung des Arztes, wenn einer der Schüler beispielsweise das ADHS-Medikament Ritalin einnimmt und ich es ihm auf der Klassenfahrt verabreichen soll. Wir versuchen, uns nach allen Seiten abzusichern: Ob es das Dokumentieren von Elterngesprächen ist, damit ich später beweisen kann, was ich gesagt habe, falls sich die Eltern darauf berufen, das Notieren von Toilettengängen, damit der Schüler gegebenenfalls wegen Vandalismus zur Rechenschaft gezogen werden kann, bis hin zu den Klassenarbeiten, bei denen die Signatur der Eltern, dass sie die Arbeit zur Kenntnis genommen haben, noch mal vom Lehrer abgezeichnet werden muss.

In der Schule sorgt das gleich für mehrere Probleme: Nicht mehr alle Kinder können auf Fahrten mitgenommen werden, da, wenn man es ganz genau nimmt, Lehrer, die nicht dafür ausgebildet sind, Kindern keine von zu Hause mitgebrachten Medikamente verabreichen dürfen. Manche Schulen und Lehrer sichern sich heute schon gegen Klagen ab, falls ein Schüler einen Asthmaanfall erleidet und die Lehrkraft nicht weiß, wie sie damit umgehen soll – der Schüler darf dann einfach nicht mitfahren. Denn Lehrer sind zunehmend verunsichert, weil die Eltern Druck aufbauen und mit Klagen drohen, falls ihrem Kind etwas passiert. Und zu guter Letzt fehlt die Zeit, die Lehrer mit rechtlicher Absicherung vertun, im Unterricht, wo sie viel dringender gebraucht wird.

Das Absichern ist gut gemeint. Und die Sorge, die Urangst der Eltern, kann ich in vielen Fällen durchaus nachvollziehen. Doch diejenigen, die sich für mehr Sicherheit einsetzen, erreichen das Gegenteil. Es hat fatale Folgen, wenn wir uns von Angst bestimmen lassen. Nicht nur, dass das Leben sehr kompliziert wird, wenn man sich gegen alle Eventualitäten absichern will – dort, wo die Ängstlichen Sicherheit schaffen wollen, erzeugen sie vor allem eins: Angst. Unser Vertrauen in Mitmenschen schwindet, und unseren Kindern vermitteln wir ein schlechtes Bild der Gesellschaft – dass sie nirgendwo sicher sind und immer auf der Hut sein müssen. Sie entwickeln dadurch nicht so schnell Selbstvertrauen und werden im schlimmsten Fall überängstlich. Wer ängstlich erzogen wurde, gibt diese Angst auch an seine eigenen Kinder weiter. So droht eine Angstspirale.

Ansteckungsgefahr Angst

Ein besonders prägnantes Beispiel dafür, wie die Vermeidung einer Risikosituation nur weitere Angst erzeugt, ist der Amok-Alarmknopf, den es in vielen Schulen in jedem Klassenraum gibt. Im Fall des Falles sollen ein Lehrer oder Schüler ihn unverzüglich betätigen, und ein spezieller Klingelton warnt dann die restliche Schule. Neben dem Schalter hängt ein Plakat, das zeigt, was zu tun ist: sofort die Tür des Klassenraums verschließen und am besten unter die Tische hocken oder in eine Ecke kauern.

Ich kann gut verstehen, warum jemand Angst vor einer solchen Katastrophe hat und die Kinder schützen will. Allein die schrecklichen Amokläufe in Eching, Freising, Emsdetten, Winnenden und Ansbach werden uns nicht so schnell aus dem Sinn gehen und geben allen Anlass zur Sorge. Dennoch gilt: Diese Taten wurden von Einzelnen an einer Handvoll Schulen im Verlauf von 15 Jahren begangen – dabei gibt es in Deutschland über dreißigtausend Schulen, die jeden Tag von rund elf Millionen Schülern und Schülerinnen besucht werden. Die Wahrscheinlichkeit, dass sich ein solcher Albtraum an der Schule ereignet, die Ihr Kind besucht, ist also äußerst gering.

Absolute Sicherheit gibt es aber nicht, und niemand soll Angst haben, sein Kind zur Schule zu schicken. Deshalb sind die Amok-Alarmknöpfe eingeführt worden, an manchen Schulen gehören auch Überwachungskameras, Wachleute und Metalldetektoren schon zum gewohnten Bild, an vielen anderen werden sie heiß diskutiert.

Leider vermitteln wir den Schülern damit kein Gefühl von

Sicherheit, sondern das Gegenteil: Wir übertragen unsere Angst vor einem Amoklauf auf sie. Durch Amok-Alarm-knöpfe ist die Gefahr nämlich ständig präsent, und es entsteht ein unterschwelliges Klima der Angst an der Schule.

Statt Sicherheit entsteht sogar reale Gefahr. Drückt jemand versehentlich oder gar mutwillig den Alarmknopf, kann Panik entstehen, und es kann Verletzte geben. Der schlimmste Effekt solch gut gemeinter Sicherheitsmaß-nahmen ist nach meiner Einschätzung allerdings ein ganz anderer: Berichte über Amokläufe machen Angst und regen zur Nachahmung an. Erst nachdem so ein Amoklauf ausgiebig in der Presse behandelt wurde, kommen Tritt-brettfahrer auf die Idee, auch eine solche Gewalttat zu ver-üben. Selbst in unserer Schule, wo es keine solchen Knöpfe gibt, stand in den Wochen nach einem Amoklauf auf der Schultoilette ein Datum und daneben: »Dann hol ich euch alle.«

Mit Amok-Alarmknöpfen ist es ähnlich. Amokläufe gehen in der Regel von Schülern der jeweiligen Schule aus, nicht von Fremden. Hat nun ein Schüler jeden Tag einen solchen Schalter in seiner Klasse vor Augen, steigt die Wahrschein-lichkeit, dass er in einer labilen Lebenssituation eine Gewalt-tat überhaupt als reelle Möglichkeit ansieht. Meiner Ansicht nach ist also der Schutz, der von Alarmknöpfen ausgeht, letztlich geringer als das Risiko der Nachahmung, weil je-mand ständig diese Option vor Augen hat.

Wenn wir Amokläufe verhindern wollen, sollten wir lieber Plakate aufhängen, an wen sich die Kinder wenden können, wenn sie Probleme haben. Wir sollten ruhig und besonnen bleiben und an einem positiven Schulklima arbeiten, das für einen guten Draht zwischen Lehrern, Schülern und Eltern sorgt, mit einer offenen Kommunikation und gegenseitigem Vertrauen, bei der wir Schwierigkeiten frühzeitig erkennen. Und wir sollten darauf vertrauen, dass die Lehrer darin geschult sind, was im Ernstfall mit der Klasse zu tun ist und welche Notrufnummer sie anrufen können.

Stattdessen wird jede Situation infrage gestellt. Das erlebe ich immer wieder bei Klassenfahrten. Die meisten davon unternehmen Schulen mit einem Bus. Allerdings läuft das heute ein wenig anders als früher: Die Schule bucht nicht einfach nur bei einem Reiseunternehmen einen Bus, sie organisiert zusätzlich auch einen Sicherheitscheck der Polizei. Die kommt dann vor Fahrtantritt, führt eine technische Überprüfung des Vehikels durch und kontrolliert die Fahrtauglichkeit des Busfahrers. Warum das so sein muss, ist mir nicht klar, und immerhin sitze ich selbst auch im Bus und habe kein Bedürfnis danach, das Gefährt zuvor testen zu lassen.

Natürlich vertraut unsere Schule den betreffenden Busunternehmen, sie arbeitet mit den Firmen schließlich seit vielen Jahren zusammen. Diese haben bereits Tausende Schüler für uns durch die Lande chauffiert, und ich selbst habe unzählige Klassenfahrten mit ihnen unternommen. Nie ist etwas passiert. Der Gedanke, eines dieser Unternehmen einer polizeilichen Prüfung zu unterziehen, ist für mich daher ähnlich absurd, als würde ich vor Fahrtantritt die Straßenbahn vom TÜV kontrollieren lassen.

Die Sicherheitsmaßnahme geht jedoch auf die Angst der Eltern zurück. Vor jeder Klassenfahrt überrollt mich eine Woge von Bedenken. Auf Elternabenden und Sprechtagen, aber auch in persönlichen Gesprächen fragen mich Eltern, ob der Bus vor der Abfahrt gecheckt werde, man höre ja so viel über Schulklassen, die verunglücken.

Das stimmt. Man hört in den Medien in der Tat ab und an von Busunglücken. Doch wie oft passiert so etwas wirklich? In Relation zur Anzahl der Schulklassen, die jedes Jahr mit einem Bus auf Reisen gehen, ziemlich selten.

Ich kann die Angst dennoch gut verstehen.

Welcher Elternteil macht sich keine Sorgen, wenn die Spröss-linge ausfliegen? Völlig normal. Und neben allen organi-satorischen und programmatischen Überlegungen ist es, wie gesagt, auch für mich bei jeder Klassenfahrt am wichtigsten, dass alle Schüler wohlbehalten zurückkehren.

Um reale Gefahren geht es dabei allerdings nicht. Und das müssten selbst die besorgten Eltern eigentlich wissen – sie kämen vermutlich nie auf die Idee, vor jeder Fahrt die Fami-lienkutsche oder den Stadtbus von der Polizei durchchecken zu lassen. Wegen des Drängens der Eltern und damit ich mich im unwahrscheinlichen Fall des Falles hinterher nicht mit Vorwürfen konfrontiert sehe, sollte doch etwas passie-ren, organisiere ich vor Fahrtantritt als zuständiger Lehrer aber den Sicherheitscheck durch die Polizei. Der jedoch ruft bei den Kindern den Eindruck hervor, bei einer Klassen-fahrt würde es sich grundsätzlich um ein heikles Unterfan-gen handeln.

So sind übertriebene Sicherheitsmaßnahmen genau das, was dem Gedanken der Klassenfahrt zuwiderläuft.

Eine Klassenfahrt soll Selbstständigkeit fördern, sie sollte ein freudiges Ereignis voller Erlebnisse und Erfahrungen sein, das neugierig auf die Welt dort draußen macht. Und das wäre sie auch, wenn wir unseren Kindern solche Ängste ersparen. Dazu müssten wir allerdings etwas wagen, das uns heute be-sonders schwerfällt: anderen Menschen vertrauen. Unsere Kinder spüren es, wenn wir das nicht tun, und schlimmer noch, sie machen sich unsere Zweifel zu eigen.

Die Angstspirale dreht sich sogar im Urlaub. Davon konnte ich mich jüngst bei einem Strandaufenthalt an der Ostsee überzeugen. Dort – und auch an der Nordseeküste – können Eltern ihr Kind bei der DLRG registrieren lassen. Es be-kommt ein Silikonarmbändchen, das es immer tragen soll, wenn es am Strand spielt. Auf der Innenseite des »Kinder-suchbands« ist eine Nummer notiert, unter der bei der

DLRG die Mobilfunknummer oder die Strandkorbnummer der Eltern notiert ist.

Keine Frage, es ist der Job der DLRG, sich um die Sicherheit der Strandgäste, speziell der Kinder, zu kümmern, und ihr Einsatz ist sehr wichtig. Mir ist auch völlig verständlich, aus welcher Angst heraus Eltern das Angebot liebend gern annehmen.

Dennoch halte ich diese Lösung nicht für gelungen. Auch so wird bei Kindern Angst wachgerufen, in einer Situation, in der eigentlich kein Grund zum Fürchten besteht.

Es gibt meiner Ansicht nur eine Situation, die für ein Kind bei einem Badeurlaub wirklich gefährlich ist: Es kann ertrinken. Um das zu verhindern, gibt es an beliebten Urlaubsstränden bewachte Badezonen und Rettungsschwimmer. Und wenn die Lage so dramatisch ist, dass auch die nicht mehr helfen können, kann ein Silikonarmband erst recht nichts ausrichten.

Andere größere Gefahren drohen einem Kind beim Spielen am Strand nicht, solange es keinen Tsunami gibt oder ein Flugzeug oder Meteorit ausgerechnet auf diesen Strandabschnitt fällt.

Der einzige Fall, bei dem das Datenarmband von wirklichem Nutzen sein könnte: Das Kind geht in der Menschenmenge verloren und findet seine Eltern nicht wieder.

Dafür gibt es allerdings eine ziemlich einfache Lösung, zumindest haben meine Eltern das früher mit meinem Bruder und mir so gemacht, und das Vorgehen ist mir auch von damaligen Freunden bekannt. Für den Fall, dass das Kind sich verläuft, lernt es ein paar wichtige Daten auswendig:

Seinen Namen.

Den Namen seiner Eltern.

Die Urlaubsadresse.

Das ist von einem Kind ab vier Jahren, das sich artikulieren kann, nicht zu viel verlangt. Kleinere Kinder halten sich ohnehin in unmittelbarer Nähe der Eltern auf und werden kaum unbeaufsichtigt am Strand entlangkrabbeln.

Ältere Kinder können außerdem die Telefonnummer der Eltern auswendig lernen. Sicherheitshalber kann man für den Fall, dass man sich aus den Augen verliert, auch noch einen Treffpunkt und eine Uhrzeit ausmachen. Wenn alle Stricke reißen, kann sich das Kind mit diesem ganzen Wissen auch an einen der vielen DLRG-Mitarbeiter wenden (gut zu erkennen an der gelbroten Kleidung), oder es kann einen anderen Erwachsenen ansprechen und ihn um Hilfe bitten (falls ihm das Vertrauen in seine Mitmenschen nicht durch einen der anfangs beschriebenen Präventivkurse ausgetrieben wurde) – spätestens der wird das Kind bei der DLRG abliefern, und die rufen dann die Eltern aus.

Auf diese Weise erlangt das Kind im Urlaub ein Stück Autonomie und gewinnt Sicherheit: Wenn etwas schiefgeht, weiß es sich selbst zu helfen und muss keine Furcht haben, verloren zu gehen. Es weiß, was dann zu tun ist. Es kennt Wege, wie es wieder nach Hause gelangt oder die Eltern findet, und lernt aus der Erfahrung, dass es aktiv werden kann, wenn es doch mal verloren geht. Beim Armband dagegen läuft alles automatisch ab, die Verantwortung liegt wieder einmal bei den anderen, bei Autoritätspersonen. Nach dem Motto: Fragen Sie jemanden, der sich damit auskennt – werden Sie auf keinen Fall selbst tätig, Sie könnten ja vielleicht etwas dabei lernen.

Und mit dem Kindersuchband erreicht man noch etwas. Man schafft Unsicherheit.

Das Kind versteht: Meine Eltern halten es offenbar für absolut möglich, dass ich am Strand verloren gehe. So etwas ist wohl schon öfter vorgekommen, deshalb gibt es jetzt die Armbändchen. Alle Kinder haben so eins. Der Strand ist kein sicherer Ort. Ich muss auf der Hut sein.

Noch ein anderes Beispiel: An einem herkömmlichen Badestrand scheint es Gefahren zu geben, die nicht einmal verantwortungsbewussten Eltern klar sind, das berichtete mir ein Freund nach seinem Urlaub im niederländischen Zeeland. Wie jeder gute Vater hatte er sich ins Zeug gelegt und für seine Tochter, fünf Jahre alt, mit dem Spaten ein ordentliches Loch im Sand gebuddelt – einen halben Meter tief, mit kleiner Sandtreppe zum Reinklettern.

Nun saß er in seinem Klappstuhl am Strand, las ein Buch und sah aus den Augenwinkeln immer mal wieder zu seiner Tochter hinüber, die vergnügt in dem Sandloch spielte. Plötzlich traten zwei junge Männer von der *Strandwacht*, der niederländischen Ausführung der DLRG, vor ihn. Sie wiesen ihn auf Deutsch höflich darauf hin, dass er seine Tochter gerade einer unnötigen Gefahr aussetze. Das Loch sei zu tief. Wenn der Sand an den Rändern abrutsche, könne das Kind verschüttet werden und ersticken.

Mein Freund war perplex. Früher hatte sein Vater ihm unzählige solcher Löcher gegraben. Ihm war darin nie etwas zugestoßen – und er konnte sich nicht daran erinnern, dass ihm jemals etwas über einen solchen Unglücksfall zu Ohren gekommen wäre. Er wies die beiden *Strandwacht*-Mitarbeiter darauf hin, dass er ja direkt neben dem Loch sitze und im unwahrscheinlichen Fall eines Unfalls seine Tochter schon am Schopf aus dem Sandhaufen ziehen werde. Doch die Herren ließen nicht mit sich reden; er könne ja einnicken und es nicht mitbekommen, wenn sein Kind in Not geriete. Sie baten ihn, das Loch wieder zuzuschaufeln oder die Ränder zumindest in einem bestimmten Winkel abzuflachen, um einen tödlichen Sandrutsch zu verhindern.

Um des lieben Strandsegens willen gab mein Freund nach und schaufelte das Loch wieder zu.

Das Ergebnis: Seine Tochter hatte natürlich alles mit angehört. Am nächsten Tag, als er mit dem Bollerwagen voller

Förmchen und Schaufeln mit ihr an den Strand wollte, hatte sie keine Lust.

Es gibt noch unzählige weitere Situationen, in denen wir unseren Kindern im Alltag unnötig Angst einflößen. Auch die eingangs erwähnten Fälle, die ich in meiner Lehrerlaufbahn erlebt habe, zählen dazu. Anfangs sind Kinder noch voller Neugier auf die Welt. Dann setzen wir ihnen Grenzen, manchmal tun wir das sogar unbewusst, indem wir ihnen wie geschildert eigene Ängste vermitteln. Später wundern wir uns dann, warum unser Kind nicht genügend Mut und Motivation besitzt, um seine Freiheiten zu nutzen und sich zu engagieren. Natürlich kann Unlust auch ein Symptom der Pubertät sein. Aber wenn wir unseren Nachwuchs schon vorher in den goldenen Käfig sperren, ist die Wahrscheinlichkeit größer, dass er später keine Lust hat, etwas zu bewegen.

Menschen, die zur Ängstlichkeit erzogen wurden, haben auch später Angst vor dem Fremden. Sie reisen weniger, lernen weniger Neues kennen, fühlen sich unwohl mit Ungewohntem. Jene Schüler, deren Eltern sie selbst mit 13 Jahren nicht alleine in die Stadt fahren lassen, prägen sich möglicherweise ein, dass dies ein unsicherer Ort ist, den man besser meidet. Die Wahrscheinlichkeit ist hoch, dass ihnen später die Wahl eines Studienortes fern der Heimat schwerfallen wird. Das höre ich von ehemaligen Schülern häufig, die mir schildern, dass sie auch nach der Schule daheim geblieben sind, weil sie sich da eben am wohlsten fühlen. Schüler, die im Elternhaus kein parteipolitisches oder gemeinnütziges Engagement erleben oder denen es verboten wird, an Demonstrationen teilzunehmen, verlieren in den Folgejahren vielleicht jegliches Interesse an Politik und gesellschaftlicher Teilhabe – im schlimmsten Fall empfinden sie es als lästige Pflicht, wenn sie zum ersten Mal an die Wahlurne gehen dürfen, und pfeifen auf dieses demokratische Recht. Und jene Kinder, deren Bewegungsfreiheit schon in frühen Jahren eingeschränkt war, weil sie auf dem Spielplatz nichts alleine ausprobieren durften, entwickelten möglicherweise motorische Defizite und werden zu regelrechten Bewegungsmuffeln, was selten gut für die Gesundheit ist: Krankheiten, Unverträglichkeiten und Übergewicht können entstehen. Der Mobilitätsradius von Kindern ist durch unseren Lebensstil, aber auch durch Angst von 6,5 Kilometern im Jahr 1925 auf 100 Meter im Jahr 2000 geschrumpft. Ihn weiter zu verringern, wäre keine gute Idee.

Behüten wir also unsere Kinder aus übertriebener Angst zu sehr und bringen ihnen bei, sich vor der Welt zu fürchten, nehmen wir ihnen die natürliche Neugierde auf diese Welt. Wir rauben ihnen die Chance, sich auszuprobieren, die eigenen Fähigkeiten zu erkunden und an sich selbst zu glauben.

Kinder sind wie Bäume. Pflanzt man einen jungen Baum ein, braucht er seine Zeit, um zu wachsen und starke Wurzeln auszubilden, die ihn Stürme und Unwetter überstehen lassen. Kinder, die immer in Watte gepackt wurden, denen das Vertrauen in das eigene Können und die Neugierde auf die Welt fehlen, werden es schwer haben, solch starke Wurzeln zu entwickeln.

Mut tut gut: Geben wir Angst keine Chance

Wir können die Angstspirale unterbrechen, nein, wir *müssen* es! Wie aber werden wir von Generation zu Generation wieder souveräner in der Kindererziehung und können unseren eigenen Kindern mehr Spielraum zugestehen?

Entscheidend ist der Umgang von Eltern mit der eigenen Angst. Es ist ein wenig wie mit allen Ängsten, zum Beispiel der vorm Fliegen. Wir haben die Wahl: Wir können uns der Angst hingeben und nie in ein Flugzeug steigen. Wir können uns der Angst aber auch stellen. Vielleicht wird sie nie ganz weggehen, aber wir können lernen, sie zu beherrschen. Dann können wir wieder in ein Flugzeug steigen und hinaus in die Welt reisen, um deren Wunder für uns zu entdecken.

Wenn sich Eltern der Angst um ihre Kinder hingeben – der instinktiven wie der kulturell erzeugten Angst gleichermaßen – und Mauern um sie herum errichten, dann geben sie sich der Illusion hin, dass absolute Sicherheit überhaupt möglich wäre. Dem ist nicht so. Wir können Kinder nicht vor allem beschützen. Sich als Eltern der Angst zu stellen, bedeutet deshalb, vor allem eines zu akzeptieren: Das Leben gibt es nicht ohne Risiko. Und die beste Art, unsere Kinder darauf vorzubereiten, ist, sie möglichst oft hinaus in die Welt zu schicken, damit sie eigene Erfahrungen sammeln können. Alles andere macht sie unselbstständig und von uns und anderen abhängig.

Schließlich haben wir unsere Sprösslinge nur 18 Jahre unter unseren Fittichen, und diese Zeit ist kostbar, weil sie viel zu schnell vorübergeht und doch so viele entscheidende Weichen für das Leben der Kinder stellt. Nach diesen 18 Jahren sollten sie reif sein, ohne Hilfe der Eltern in der Welt klarzukommen. Das Hauptziel der Erziehung muss sein, sich als Erziehende überflüssig zu machen – die Kinder sollen am Ende selbst fit fürs Leben sein. Denn eines sollten wir nie vergessen: Auch wir sind sterblich. Spätestens, wenn die eigenen Eltern nicht mehr da sind, sind Ihre Kinder auf sich allein gestellt. Und deshalb müssen wir zu Mutmachern werden – zum Wohl unserer Kinder, damit sie lernen, auf eigenen Beinen zu stehen.

Das oberste Ziel, die Kinder in diesen 18 Jahren für das Erwachsenenleben reif zu machen, dürfen wir nicht aus den Augen verlieren. Wir müssen ihnen die Möglichkeit geben, sich zu mündigen Menschen zu entwickeln, die Verantwortung übernehmen können – für sich und für andere: für die eigene Familie, aber auch für die Gesellschaft. Wir müssen sie zu selbstbewussten und eigenverantwortlichen Menschen erziehen, die auf sich selbst aufpassen können und auf die Widrigkeiten des Lebens vorbereitet sind.

Wahlen beispielsweise sollten Kopfentscheidungen sein – wenn sie aus dem Bauch heraus getroffen werden, kann das fatale Folgen haben. Zumal, wenn der Ratgeber dabei Angst oder ein mangelndes Selbstbewusstsein ist. Wir brauchen Menschen, die keine Angst vor der komplexen Welt von heute haben. Menschen, die streiten können und nicht auf einfache Lösungen hereinfallen. Und keine, die aus Unsicherheit und Angst alles anfeinden, was fremd und unvertraut ist. Wir müssen nicht die populistischen Parteien umstimmen, nicht notwendigerweise die Rattenfänger ändern, sondern daran arbeiten, dass die künftigen Wähler nicht das Bedürfnis nach solchen Figuren haben.

Dieser Aufgabe müssen wir uns alle widmen: Eltern, Lehrer, Freunde, Nachbarn, Politiker – alle sollten dazu beitragen, dass aus Kindern verantwortliche Mitglieder unserer Gesellschaft werden.

Die Angst um das Wohl unserer Kinder kann uns niemand nehmen. Sie wird immer da sein. Doch sie darf sich nicht in den Vordergrund drängen, wir dürfen sie nicht auf unsere Kinder übertragen.

Damit dies gelingt, müssen wir vor allem eins tun: Wir müssen den Kindern Vertrauen schenken. Doch gerade das tun wir im Moment nicht.

Kapitel 2

Das verlorene Vertrauen

Warum wir verhindern, dass unsere Kinder selbstständig werden

Misstrauen ist ein Zeichen von Schwäche.

Mahatma Gandhi

In den Gängen des Freizeitheims laufen die Kinder hin und her, sie quatschen, kichern, kreischen – der Lärmpegel gleicht dem eines Freibads an einem heißen Sommertag. Draußen starten derweil die ersten Autos der Eltern, die sich wieder auf den Heimweg machen; ich höre, wie der Kies unter den Rädern knirscht.

Sieben Tage Ferienfreizeit liegen vor uns. Eine Woche, in der die Jungen und Mädchen gegenseitig aufeinander, auf die Betreuer und vor allem auf sich selbst vertrauen werden. Die Begleitung solcher Fahrten gehört zu meinem außerschulischen Engagement.

Der Ablauf ist meist derselbe: Die Eltern reisen mit den Kindern an, checken diese ein, geben an, ob sie Krankheiten haben und Medikamente nehmen müssen. Die Kids kriegen ein Zimmer zugeteilt, restliche Fragen werden geklärt. Bevor sich die Eltern verabschieden, beziehen die Kinder die Betten und packen ihre Koffer aus. Das sollten sie jedenfalls.

Damit die Ferienfreizeit richtig losgehen kann, sollten sich nun alle Erziehungsberechtigten von ihrem Nachwuchs verabschieden. Ich gehe den Flur hinunter, um sanft darauf hinzuweisen, dass der Moment des Abschieds naht.

Als ich ins erste Sechserzimmer komme, bietet sich mir allerdings ein Bild, das ich leider viel zu häufig sehe: Während die eine 15-Jährige ihr Handy mit der Steckdose verbindet, um den Akku aufzuladen, und sich an den Spind lehnt, um in Ruhe ihre Nachrichten zu checken, räumt ihre Mutter emsig T-Shirts und Pullis in den schmalen hohen Metallschrank. Die Mutter der Freundin, mit der das Mädchen nun den Kopf zusammensteckt, ist wiederum dabei, eins der Betten mit einem Laken zu beziehen, auf dem das Konterfei eines angesagten Popstars prangt.

»Hm, können Ihre Kinder das noch nicht selber?«, frage ich, wobei ich mir einen belustigten Unterton nicht verkneifen kann.

»Doch, doch«, beeilt sich die eine Mutter zu sagen. »Aber wir machen das schon, geht ja ganz schnell.«

»Würde sogar noch schneller gehen, wenn die Mädels helfen würden«, meine ich.

Die Mutter wird rot, während ihre Tochter ungerührt weiter durch ihren Account scrollt und murmelt: »Mama weiß doch eh immer am besten, wie's geht.« Das Mädchen hat Leggins an, ihre langen blonden Haare fallen ihr übers Gesicht, während sie sich alles ganz genau ansieht, was auf dem kleinen Bildschirm erscheint.

»So weiß ich wenigstens, dass alles in Ordnung ist«, sagt die Mutter und legt den letzten Pullover in den Spind. »Ich ruf dann heute Abend noch mal durch, Schatz, okay?«

Das Mädchen nickt abwesend, während seine Mutter den Koffer unters Bett schiebt und dann das Zimmer verlässt.

Elterliches Engagement wie dieses – Mütter, die um ihren Nachwuchs schwirren und ihm am liebsten alles abnehmen würden – erlebe ich häufig auf Ferienfreizeiten. Mir leuchtet nur nicht ein, warum die Eltern ihren Kindern das Leben so leicht machen. Betten beziehen, Koffer auspacken und Schränke einräumen, das sind doch alles keine großen Sachen. Sicher würde die Mutter vom Kopf her sagen, dass ihre Tochter das alles selbst schaffen kann.

Aber ihr Bauchgefühl scheint ihr zu signalisieren, dass nicht alles ordentlich erledigt wird, wenn sie es ihrem Teenager überlässt.

Ähnlich verhält es sich mit dem Anruf, den sie ihrer Tochter für den Abend angekündigt hat. Die Mutter hat das Gefühl, es könnte ja doch etwas sein. Sie möchte kontrollieren, dass es ihrem Kind gut geht.

Dass ihre Tochter sich schon melden würde, falls etwas nicht in Ordnung ist, kommt ihr nicht in den Sinn. Und auch das Vertrauen in die Betreuer fehlt offensichtlich. Eigentlich müsste ihr klar sein, dass diese sich ebenfalls um Probleme kümmern würden, falls welche auftauchen. Immer weniger Eltern denken bei einer solchen Fahrt noch an den alten Spruch: »Keine Nachrichten sind gute Nachrichten.« Offenbar glauben sie nicht, dass sich ihre Kinder eine Woche lang nicht melden, weil sie Spaß haben und alles paletti ist.

Ferienfreizeiten und Klassenfahrten sind ein Lackmustest für das Vertrauen von Eltern in ihre Kinder. Aus übermäßiger Angst fällt es Eltern schwer, darauf zu vertrauen, dass ihre Kinder schon ohne sie klarkommen werden. Die aus der ständigen Sorge resultierende Unsicherheit führt dazu, dass sie sich und ihre Kinder bis zum Geht-nicht-mehr absichern und sie gar nicht wirklich von der Leine lassen, damit diese ihre eigenen Erfahrungen machen können. Jede Gefahr wird vorher besprochen, eingegrenzt, wenn möglich, gleich völlig ausgeschlossen. Dabei müssten Eltern wie Kinder eigentlich lernen, damit zurechtzukommen, dass das Leben immer auch Risiko beinhaltet – oder, wie schon Erich Kästner sagte: »Seien wir ehrlich: Leben ist immer lebensgefährlich!«

Situationen wie die mit den übereifrigen Müttern zu Beginn der Ferienfreizeit offenbaren nicht nur mangelndes Vertrauen, sie zeigen auch, wie wichtig es ist, dass wir es unseren Kindern schenken. Oder würden Sie sich nicht davon verunsichern lassen, wenn der Mensch, der Sie am besten kennt und auf den Sie selbst vertrauen, ständig alles für Sie erledigt, weil er offenbar glaubt, dass es nur dann funktioniert?

In diesem Kapitel möchte ich erklären, wie das mangelnde Vertrauen ins eigene Kind dessen Selbstwertgefühl und Eigenständigkeit hemmt und warum Vertrauen die Bedingung dafür ist, dass Kinder überhaupt Verantwortung übernehmen.

Warum Vertrauen für die Entwicklung des Kindes so wichtig ist

Selbst Bettenbeziehen und Kofferauspacken – Dinge, die uns Erwachsenen so einfach erscheinen – sind aus Sicht der Kinder Aufgaben, die wir ihnen *anvertrauen* oder im schlimmsten Fall eben nicht. Dabei ist klar, dass Kinder den Wert eines bezogenen Bettes oder eines eingeräumten Schranks erst dann zu schätzen beginnen, wenn sie eigenständig dafür gesorgt haben. Und eine solche Situation ist noch recht gefahrlos: Selbst, wenn der Koffer in der Ferienfreizeit mal nicht ausgepackt ist, was könnte dadurch schon Schlimmes passieren? Vielleicht merkt das Kind, dass es morgens länger als alle anderen braucht, weil es seine Sachen nicht findet, und beim Frühstück kein Brötchen mehr abbekommt, sondern nur noch Graubrot. Erst dann wird ihm einleuchten, warum es sinnvoll ist, seinen Kofferinhalt im Schrank zu deponieren.

Nicht selten kommt es übrigens vor, dass ein Junge oder Mädchen ein paar Tage lang in derselben Montur herumläuft und bereits anfängt zu müffeln, weil angeblich schon alle frischen Kleider verbraucht sind. Wenn der Betreuer dann nachsieht, findet er im Schrank etliche noch nicht getragene Sachen, und das Kind wundert sich, dass sie dort sind. Der Grund: Es hat die Sachen zu Hause weder eingepackt noch bei der Ankunft in den Schrank geräumt – Mama hat ihm alles abgenommen.

Selbst wenn es schneller geht oder wenn Sie das Gefühl haben, der Koffer würde überhaupt nicht ausgepackt werden, wenn Sie nicht höchstselbst dafür sorgen: Es ist besser für Ihr Kind, wenn Sie ihm solche Dinge nicht abnehmen.

Es ist sogar so, dass verwehrtes Vertrauen immensen Schaden anrichtet, und das in allen möglichen Bereichen, wie ich gleich zeigen werde.

Wer kleine Kinder beobachtet, bemerkt zwei Dinge: zum einen, wie wichtig ihnen die Bestätigung und die Ermutigung der Eltern sind. Wenn ein kleines Kind eine neue Umgebung erkundet, wird es immer wieder zu den Eltern schauen, um sich zu vergewissern, dass alles okay ist. Wenn die Eltern es ermuntern wollen weiterzumachen, nicken sie oder lächeln – das Kind wendet sich dann wieder dem Gegenstand zu, den es gerade untersucht. Es hat den Mut, weiterzumachen, weil es die Rückmeldung bekommen hat, dass die Eltern ihm die Bewältigung der Situation zutrauen. Solche Ermutigung ist enorm wichtig, sie spielt eine große Rolle in der Selbsterfahrung des Kindes. Ermutigung bedeutet, Mut zu geben, das Ergebnis ist im besten Fall, dass das Kind mutig genug ist, um eine Aufgabe anzugehen oder sich einer Situation zu stellen.

Zum anderen merkt man beim Beobachten der Kinder, wie früh das Bedürfnis entsteht, auch mal für sich zu sein oder etwas allein zu probieren – selbst das Besteck zu verwenden, sich selbst etwas zum Anziehen rauszusuchen, mit Freunden allein auf den Spielplatz zu gehen oder stundenlang im hinteren Teil des Gartens zu spielen, wo die Eltern einen nicht dauernd im Blick haben. All das sind Momente, in denen wir Kindern ohne Weiteres vertrauen können und sollten, dass sie dort auch ohne unsere Überwachung zurechtkommen, denn es ist für ihre Entwicklung wesentlich. Nur so können sie sich wirklich entfalten.

Es ist für Kinder sehr wichtig, allein zu sein, weil sie so lernen, sich nach und nach von den Eltern zu lösen. Und das müssen sie ja auch, denn irgendwann sollen sie auf eigenen Füßen stehen und allein in die Welt ziehen können. Die Aufgabe von uns Erwachsenen ist es, die Kinder dabei zu unterstützen, Mut und Selbstvertrauen zu entwickeln und Situationen, Gefahren und auch soziale Gefüge einschätzen zu lernen, um darauf angemessen zu reagieren. Die gute Nachricht ist dabei: Wir können ihnen ein Wundermittel schenken, das sie seelisch, körperlich und geistig stärkt.

Es heißt Vertrauen.

Natürlich sollten wir einem zweijährigen Kind nicht zumuten, allein vom Spielplatz nach Hause zurückfinden zu müssen. Aber einem sechs- oder siebenjährigen Kind können wir das durchaus zutrauen – je nachdem, wie weit der Spielplatz von der Wohnung entfernt und wie er gelegen ist, auch schon früher. Wir müssen Kindern also ihrem Alter und ihrer Reife entsprechend Vertrauen schenken, uns darauf verlassen, dass sie bestimmte Regeln einhalten oder eine Aufgabe schon bewältigen werden, ohne dass wir sie überwachen. Schon eine Dreijährige erfüllt es mit Stolz, wenn sie auf dem Klettergerüst auf dem Spielplatz ganz allein nach oben und wieder hinabgeklettert ist. Vor allem dann, wenn dies ohne die Hilfe der Eltern geschieht. Das stärkt ihr Selbstvertrauen.

Selbst wenn das Kind dann mal vom Gerüst herunterfällt, sollten die Eltern nicht gleich hinlaufen (es sei denn, das Kind hat sich wirklich ernsthaft verletzt), sondern es ermutigen, das Klettern erneut zu versuchen. Häufig lässt sich jedoch leider das Gegenteil beobachten: Die Eltern eilen zur Rettung, selbst wenn eigentlich gar nichts passiert ist. Und sie warnen das Kind, es nicht noch mal ohne ihre Hilfe zu versuchen. Das verunsichert das Kind und lässt es glauben, es könne die Situation auf keinen Fall allein bewältigen.

Eltern, die sich ständig in alle Belange ihres Kindes einmischen und ihm jede Schwierigkeit aus dem Weg räumen, tun dies oft, weil sie glauben, dass das Kind noch nicht in der Lage ist, für sich selbst einzustehen. Sie haben Angst vor Verletzung, sei es seelischer oder körperlicher Natur. Dabei gibt es für jedes Alter Fähigkeiten, auf die wir vertrauen können und müssen, wenn wir wollen, dass Kinder sich zu selbstständigen Erwachsenen entwickeln. Im besten Fall wachsen sie über sich hinaus, wenn sie merken, dass Menschen, die sie lieben und denen sie selbst vertrauen, ihnen etwas Schwieriges zutrauen. Denn das Signal ist dann: Du kannst das schaffen, auch alleine, du bist gut so, wie du bist!

Dass dies die Basis für Selbstvertrauen und im Weiteren auch für gutes Gelingen ist, können Sie sich gut vorstellen, wenn Sie es auf Ihren eigenen Alltag übertragen. Wenn der Chef beispielsweise sagt, dass er Ihnen zutraut, eine schwierige Aufgabe selbst zu bewältigen, haben Sie dann nicht gleich ein ganz anderes Gefühl, als wenn er sagt: »Ich setze mich neben Sie, dann geht schon nichts schief.« Und was ist, wenn Sie einen Fehler gemacht haben, und er sagt: »Oh Gott, überlassen Sie das beim nächsten Mal bitte mir«? Anders gesagt: Wir profitieren davon, wenn jemand an uns glaubt und uns bestärkt, auch dann, wenn mal etwas schiefgeht. Sonst können wir nichts erreichen und schlimmer noch: Wir haben nicht einmal Lust, etwas aus eigener Kraft zu versuchen.

Erst dadurch, dass Sie ihm signalisieren: Ich vertraue darauf, dass du dich schon selbst kümmern kannst, kommt ein Kind also überhaupt auf die Idee, dass es das tun könnte. Genau darin liegt eine große Chance: Wenn sich das Kind Ihres Vertrauens sicher ist, gibt ihm das eine Menge Kraft, um alle möglichen Herausforderungen zu bewältigen.

Doch genau da liegt auch das Problem: Diese Kraft fehlt Kindern, wenn sie in ihrer Entwicklung kein Vertrauen erleben. Es ist, als würde man Asterix seinen Zaubertrank vorenthalten und ihn dann gegen ein Heer von römischen Soldaten antreten lassen. Wir enthalten unseren Kindern das Vertrauen vor, lassen sie dann mit der Volljährigkeit aber ungebremst auf Aufgaben treffen, für deren Bewältigung sie Selbstbewusstsein brauchen. Für Kinder ist es geradezu katastrophal, wenn ihre Eltern nicht an sie glauben – auch, wenn den Eltern ihr Mangel an Vertrauen möglicherweise gar nicht bewusst ist.

Unsere Sorge und unser Zweifel an ihren Fähigkeiten schwächen die Kinder heute auf allen Ebenen. Nicht mal auf dem Schulweg bleibt ihnen Raum für Abenteuer, der Alltag ist durchstrukturiert, die Wege oft von den Eltern begleitet, sodass Kinder heute kaum noch ihre Umgebung eigenständig erkunden. Sie dürfen oft nur unter Aufsicht raus oder müssen ganz in der Nähe bleiben, wo die Eltern sie sehen können. Durch das nahe gelegene Wäldchen zu stromern oder allein in einen Park zu gehen, wird den Kindern allzu oft verboten, oder es wird ihnen Angst davor eingejagt. Das Misstrauen der Eltern – getriggert durch die Angstgesellschaft, in der wir leben – richtet sich auf die eigene Familie wie auf die Mitbürger: Die Eltern trauen weder anderen Menschen noch ihrem Kind wirklich. Die Gesellschaft birgt angeblich so viele Gefahren, dass niemandem zu trauen ist (siehe das Beispiel mit der Kindesentführung im ersten Kapitel). Schon deswegen versagen Eltern ihren Kindern vielleicht den Ausflug in die nahe gelegene Stadt. Dem Kind wird nicht zugetraut, sich dort zurechtzufinden oder den Rückweg allein zu bewältigen. Ähnlich ist es auch in der Natur: Diese scheint voller Gefahren zu sein, und Eltern trauen ihren Kindern auch hier nicht, das Risiko richtig einzuschätzen, wenn sie auf Bäume klettern oder einen Bach überqueren. Weil eine diffuse Gefahr zu drohen scheint, nehmen sie ihnen damit eine wesentliche Erfahrungsquelle.

Natürlich ist das Risiko, das ein Kind eingehen kann, damit verbunden, wie reif es ist und in welchem Umfeld es aufwächst. Wohnt ein sechs oder sieben Jahre altes Kind in der Stadt, sollte es sich dort auch innerhalb eines bestimmten Radius frei bewegen können. Spätestens mit zehn Jahren sollte ein Kind, das auf dem Land lebt, mit dem Bus in die nächste Stadt fahren können.

Statt Kinder laufen zu lassen, werden sie oft rund um die Uhr überwacht. Und das ist heute leichter denn je: Es gibt Unmengen an technischen Hilfsmitteln, um Kinder auf Schritt und Tritt im Blick zu behalten. Und das nicht unauffällig, sondern ganz offen. Der kindliche Spiel- und Entdeckungstrieb wird damit gehemmt. Es werden aber auch Möglichkeiten unterbunden, sich mit anderen auseinanderzusetzen und zu lernen, wie man Konflikte löst. Auf diese Weise verkümmern soziale Fähigkeiten.

Für die Entwicklung der Kinder ist dies fatal, auch wenn es heute schon vollkommen normal ist und es kaum jemand infrage stellt. Eltern, die dies tun – und es werden immer mehr –, würden sich wohl nur in seltenen Fällen als misstrauisch bezeichnen. Dennoch belagern sie ihre Kinder wie eine Festung, legen ihnen gleichsam elektronische Fußfesseln an. Wie dies geschieht und wie es sich auswirkt, beobachte ich in meinem Alltag als Lehrer.

Nabelschnur Handy – wie Kinder auch aus der Distanz kleingehalten werden

Es ist nur zu verständlich, dass Eltern das Bedürfnis haben, zu wissen, wie es ihren Kindern geht. Natürlich kommt es einem am sichersten vor, wenn das Kind sich in Sichtweite befindet. Viele würden wohl am liebsten eine Drohne mit einer Kamera über ihrem Kind schweben lassen oder an seinem Handgelenk ein Babyfon festbinden, nur um es in jedem Moment seines Lebens im Blick behalten zu können. Kommt Ihnen das seltsam vor? Was, wenn ich Ihnen sage, dass es diese Drohne schon heute gibt, und dass viele meiner Schüler sie mit sich herumtragen. Fliegen kann sie nicht, und die Eltern können das Kind auch nicht über einen Monitor überwachen. Aber dennoch ist sie da und vermittelt ein wohliges Gefühl, in irgendeiner Form eingreifen zu können, falls doch mal etwas passiert.

Die Drohne ist natürlich nichts anderes als das allgegenwärtige Smartphone.

Das Handy erfüllt viele wichtige Aufgaben, und gerade für Kinder ab elf oder zwölf Jahren wird es zu einer wichtigen Plattform für soziale Kontakte. Ihnen die Nutzung eines Smartphones zu untersagen, kann bewirken, dass Kinder von ihren Altersgenossen ausgegrenzt und aus der Klassenkommunikation ausgeschlossen werden. Zum gleichen Ergebnis kann allerdings auch der permanente Draht übers Handy zu den Eltern führen, denn die ständige Kontrolle wirkt ebenfalls ausgrenzend.

In einer meiner sechsten Klassen wurde von den Eltern eine übermäßige Handynutzung festgestellt. In der Klassen-WhatsApp-Gruppe wurden pro Tag rund 400 Nachrichten verschickt. Während einer Grundsatzdiskussion auf dem Elternabend wurde vielfach geäußert, der Nachwuchs könne sich kaum noch vom Handy lösen. So schlug ich folgendes Experiment vor: Vierzehn Tage sollten die Schüler und auch ich selbst ohne das Mobiltelefon auskommen. Nach zwei Wochen würden wir uns zusammensetzen und überlegen, wie sich das Leben ohne ständige Handynutzung verändert hatte. Und wir würden uns überlegen, wie wir das Handy besser, dem Leben zuträglicher, nutzen könnten.

Eigentlich waren alle Eltern und Schüler dafür, nur die Eltern von Jana nicht. Sie bestanden darauf, dass ihre Tochter weiter mobil für sie erreichbar sein sollte. Da sie nicht nachgaben, bliesen wir das Experiment schließlich ab, um das Mädchen nicht von der Klasse abzusondern.

Wenn das Handy auf diese Weise zur Nabelschnur wird, ist seine Nutzung ungesund. Statt als Kommunikationsplattform für die Schüler selbst wirkt es dann als Standleitung zu den Eltern, weil diese ihre Kinder immer verfügbar haben wollen. Man sollte daher immer überlegen, ab wann man seinem Kind ein Handy erlaubt und vor allem, warum. Eltern neigen dazu, überall eine mögliche Gefahr zu wittern, und sie glauben außerdem, dass allein sie selbst in der Lage sind, ihrem Kind richtig beizustehen. Hinterfragen Sie daher kritisch, ob das Handy vorwiegend Ihr Bedürfnis erfüllt, Ihr Kind jederzeit zu erreichen, oder ob es wirklich einen realen Grund für die Erreichbarkeit gibt.

Unsere Angst, die wir im vergangenen Kapitel thematisiert haben, kommt hier zum Tragen. Wir sind es ohnehin inzwischen gewohnt, dass viele Bereiche unseres Lebens durch Computer überwacht werden und dass diese uns alles Mögliche abnehmen. Ein erhöhtes Sicherheitsbedürfnis sorgt dafür, dass wir unser Heim vernetzen oder Kameras mit Gesichtserkennung installieren, die jeden, der unsere Wohnung betritt, identifizieren können. So ist es heute schon möglich, dass Eltern eine Meldung bekommen, wenn ihr Kind gerade das Haus betreten hat. Das Smartphone ist der erste Schritt zur kompletten Überwachung. Und in den kommenden Jahren werden noch viele weitere Schritte folgen, die es immer bequemer machen, die Kinder auch aus der Ferne zu beaufsichtigen und abzusichern. Was Ihnen heute vielleicht noch unheimlich vorkommt, wird in einigen Jahren das Normalste der Welt sein. Der Trend ist klar: Es geht um die bestmögliche

Kontrolle. Aber was gewinnen wir dadurch eigentlich wirklich?

Die Antwort ist aus meiner Sicht einfach. Wir gewinnen nichts. Vielmehr verlieren wir etwas: unsere Freiheit. Und auch auf unsere Kinder wirkt sich die mangelnde Privatsphäre und die immer stärker um sich greifende Überwachung ausgesprochen schädlich aus.

Die Sicherheit, die uns so vorgegaukelt wird, ist verführerisch, keine Frage. Und die digitalen Medien erleichtern den steten Zugriff: Für die Eltern sind ihre Kinder ständig erreichbar. Das Kind wiederum kann bei jedem Problem zu Hause anrufen: wenn der Schulbus zu spät kommt, falls es auf dem Schulweg ein Problem gibt oder wenn es etwas vergessen hat.

Der IT-Branchenverband Bitkom hat in einer Studie ermittelt, dass Eltern ihre Kinder gerade beim Schulwechsel von der Grundschule deswegen zunehmend mit Handys ausstatten. Der Anteil der Schüler, denen zur Zeit des Wechsels auf eine weiterführende Schule mit 10 oder 11 Jahren ein Handy zur Verfügung steht, sind 67 Prozent – 49 Prozent mehr als noch mit 8 oder 9 Jahren.

Zudem gibt es auch spezielle Überwachungs-Apps namens LittleNanny, Footprints oder iNanny, die per GPS für die Eltern ständig sichtbar machen, wo sich der Nachwuchs gerade aufhält. Betritt ein Kind einen Bereich, den ein Elternteil als unerlaubt markiert hat, schrillt bei Mama oder Papa das Warnsystem. Das digitale Kindermädchen sorgt so für ein maximal beruhigendes Gefühl – sogar auf Klassenfahrten.

Auch wenn es praktisch scheint, möchten die meisten Lehrer nicht, dass die Kinder das Handy zur Klassenfahrt mitnehmen, selbst wenn es im Unterricht zum Einsatz kommt. Mir geht es hier nicht darum, das Handy zu verteufeln, denn unsere heutige Welt ist nun einmal digitalisiert und kommuniziert auch so. Das Gerät an sich ist also nicht das Problem, sondern die Art, wie und wann es eingesetzt wird. Von Elternseite ist es aber immer wieder Thema, dass das Mobiltelefon auf der Klassenfahrt dabei sein soll. Oft setzen sich die Eltern mit ihrem Wunsch, das Handy »für den Notfall« mitzugeben, durch. Es ist sicher gut gemeint, sie möchten ihren Kindern das Unwohlsein ersparen, das entstehen kann, wenn sie ohne die Eltern in der Nähe auf sich gestellt sind. Aber sie erreichen damit, dass ihre Kinder sich nicht ganz auf die Fahrt einlassen – und das ist schlecht für das einzelne Kind wie für das gesamte Klassengefüge. Ja, ich gehe sogar so weit zu sagen, dass eines der wichtigsten Ziele von Klassenfahrten ad absurdum geführt wird, wenn die Kinder per Handy ständig mit ihrem Zuhause verbunden sind: Sie sollen ohne die Eltern klarkommen und eigene Erfahrungen sammeln.

Für viele Schüler ist es das erste Mal, dass sie länger von zu Hause weg sind. Zweck einer solchen Fahrt ist es, den Zusammenhalt der Klasse zu fördern, etwas gemeinsam zu erleben, aber vor allem die Schüler in ihrer Selbstständigkeit zu unterstützen, indem sie Herausforderungen auf eigene Faust bewältigen und Konflikte alleine lösen. Kinder sollen erfahren, dass sie in der Gruppe Anerkennung finden, wenn sie ein Teil davon werden und zum gemeinsamen Gelingen der Fahrt beitragen. Sie sollen lernen, stolz auf das zu sein, was sie geleistet haben – sei es, eine Abschlussparty zu organisieren und dafür Applaus zu ernten oder dem Lehrer einen Streich zu spielen und die Lacher auf seiner Seite zu haben.

Die Klassenfahrt ist einer der ersten Abnabelungsprozesse von den Eltern. Das Handy – bildlich gesehen als verlängerte Nabelschnur – behindert diesen jedoch. Wenn das Kind bei jedem Konflikt mit Mitschülern oder Lehrern zu Hause anrufen kann, wird keines der auftauchenden Probleme mit dem Lehrer oder den Mitschülern vor Ort geklärt, sondern das Kind lagert das Problem aus: Es wird seinen emotionalen Ballast abends beim Gespräch mit den Eltern los, die vielleicht sogar von zu Hause versuchen, den Konflikt zu lösen. Oder sie schauen tatsächlich gleich selbst vorbei und nehmen das Kind mit, wenn ihnen die Situation gar zu unerträglich erscheint.

Ein Handy vermittelt zwar Sicherheit, doch diese ist trügerisch und im Vergleich zu dem, was das allgegenwärtige Smartphone anrichtet, zu vernachlässigen. Denn die Kinder sollen lernen, dass sie sich auch auf andere Menschen verlassen können als auf ihre Eltern. Sie sollen begreifen, dass sie auch außerhalb des Elternhauses sicher sind. Sie brauchen diese Sicherheit, um selbstständiger zu werden und im Alltag nicht in jeder unerwarteten Situation vor einem Riesenproblem zu stehen, das ohne die Eltern nicht lösbar erscheint.

Ein weiterer Nachteil des Handys ist, dass sich Kinder viel weniger auf die Menschen einlassen, von denen sie umgeben sind. Das stellte ich unter anderem bei einer der letzten Freizeiten fest, die ich als Betreuer begleitete. Ich war gerade in einer Besprechung mit dem Leiter der Ferienfreizeit, als das Telefon klingelte. Er nahm ab und sprach eine Weile, dann legte er auf und fuhr sich genervt mit der Hand durch die Haare, bevor er begann, mir zu berichten, was das Anliegen der Anruferin gewesen war. Sie war die Mutter eines unserer Teilnehmer, des zwölfjährigen Pauls, und sie sagte, er habe sich in den letzten drei Nächten immer in den Schlaf geweint – was denn da los sei?

»Keine Ahnung«, meinte der Leiter ratlos zu mir. »Der Junge hat immer Spaß, er macht bei den Unternehmungen gerne mit, ihm ist nichts anzumerken.«

Wir überlegten gemeinsam, wie wir vorgehen könnten. Da ich bereits ein Vertrauensverhältnis zu dem Jungen aufgebaut hatte, nahm ich ihn bei der nächsten Gelegenheit zur Seite. Nach etwas Herumdrucksen verriet er mir, dass er abends immer ein bisschen traurig sei, dann aber seine Mama anriefe, die ihn tröste.

Der Junge litt also an einem völlig natürlichen Gefühlszustand: Heimweh.

Dieses Heimweh hätte er ebenso gut mit mir oder dem Leiter der Ferienfreizeit besprechen können. Oder er hätte ein anderes Kind ins Vertrauen ziehen können. Doch all das war ihm zu peinlich. Und er musste es ja auch gar nicht, denn der direkte Draht zu seiner Mutter ersparte es ihm, sich einem in der Gruppe zu offenbaren. Die Mutter hätte es eigentlich nicht wundern dürfen, dass wir von seinem Heimweh nichts ahnten, denn er hatte das Problem ja mit ihr direkt am Handy gelöst. Dabei können wir vor Ort am besten helfen, denn wir können das Problem viel genauer einschätzen: Wir haben das Kind auch tagsüber unter unserer Aufsicht, und in der Regel können wir bei Heimweh wirklich gut Linderung verschaffen.

Außerdem besteht immer die Gefahr, dass das Telefonat mit den Eltern das Heimweh verstärkt. Natürlich gibt es Eltern, die ein solches Gespräch geschickt führen und ihrem Kind helfen. Aber es gibt eben auch die anderen, die manchmal sogar alles tun, damit das Kind während des Gesprächs noch mehr Sehnsucht nach zu Hause bekommt. Im Ernst, ich habe schon Szenen erlebt, in denen die Mutter aus dem Auto stieg, sie und das Kind aufeinander zurannten und sich weinend in die Arme fielen, als hätten sie sich ein Jahr lang nicht gesehen. Dabei waren es in Wahrheit nur zwei, drei Tage, weil das Kind die Ferienfreizeit nach mehreren Telefonaten mit zu Hause abgebrochen hatte. Eine Mutter erzählte mir dann auch gleich, dass die Reaktion völlig normal sei, immerhin hätte sie ihr Kind nun 73 Stunden lang nicht gesehen.

Manche Eltern können es nicht ertragen, dass ihr Kind sich von ihnen löst. Sie suchen den Kontakt zum Nachwuchs nicht, um zu unterstützen, sondern weil sie sich selbst nach ihrem Kind sehnen – wie schon erwähnt, ist dieses Kindweh schlimmer als Heimweh.

Das Handy bietet eine ständige Kontaktmöglichkeit für Eltern, die unter Kindweh leiden. Sie haben Angst, und um diese Angst zu bändigen, fordern sie im Normalfall ein, dass das Kind mindestens einmal am Tag anruft, um zu sagen, ob es ihm gut geht. Kurz gesagt: Sie schaffen es nicht, fünf Tage ohne ihr Kind auszukommen. Das Kontrollbedürfnis ist aber immer wieder Auslöser für Probleme, die wir Betreuer mit den Eltern – und dann auch mit den Kindern – haben.

Wenn das Handy als Überwachungsmaschine im Taschenformat mit dabei ist, achten Kinder weniger auf ihr aktuelles Umfeld, auf Gefahren wie auf Erlebnisse oder Personen – sie wiegen sich ja in der Gewissheit, dass es jederzeit Hilfestellung von den Eltern geben kann.

Überdies ist das Handy ein Ablenkungsfaktor, der die Klassenfahrt und die Erfahrung, die die Kinder dort machen sollen, stört. Es sorgt für Reizüberflutung, sodass es für das Gehirn nicht zu verarbeiten ist, wenn nebenbei soziale Interaktion oder ein pädagogisches Programm stattfindet. Die Kinder sind wie ferngesteuert – sie spielen herum oder schreiben Nachrichten, statt miteinander zu interagieren.

Das Tückische am Handy ist, dass es funktioniert wie ein kleiner Spielautomat – es zieht durch ein ausgeklügeltes Belohnungssystem, das ständig für Endorphinausschüttung sorgt, immer wieder aufs Neue die Aufmerksamkeit auf sich. Man schaut immerzu darauf, weil es ja etwas geben könnte – eine Nachricht oder einen Like bei Facebook. Wenn Sie sich jetzt ertappt fühlen, würde mich das nicht wundern, denn der Mechanismus funktioniert nicht nur bei Kindern, sondern auch bei uns Erwachsenen hervorragend.

Die Fixierung auf den kleinen Bildschirm bedeutet zum einen, dass die Kinder nicht ganz mit dem Kopf bei der

Klassenfahrt sind, weil ständig von außen Chatnachrichten kommen. Die Kinder sind sozusagen digital in anderen Zusammenhängen eingebunden – selbst wenn es nur ein lustiges Foto vom Familienwellensittich ist –, statt nur mit der Klasse zu sein. Dabei ist es pädagogisch gesehen extrem wichtig, sich auf die Vorgänge innerhalb der Gruppe einzulassen und zu wissen, dass für einige Tage nur diese Menschen um einen herum sind.

Zum anderen ist das Handy eine Kommunikationsbremse und ein Allround-Bespaßer, gegen den die Betreuer mit ihren Unternehmungen konkurrieren und der auch in der programmfreien Zeit keine Interaktion zwischen den Kindern zulässt. Schade, denn gerade fernab vom regulären Freizeitprogramm passieren sonst die wirklich spannenden Sachen. Wenn Kinder früher Fangen oder Quartett gespielt haben, sitzen sie heute auf dem Zimmer und zocken am Handy. Häufig ist dann jeder für sich allein.

Die Kinder sind es gewohnt zu konsumieren, nämlich das, was auf dem Minibildschirm abläuft. Eigene kreative Ideen kommen kaum noch auf, das, was auf der Fahrt passiert, müssen die Betreuer genau vorgeben. Kein Wunder eigentlich, denn wir haben unseren Kindern das eigenständige Handeln größtenteils abgewöhnt. Und so kommt es, dass die Kids auch keine Streiche mehr spielen. Wollte man es darauf anlegen, müsste man es ihnen als Betreuer quasi beibringen. Sie sind nicht eigenständig genug dafür, es fehlt ihnen an Ideenreichtum und Problemlösekompetenz, die man dazu bräuchte. Außerdem haben sie verlernt, sich gegen Regeln aufzulehnen. Ein guter Streich auf einer Ferienfreizeit, der nicht zu dauerhaften Beschädigungen führt, ist eine Übung in zivilem Ungehorsam. Und diesen braucht es hier und da auch mal.

Der einzige Scherz, der überlebt hat, ist Zahnpasta auf die Türklinke zu schmieren. Allerdings wird die Zahncreme oben auf die Klinke geschmiert und nicht darunter, wie es eigentlich cleverer wäre, damit der Schabernack nicht so schnell bemerkt werden kann. Ich kann nur vermuten, dass man so etwas nicht googeln kann – oder sich nicht die Mühe dazu macht.

Ein Handy, das als 24-Stunden-rund-um-die-Uhr-Bespaßung und als 24h-Hotline-Nabelschnur zur Mama dient, die sich alle Probleme ihres Sprösslings gerne anhört und am liebsten auch für ihn lösen würde, ist auf einer Klassenfahrt wie auch auf einer Ferienfreizeit deswegen fehl am Platz.

Sind Handys also an allem schuld? Nein.

Ein sinnvoller Umgang ist der Selbstständigkeit sogar förderlich. Wie dies aussehen kann, erläutere ich im 5. Kapitel, das viele Anregungen enthält, wie wir Kindern die Verantwortung zurückgeben können.

Was ist der Unterschied zwischen den kleinen Spielautomaten und einem Spiel mit Freunden in der freien Natur? Der Spielautomat dient der Unterhaltung, das Daddeln darauf geschieht aus Langeweile oder weil die Spielmechanismen dazu auffordern, ein neues Level zu erreichen. Sozial interagiert wird hier selten, der Spielrahmen ist klar vorgegeben. Computer- beziehungsweise Handyspiele lehren zwar mehr, als man denkt, aber das Spielen ist quasi risikolos – es hat keine Konsequenz, ob ich im Spiel einen Fehler mache. Spielen im echten Leben mit Freunden hingegen ist die beste Art zu lernen. Das kindliche Spiel basiert auf gegenseitigem Vertrauen, regt die Fantasie an, fördert die Motorik, stärkt die Konzentration, indem es die Kinder mit anderen an einer Sache dranbleiben lässt. Es fördert soziale Kompetenz, dadurch dass Regeln festgelegt und eingehalten werden müssen; die Kinder lernen außerdem, sich zu behaupten, gewinnen also an Selbstbewusstsein.

Um den Vorteil des freien Spiels mit Freunden im Gegensatz zum Handyspiel zu sehen, muss man aber erst einmal in der

Realität positive Erfahrungen damit gemacht haben. Und diese können gar nicht früh genug beginnen. Doch leider lassen wir Kinder heute oft schon die natürlichsten Dinge nicht mehr selbst erleben, sondern halten ihnen im wahrsten Sinne des Wortes bei allem das Händchen. So wird der Erwerb wichtiger Kompetenzen in ganz verschiedenen Bereichen nicht nur nicht gefördert, sondern geradezu verhindert.

Ein fataler Mangel an Vertrauen – wie wir unsere Kinder unabsichtlich schwächen

Wenn ich an Vertrauen in meiner eigenen Kindheit denke, fällt mir sofort der Tag ein, als ich mit meinem Vater das Radfahren im Hof lernte. Auf dem engen Hinterhof – zum Teil Gemeinschaftsgarten, zum Teil mit Steinplatten gepflastert – war es ruhig genug, um das Rad auszuprobieren. Dort ließ mein Papa mich im Kreis fahren. Er hielt den Gepäckträger meines neuen Kinderfahrrads, von dem wir an diesem Tag die Stützräder abgeschraubt hatten, fest, während ich erst langsam, dann schneller im Kreis fuhr. Als ich den Dreh raushatte, ließ er los. So fuhr ich plötzlich ganz ohne seine Hilfe.

Noch heute spüre ich das warme Gefühl von Stolz, das mich ergriff, als mir klar war, dass er mir genug vertraute, um mich ziehen zu lassen. Er glaubte ganz offensichtlich daran, dass ich es nun allein konnte.

Loslassen ist eine der schwersten Sachen, die Eltern bewältigen müssen, damit ihre Kinder fit fürs Leben werden. Loslassen bedeutet nicht, irgendwann abrupt die Hilfestellung zu verweigern. Sondern Stück für Stück die Leine immer lockerer zu lassen, und dann loszulassen, wenn man merkt, dass das Kind bereit dafür ist. Es bedeutet, dem Kind auf dem Spielplatz die Freiheit zu geben, sich an den Geräten auszutoben, die für sein Alter geeignet sind, statt auf Schritt und Tritt Händchen zu halten, anzuschubsen und mitzurutschen. Es bedeutet, das Kind mit Freunden in der Nachbarschaft losziehen zu lassen, im Wissen, dass es die Verkehrsregeln, die wir ihm beigebracht haben, achtet, und dass es zur vereinbarten Zeit zu Hause sein wird. Es bedeutet auch, ihn oder sie den Schulweg allein bewältigen zu lassen. Und das setzt Vertrauen voraus.

Und dieses Vertrauen ist vor allem auf drei Ebenen wichtig: auf der motorischen, psychischen und sozialen.

Mangelndes Vertrauen auf der motorischen Ebene. Hinfallen, aufstehen, Krönchen richten – wer kennt diesen lustigen Spruch nicht, der auf T-Shirts und Postkarten prangt. Dabei tun wir eigentlich alles, damit unsere Kinder nicht hinfallen – ganz im wörtlichen Sinne. Wir haben zu viel Angst, dass die Kinder sich verletzen könnten, dass unser Kostbarstes Schaden nimmt. Und so trauen wir ihnen kaum etwas zu, zwingen sie zur Übervorsicht und hemmen damit die Entwicklung ihrer motorischen Fähigkeiten. Das beginnt schon, wenn sie ganz klein sind, auf dem Spielplatz.

Ich erlebte einmal mit, wie ein Kleinkind im Sandkasten auf einer Babyrutsche stand, die etwa dreißig Zentimeter hoch war. Es traute sich nicht, alleine hinunterzurutschen, und rief nach seiner Mama, die ich dort getroffen hatte und mit der ich mich gerade in einem angeregten Plausch befand. Sofort sprang die Aufmerksamkeit der Mutter ganz zum Kind, und sie lief zu dem Kleinen hin, um ihn festzuhalten und ihm Hilfestellung zu geben. Sie kam danach zu mir zurück, doch ich ahnte schon, dass wir gleich wieder unterbrochen würden, weil das Kind zurück zum Anfang der Rutsche lief. Wir konnten uns nicht ungestört unterhalten, weil der Junge immer wieder nach ihr rief. Einmal sagte sie sogar, er möge bitte allein rutschen. Doch das Kind blieb einfach oben auf der Rutsche sitzen, und nötigte die Mutter so, doch zu ihm zu kommen. Sie kam jedes Mal. Und das, obwohl die Gefahr wegen der geringen Höhe der Rutsche quasi nicht existent war.

So etwas ist heute ständig zu beobachten. Mehr noch: Es ist sozusagen institutionalisiert. Wenn wir uns Fotos von alten Spielplätzen im Vergleich mit vielen neuen, heute oft Erlebnisspielplätzen genannten Orten anschauen, dann wird klar, wie sehr inzwischen alles abgesichert ist, wie wenig die Gesellschaft sich selbst und den Kindern traut. Früher war vieles noch Marke Eigenbau, wie auf dem alten Spielplatz meiner Grundschule: Eine Riesenschaukel aus einem alten Treckerreifen, der mit Ketten an einem Balkengerüst aufgehängt war, ein Kreis von Stangen, an denen meist die Mädchen herumturnten, ein Asphaltplatz mit eingezeichnetem Spielfeld und eine Rutsche. Heute dagegen sind viele Geräte aus weichem Plastik, bisweilen ist sogar der Boden unter einer Schaukel oder Rutsche mit einer Gummimatte bedeckt, wenn er nicht ohnehin aus Sand ist. Die Geräte sind TÜV-geprüft, sie sind spezifisch auf verschiedene Altersstufen zugeschnitten.

In den USA geht es sogar so weit, dass einzelne Schulen speziell Geräte aus Plastik für kleinere Kinder haben, außerdem betrachtet man Schaukeln und Rutschen als so gefährlich, dass sie vielfach nicht mehr zugelassen sind. Vielleicht wird das in Zukunft auch bei uns so sein. Die Angst hindert uns daran, darauf zu vertrauen, dass unsere Kinder ein Risiko schon selbst werden einschätzen können.

Ein Freund berichtete mir neulich entsetzt von einer Reise nach Argentinien, die er mit seiner Frau und ihren zwei Kindern gemacht hatte.

»Die Spielplätze dort waren wie bei uns in den Fünfzigern«, sagte er. »Das kannst du dir nicht vorstellen: rostige Schaukeln, wackelige Klettergerüste, irgendwelche Betonpoller und Holzpflöcke, die aus dem Boden ragen. Da würden hier alle durchdrehen!«

Ich fragte ihn, ob denn was passiert sei.

Er zuckte mit den Achseln. »Die Kinder haben sich alles angeschaut«, meinte er, »sind schon mal auf die Nase gefallen, aber nach ein paar Minuten hatten sie alles ausgecheckt und wussten, welche Spielgeräte sie benutzen konnten.« Und auch die Stolperfallen wie Betonpoller und Holzpflöcke bespielten sie mit viel Kreativität und Geschick.

Dass nichts passiert war, wunderte mich ehrlich gesagt nicht. Die Kinder meines Freundes haben das getan, worin Kinder eben richtig gut sind: ausprobieren und lernen.

Spielplätze sind genau dazu gedacht, dass Kinder ihre Fähigkeiten entdecken und spielerisch entwickeln können. Im Normalfall geht es dort harmlos zu, denn Sand ist weich, die Geräte einfach, aber erprobt, andere Kinder sind dort, die beispielhaft alles vormachen. Natürlich kann etwas passieren; das Kind kann an einem Spielgerät scheitern oder auch mal hinfallen. Auch auf dem Spielplatz geht es also um Risiko und Wagnis, doch hier können die Kinder sich in einem relativ sicheren Umfeld ausprobieren. Die besten Spielplätze meiner Kindheit waren allerdings ganz andere. Fernab jeder Gerätschaft und außerhalb der Sichtweite irgendwelcher Erwachsenen: kleine Wäldchen, in denen wir uns Hütten bauten, Flüsse, die wir stauen konnten, Garagendächer oder Hinterhöfe. Da ich mit meinen Eltern oft umzog, lernte ich beides kennen – Stadt und Land. Spielraum gab es überall genug. Ob meine Eltern an die vielen Gefahren dachten, die mir drohten? Ich bin fest davon überzeugt, sie vertrauten darauf, dass ich schon wusste, welches Dach zu hoch oder welches Brachgelände sicher zu betreten war. Und sie wussten, dass ich lernen musste, mich selbst und riskante Situationen einzuschätzen. Denn es ist so, wie Kästner sagt:

Die Gefahr gehört unmittelbar zum Leben dazu. Kinder, die wir laufen lassen, lernen also ein grundsätzliches Prinzip: Sie testen ihre Grenzen aus.

Heute dürfen Kinder oft noch nicht mal allein auf Bäume klettern, weil die Eltern an ihren motorischen Fähigkeiten zweifeln und Angst haben, dass sie herunterfallen und sich verletzen. Sie schicken sie lieber in die Boulderhalle oder in den Klettergarten. Dies lehrt sie jedoch nicht das, was sie durchs Baumklettern lernen könnten: Die Distanzen, die überwunden werden, sind auf einem Baum nun mal nicht genormt wie etwa im Klettergarten, wo der TÜV, nicht das Kind, das Risiko trägt. Ein Kind muss also nicht nur überlegen, wie es sich in einem Baum bewegt, sondern auch abschätzen, inwieweit es ein Risiko eingehen kann – wie hoch es klettert oder wann es sagt, dass es genug hat, weil die Kräfte nachlassen und es das Risiko nicht mehr tragen will.

Natürlich braucht es auch Eltern, die gerade bei kleineren Kindern warnen, wenn diese das Risiko noch nicht abschätzen können und die Situation zu gefährlich wird. Aber sie müssen dem Kind schon zutrauen, dass es ein paar Meter selbst klettert, ohne dass sie ihre Angst erkennen lassen. Stellen Sie sich vor, Sie müssen auf einem Balken über einen Fluss laufen, wie sicher wären Sie, wenn hinter Ihnen jemand ruft: »Nicht so weit, das schaffst du nicht! Du stürzt gleich!« Würden Sie es auf die andere Seite schaffen? Aufgeben und zurückgehen? Oder sich gar an den Balken klammern und auf Hilfe von höherer Stelle hoffen?

Je weniger wir unsere Kinder ihre motorischen Fähigkeiten austesten lassen, umso mehr kommen motorische Kompetenzen abhanden. Sie lernen nicht mehr, ein Risiko einzuschätzen, außerdem droht mit dem Bewegungsmangel ein Verkümmern der kognitiven Fähigkeiten. Denn Bewegung ist wichtig fürs Gehirn. Sie können das an sich selbst feststellen: Es wird Ihnen leichter fallen, ein Gedicht auswendig zu lernen, wenn Sie sich dabei im Raum bewegen, als wenn Sie still sitzen.

Dass Kinder sich kaum noch richtig bewegen können, höre ich jede Woche von meinem Kollegen, der viele von ihnen als Sportlehrer in der Turnhalle erlebt. Er erzählt, dass sie nicht mehr rückwärtslaufen und nicht einmal mehr die Sprossenwand erklimmen können. Anderen fehlt es auch an Risikoabschätzung. Es gibt keine Risiken, glauben solche Kinder vielfach, deswegen lassen sie sich einfach fallen, sie leben ja auch in einer besonders risikoarmen Welt.

Zwar bekomme ich mit, dass viele meiner Schüler in Sportvereinen aktiv sind, was sie zwar technisch schult, sie aber im Zusammenhang des Vereins, wo immer alles in geregelten Bahnen abläuft, auch nicht lehrt, auf sich zu vertrauen. Die Kinder sind zwar motiviert, an ihre Grenzen zu gehen, weil sie dafür vielleicht in ein besseres Team kommen oder an einem Wettbewerb teilnehmen können, bei dem sie eine Urkunde gewinnen. Aber im Verein geht es, wie auch im Schulunterricht, oft weniger darum, dem eigenen Körper vertrauen zu lernen, als um Leistung, die von anderen bewertet wird. Natürlich lernen die Kids beim Vereinstraining auch ihren Körper kennen, und sie üben bestimmte Bewegungen. Es besteht aber oftmals weder zum Trainer noch zu den einzelnen Mitspielern ein echtes Vertrauensverhältnis. Dabei eignet sich gerade Sport für den Aufbau echten Vertrauens, zum Beispiel dann, wenn Trainer dies durch konstruktives Feedback fördern oder selbst mal Gefühle zeigen, indem sie sich über einen Sieg sichtlich freuen oder über eine Niederlage erkennbar enttäuscht sind.

Kinder, die nicht in Vereinen Sport treiben, sind durch die zwei bis drei Schulsportstunden in der Woche motorisch kaum geschult. Wenn sie dann in der Freizeit keine Möglichkeit haben, sich frei auszuprobieren, werden sie vermutlich lustlos oder ängstlich sein, wenn es darum geht, neue Sportarten auszuprobieren, oder später im Urlaub beim Wandern, wenn sie mal an eine etwas unwegsame Stelle geraten.

Motorisches Lernen ist wichtig, um sich seines Körpers zu versichern, sich auch in schwierigen und unbekannten Situationen sicher zu bewegen – das ständige Absichern und das mangelnde Vertrauen durch die Eltern hingegen führen zu Unsicherheit.

Sich selbst zu spüren heißt auch, einschätzen zu können, ob anderen etwas wehtun wird – es ist damit eine der Grundbedingungen für Empathie und somit für gelingendes Zusammenleben. Bewusstsein für den Körper und seine Grenzen können Kinder im freien Spiel erfahren, wenn sie in Pfützen springen oder Staudämme bauen. Und vor allem auch, wenn sie etwas Neues riskieren: zum ersten Mal über einen Baumstamm balancieren, vom Dreimeterbrett springen oder einen steilen Berg mit dem Fahrrad hinuntersausen.

Ein extremes Beispiel dafür, wie stark wir Menschen auf sensorische Erfahrungen ansprechen, war die Ice-Bucket-Challenge 2014. Vielleicht erinnern Sie sich an den Internet-Hype, der auf die Nervenkrankheit ALS aufmerksam machen und Spenden sammeln sollte. Viele machten damals mit und gossen sich vor laufender Kamera einen Eimer Eiswasser über den Kopf. Einmal war ich sogar selbst dran. Ich war von einem Freund nominiert worden, und löste das auf einer Klassenfahrt ein, indem ich mich von dreißig Schülern aus mehreren Etagen des Schullandheims mit eisigem Wasser übergießen ließ. So kann ich mit Fug und Recht behaupten zu wissen, wie intensiv die Erfahrung ist. Was für ein gutes Gefühl es ist, wenn man die physische (Kälte) und psychische (Angst davor) Herausforderung gemeistert hat. Körperliche Erfahrung kann Enthusiasmus auslösen, ein

Gefühl von Freiheit geben. Sie kann dafür sorgen, dass wir die eigene Gefühlswelt erfahren und unsere Emotionen körperlich spüren. Genau das erlauben wir Kindern (und übrigens auch uns selbst) heute oft viel zu selten.

Mangelndes Vertrauen im Zusammenhang mit positiven Naturerlebnissen, die das Kind psychisch stärken. Eine Erfahrung, die auf verschiedenen Ebenen für Kinder wesentlich ist, ist das Erleben der eigenen Person im Kontext der Natur. Sie kann die Motorik, die Psyche, ja, die Lebensfreude steigern. Bei mangelndem Vertrauen – gegenüber der Natur wie auch gegenüber dem Kind – kommen auch diese Lernziele viel zu kurz. Eltern vertrauen nicht darauf, dass ihre Kinder in der Natur sicher sind. Äste könnten herabfallen, sie könnten in einem Fluss ertrinken, Kreuzottern könnten zubeißen oder Zecken auf die Kleinen herabfallen. Sie trauen ihren Kindern einfach nicht zu, dass diese mit dem unwegsamen Gelände zurechtkommen. Und sie rauben dem Nachwuchs damit etwas, das ihre eigene Kindheit wahrscheinlich sehr bereichert hat. Wer erinnert sich nicht gern daran, wie aufregend es war, mit anderen Kindern eine Holzhütte aus herumliegenden Ästen zu bauen? Wie unheimlich und prickelnd es war, auf dem Heimweg das Knacken im Wald und den Ruf des Käuzchens zu hören? Oder daran, wie stolz wir waren, als wir zum ersten Mal auf den alten Apfelbaum im Garten der Großeltern geklettert sind?

Naturerfahrungen sind von besonderer Bedeutung. Ein Waldspaziergang schärft den Blick der Kinder für ihre Lebenswelt. Jedenfalls dann, wenn man ihnen statt stiller Naturbetrachtung die Möglichkeit bietet, vom Pfad abzuweichen, den Wald zu erkunden und zu rennen, zu toben und zu schreien. (Mal ehrlich: Wenn nicht hier, wo sonst?) So kann der Spaziergang ihre Sinne wecken, ihre Orientierung und ihre Aufmerksamkeit schulen. Vor allem aber macht es ihnen Spaß und stärkt ihre Lebensfreude. Sie nehmen wahr, wie es im Wald riecht, welche Tierrufe zu hören sind, sie entdecken verschiedene Pflanzen, sehen mal einen Käfer oder einen Tausendfüßler krabbeln oder sogar einen Specht am Baum klopfen. Sie spielen im Matsch, wirbeln Laub auf und sammeln Kastanien oder Blätter. Und das begeistert Kinder – wer mit ihnen einen Ausflug in die Natur unternommen hat, weiß, dass sie meist mit roten Wangen und voller Tatendrang ihre Umwelt erkunden. Es gibt nur wenige Gelegenheiten, bei denen Kinder mit solcher Begeisterung lernen, und zwar direkt durch eigene Erfahrung. Und das ohne Anleitung von den Eltern. Das Beste, was Sie tun können, ist, Ihr Kind selbst bestimmen zu lassen, was es anfassen und unter die Lupe nehmen möchte. Außerdem haben Untersuchungen ergeben, dass Kinder, die mit dem Naturerleben aufwachsen und sich viel bewegen, seltener gestresst, übergewichtig, angsterfüllt oder traurig sind. Dass viele von ihnen heute kaum noch mit der Natur in Kontakt kommen, ist, drastisch gesagt, eine Katastrophe.

Viele Kinder wachsen heute auf, ohne sich je richtig dreckig gemacht oder im Matsch gespielt zu haben, in genügend Pfützen gehüpft oder auf Bäume geklettert zu sein. Und sie haben auch kaum Lust auf diese Naturerfahrung. Sie haben kaum je eine Kuh, geschweige denn ein echtes Reh gesehen. Hunde dürfen viele nicht streicheln, weil die Eltern Angst vor einem Biss haben, bei Katzen drohen Allergien. Dabei kann der Kontakt mit Tieren als Teil der Natur, sei es beim Besuch eines Wildtiergeheges oder bei der Pflege eines eigenen Haustiers, helfen, Empathie zu entwickeln. Die Nähe zu Pflanzen und Tieren ist für Kinder auf der emotionalen Ebene essenziell, weil sie die Fantasie und das Einfühlungsvermögen stärkt. Unsere Umwelt ist nicht nur wichtig, sondern, da sind wir uns sicher alle einig, (über)lebenswichtig – wie aber sollen unsere Kinder auf etwas achtgeben, das sie nie kennengelernt haben?

Natur ist heute an den meisten Orten in Deutschland eingezäunt und gezähmt statt wild und frei. Natürlich gibt es Kinder, die auf dem Land aufwachsen und zu deren Leben die Natur ganz einfach mit dazugehört. Doch eine Studie des Zukunftsinstituts prognostiziert, dass der Trend zur Verstädterung weiter zunimmt – etwas, das mir Sorge bereitet. Schon heute lebt die Hälfte der Weltbevölkerung in Städten, 2050 sollen es zwei Drittel sein, und die Landflucht ist ungebrochen. Sicher ist das für den Erhalt und die Entwicklung der Infrastruktur ein großer Vorteil: Der Nahverkehr ist leichter zu regeln, öffentliche Einrichtungen liegen beieinander und sind für mehr Menschen erreichbar, Lieferwege sind kurz. Für unsere Kinder hat es jedoch ausgesprochen negative Folgen. Sie erfahren weniger Glück durch die Natur und werden mehr und mehr in einer Welt aufwachsen, in der die Dinge keinen Bezug mehr zueinander haben – woher unser Essen kommt, wie sich ein Flusslauf entwickelt oder was sich im Jahreslauf verändert. Hier ist es wichtig, gegenzusteuern. Das geringe Vorhandensein von Natur für Stadtkinder darf Eltern nicht dazu verleiten, ihre Kinder nicht nach draußen zu lassen. Auch in der Stadt gibt es vieles zu erleben, und ab einem gewissen Alter können Kinder auch mit dem Bus zu einem nahe gelegenen Weiher fahren, um dort mit ihren Freunden herumzustromern. Und wir können ihnen vieles auch durch typische Stadtmöglichkeiten wie Parks, Naturkundemuseen, Zoos oder Bibliotheken nahebringen.

Vielleicht schießt Ihnen nun der Gedanke durch den Kopf, dass Ihr Kind gar nicht draußen herumstromern möchte, sondern viel lieber am Computer spielt. Es ist wichtig, die Ursachen dafür in den Blick zu nehmen.

Meine Schüler in der Computer-AG, auf die ich später noch

näher eingehen werde, sind zwischen 11 und 18 Jahre alt. Einmal stellte ich ihnen die Aufgabe, auf einen Zettel zu schreiben, wie ihr idealer Tag aussähe. Dabei gab es keine Limits – egal, was es kosten würde, egal, wen man sich an seiner Seite wünschte –, die Kinder sollten der Fantasie einfach freien Lauf lassen. Als ich mir die Aufgabe ausdachte, hatte ich so etwas im Sinn wie: »Mit fünf meiner besten Freunde auf eine einsame Insel fahren.« Oder: »Eine Reise nach New York und ein Basejump vom Empire State Building.« Das Ergebnis verblüffte mich – und es machte mich traurig: 70 Prozent meiner Schüler wünschten sich nichts sehnlicher, als einen ganzen Tag lang Computer spielen zu dürfen und dabei jede Menge Pizza zu bestellen. Okay, es waren überwiegend pubertierende Jungs in der Gruppe. Aber ich war enttäuscht, dass sie bei unendlich vielen Möglichkeiten doch nur den Computer wählten. Warum das so ist?

Sie kennen kaum etwas anderes, das sie so erfüllt, denn wir bieten ihnen keinen Raum, um andere Erfahrungen zu machen. Abenteuer, Wald, Freiheit, in einen See springen oder eine Kuh füttern, die am Zaun einer Weide steht, einen Sonnenuntergang genießen, wenn man gerade einen 20-Kilometer-Marsch hinter sich hat und die Füße schmerzen ... Es gibt jede Menge schönere Erlebnisse als Computerspiele. Ereignisse, die viel mehr Endorphine freisetzen und damit prägender sind.

Liebe Eltern, wenn Ihre Kinder nur vor dem Rechner hängen und nichts anderes machen wollen, überlegen Sie sich, ob es daran liegen könnte, dass wir ihnen andere Erlebnisse bis dahin erfolgreich verwehrt haben. Und das aus Mangel an Vertrauen zum Kind.

Und das hat drastische Folgen: Je mehr wir Kinder von der Natur und von anderen Lebewesen abkoppeln, desto weniger sind sie damit vereint. Dabei sind Kinder normalerweise sehr mit Tieren verbunden. Wir merken das daran, wie enthusiastisch sie auf Kinderbücher mit Tierbildern reagieren, wie stark sie selbst Kellerasseln faszinieren oder wie sehr sie sich ein Kaninchen wünschen. Sie der Naturerfahrung zu berauben heißt, ihnen eine existenzielle Lebenserfahrung zu stehlen, und zwar eine, die Freude und Erfüllung bringt. Auch die amerikanische Journalistin Leonore Skenazy setzt sich für »Free-range parenting« ein – eine Erziehung, die die Kinder alleine draußen spielen lässt, sie so oft wie möglich auf sich allein stellt, damit sie selbstbewusst und mutig werden. Damit hat sie in Amerika eine regelrechte Bewegung ausgelöst.

Mir wäre sehr daran gelegen, dass sich der Gedanke auch hierzulande durchsetzt, denn wesentlich ist eines: Die Kinder verarmen seelisch, wenn wir ihnen die Natur vorenthalten und sie diese nicht erleben lassen. Dies hat nicht nur Auswirkungen auf jeden Einzelnen von uns, sondern auf die gesamte Gesellschaft: Die Selbsterfahrung in der Natur ist eine wesentliche Voraussetzung, um zu anderen Menschen emotionale Bindungen aufzubauen. Ohne Zusammenhalt und Solidarität zerfällt die Gesellschaft in individualisierte Einzelkämpfer. Eine menschliche Eiszeit zieht herauf.

Mangelndes Vertrauen auf der sozialen Ebene. Es würde wohl kaum eine Mutter oder ein Vater sagen, dass sie ihrem Kind nicht zutrauen, Freunde zu finden oder Freundschaften zu pflegen. Doch auch im sozialen Bereich wird der Kompetenzerwerb durch mangelndes Vertrauen unterbunden, und es hat massive Folgen, wenn Probleme von Elternseite gelöst werden. Viele Eltern denken überhaupt nicht daran, dass es auch etwas mit Vertrauen zu tun hat, wenn man sein Kind seine Verabredungen selbst treffen lässt oder wenn man sich aus dem Streit unter Kindern heraushält. Darauf zu vertrauen, dass ein Kind seine eigenen Termine ab einem gewissen Alter selbst regelt, ist sehr wichtig für die kindliche Entwicklung. Es geht dabei natürlich erst mal nicht um Arzttermine, sondern um Verabredungen unter Kindern. Später geht es auch darum, dass ein Kind es schafft, seine Hausaufgaben im Blick zu behalten und diese selbstständig zu erledigen. Doch allzu oft erlebe ich es, wie Eltern auf dem Schulhof die Nachmittagstermine der Kinder regeln. Alle Abläufe werden genau abgestimmt, Terminkalender der Eltern gezückt, mögliche Schwierigkeiten wie Krankheiten und Diäten berücksichtigt. Kaum ein Kind sagt noch: »Ich bin dann mal drüben bei meinem Freund«, eine Info, die Eltern früher einfach mit dem Hinweis darauf quittierten, dass es um sieben zum Abendbrot zurück sein solle. Kinder, die in dieser Hinsicht selbstständiger erzogen werden, sind oft im Nachteil – sie können sich trotzdem mit keinem Kind treffen, weil die Eltern der anderen das durch übermäßige Planung unterbinden. Dabei sind Spielverabredungen mit Freunden eine gute Möglichkeit, soziale und organisatorische Fähigkeiten des Kindes zu schulen. Als ich aufwuchs, gehörte der Nachmittag – abgesehen von den Hausaufgaben vielleicht – mir und meinen Freunden. Ich hatte den Freiraum, mich zu verabreden, und konnte auf diese Weise lernen, mich zu organisieren. Ich lernte auch, auf mein Gespür zu vertrauen, wie lange, wann und mit wem ich zusammen sein wollte.

Heute lassen Eltern den Kindern oft nicht einmal mehr die Freiheit, Konflikte selbst auszutragen, dabei wäre das ein wichtiger Lernprozess auf psychischer und sozialer Ebene. Viel zu oft erlebe ich es, dass Eltern sich in die Streitigkeiten der Kinder einmischen und darüber sogar selbst miteinander in Streit geraten, weil sie sich so mit den Belangen ihrer Kinder identifizieren. Eines Tages kam eine Mutter in die Schule und fing einen Schüler ab, der ihren Sohn geärgert hatte. Allerdings war kaum mehr festzustellen, welches Kind angefangen hatte, jedenfalls handelte es sich keinesfalls um eine klare Täter-Opfer-Situation. Ohne dass es das Lehrerkollegium mitbekam, machte die Mutter den Jungen zur Schnecke. Das Kind wurde frech, die Mutter bespuckte es. Dieser Fall kam mir fast so absurd vor wie die Geschehnisse in dem bitter-komischen Theaterstück *Der Gott des Gemetzels* von Yasmina Reza, in dem ein Ehepaar andere Eltern zum klärenden Gespräch in seiner Wohnung empfängt, weil deren Sohn den eigenen mit einem Stock verprügelt hat. Obwohl sich die Kinder längst wieder vertragen haben, wird die Stimmung unter den Erwachsenen immer aggressiver und eskaliert schließlich. Das Stück findet seinen Höhepunkt, als sich eine der Mütter auf einen wertvollen Bildband übergibt und das Handy ihres ständig beruflich telefonierenden Mannes in einer Blumenvase versenkt.

Was das Theaterstück sehr gut zeigt: Wenn wir uns mit unseren Kindern überidentifizieren, leben wir quasi ihr Leben. Sie sind dann nur Staffage.

Und wer sich als Kind nicht daran gewöhnt, eigene Konflikte kleinerer Art selbst auszutragen, der wird später im Leben Schwierigkeiten haben, mit Frustrationen und Anfeindungen umzugehen, die diese Welt wohl oder übel bereithält. Kinder können nur lernen, Konflikte zu lösen, wenn wir sie von diesen Erfahrungen nicht abschotten. Sie üben, sich zu behaupten, und werden damit selbstsicherer, sie lernen, andere Standpunkte zu akzeptieren und den eigenen zu vertreten. Und sie handeln im besten Fall Kompromisse aus.

Dieses soziale Verhalten wird durch die Interaktion mit anderen Menschen erlernt. Dies umfasst neben den oben angesprochenen Verabredungen mit Freunden oder dem Lösen von Konflikten in der Gruppe oder zu zweit auch das Zusammenspiel im Team. Jedes vierte Kind in Deutschland wächst inzwischen aber als Einzelkind auf, Großfamilien oder Familienverbände werden seltener. Daher müssen wir auch darauf achten, dass Teamarbeit, das Zusammensein in der Gruppe und gemeinsame Problemlösung, in der Erziehung gestärkt wird. Dies ist nicht nur für Kinder im Klassenverband wichtig, sondern in enorm vielen Situationen und Bereichen gerade auch später im Erwachsenenleben. Denn als Menschen sind wir auf Gemeinschaft angewiesen. Sozialkompetenz muss also gelernt werden, wenn wir nicht in einer vollkommen egoistischen Gesellschaft leben wollen, mit Menschen, die nur noch nebeneinanderher existieren und denen die Interaktion mit Familie, Arbeitskollegen und Freunden eher lästig ist. Dies den Schülern beizubringen, heißt allerdings nicht, dass wir an den Schulen TÜV-zertifizierte Sozialkompetenzkurse durchführen. Diese gibt es zwar schon, aber das Kind lernt so etwas natürlich am besten in der echten Lebenswelt.

Und so ist das Schlimmste, was wir unserem Kind mitgeben können, eine ungesunde Egomanie und mangelnde Selbstsicherheit. Das Beste hingegen, da werden Sie mir sicher zustimmen, ist ein gesundes Selbstvertrauen.

Um dies zu erwerben, muss das Kind, wie oben beschrieben, psychische, soziale, motorische und kognitive Fähigkeiten ausbilden. Es muss die Sinne schärfen, dank derer wir zu handlungsfähigen sozialen Wesen werden und die uns helfen, ein erfülltes Leben zu führen. Sicher wissen Sie aus eigener Erfahrung, dass Menschen umso besser im Leben vorankommen, je empathischer, geschickter und cleverer sie agieren. Dem Kind Misstrauen entgegenzubringen, hat also verheerende Folgen: Wenn wir nicht genug vertrauen, das Kind sich also selbst nichts zutraut oder keine Chance hat, herausfordernde Situationen zu erleben, weil wir sie ihm vorenthalten oder abnehmen, verdorren diese Fähigkeiten. Später ist es dann viel schwerer, sie auszubilden (wenn es überhaupt noch gelingt). Besser wäre es also, die Grundlagen dafür in jungen Jahren zu schaffen.

Positives Feedback, eine Ermutigung oder ein Lob an der

richtigen Stelle machen stark. Schenken wir den Kindern kein Vertrauen, trauen sie ihrem eigenen Urteil und ihren Fähigkeiten später nicht, sie sind damit schlechter auf Unerwartetes und auf Hindernisse vorbereitet.

Wenn Sie nun sagen, dass das Kind später Verantwortung übernehmen wird, dass es jetzt nur noch nicht alt genug ist und dass Sie ihm deswegen nicht richtig vertrauen können, rate ich zum Perspektivwechsel: Ihr Kind ist nicht zu klein. Ihr Vertrauen ist nur nicht groß genug.

Wann wir einem Kind vertrauen können, ist natürlich von der Reife des Kindes abhängig. Aber wenn wir das Kind zu sehr umhegen, wird seine Selbstsicherheit nicht gestärkt und verkümmert. Und das sorgt dafür, dass innerliche und äußerliche Reife auseinanderklaffen, was große Probleme mit sich bringt, wie wir im 4. Kapitel sehen werden, wenn es um die Folgen dieser Entwicklung für die Gesellschaft geht.

Vertrauen statt Furcht – wie wir unsere Kinder stark machen können

Eigentlich sollten Ferienfreizeiten und Klassenfahrten ein Abenteuer sein – neue Kinder oder Mitschüler, die man in diesem Kontext anders erlebt, neue Regeln, eine neue Umgebung. Im besten Fall durchlaufen die Kinder dabei verschiedene Phasen: eine Orientierungsphase, in der sie sich umschauen und dann langsam auftauen. Dann eine Machtkampfphase, in der einige provozieren und ein bisschen stänkern, bis sich die Hierarchien herausgebildet haben. Dann zeigt sich, wer zusammenhält, wer Hilfe anbietet, wer sich wie positioniert. Später wächst die Klasse oder Gruppe zu einer vertrauten Einheit zusammen. Das Spannende ist, dass die Orientierungsphase bei einigen Kindern zwei Sekunden dauert, bei anderen eine ganze Woche.

Bei uns in den Ferienfreizeiten gibt es einen stehenden Begriff: Camp-Kinder. Diese Kids orientieren sich schnell und fühlen sich bereits nach kurzer Zeit pudelwohl. Ein Camp-Kind hat von Anfang an Spaß, ist bei allen Unternehmungen dabei, genießt neue Situationen und lässt sich gerne darauf ein – es sieht in Neuem eher eine Bereicherung. Camp-Kinder sind hilfsbereit, packen an und freuen sich auf das Zusammensein mit den anderen Kindern und jede lustige Aktion, die wir Betreuer veranstalten. Für sie ist alles einfach nur toll. Ein solches Kind begreift neue Situationen als willkommenes Abenteuer und hat dadurch riesigen Spaß. Es besitzt das Selbstvertrauen, mit diesen Situationen klarzukommen, und genießt das Unbekannte und Ungewohnte. Dabei ist es sehr offen und schenkt meist auch anderen Teilnehmern von Anfang an viel Vertrauen.

Anders ist es bei Kindern, die angstbesetzt sind und Neues nicht gern mögen. Zum Teil ist diese Angst angeboren und Charaktersache. Aber man kann darauf hinarbeiten, Kinder eher zu Camp-Kindern zu machen, wenn man sie schon früh im Familienzusammenhang mit neuen Situationen konfrontiert und diesen etwas Positives abgewinnt. Wenn die Kinder gelernt haben, dass es etwas Gutes ist, die Komfortzone zu verlassen, dann haben sie mehr von diesem Camp-Kind-Spirit. Und diese Camp-Kinder sind später im Lebensalltag sicher wesentlich glücklicher – denn auch da stößt man immer wieder auf Dinge, die einen zwingen, die kuschelige Wärme des Gewohnten zu verlassen. So kann die Fähigkeit, sich auf neue Situationen einzulassen, auch im Berufsleben zu ungeahnten Karrieremöglichkeiten führen. Wenn Sie wollen, dass Ihr Kind nicht auf der Stelle tritt, sondern sich positiv weiterentwickelt, neuen Aufgaben anstelle von Angst mit Freude entgegentritt und selbstständig neue Lernstrategien entwickelt, dann sollten Sie den Camp-Kind-Spirit fördern, indem Sie Ihr Kind aus seiner Komfortzone herauslocken.

Reifes und besonnenes Handeln kann man in jedem Alter schulen. Zu den Ferienfreizeiten, die ich eingangs erwähnte, fahren nicht alle Eltern ihre Kinder selbst. Im letzten Jahr sollte der elfjährige Timo die sechsstündige Zugreise von Berlin mit zweimaligem Umsteigen allein bewältigen. Als mein Handy klingelte und seine Nummer auf dem Display erschien, beschlich mich ein mulmiges Gefühl – hatten seine Eltern ihm die Fahrt zu früh zugetraut?

»Ein Zug ist ausgefallen«, erklärte Timo ohne Umschweife. Ich erwartete, dass ich nun eine Lösung suchen müsste, und richtete mich innerlich schon drauf ein, das Kind irgendwo abzuholen oder ihm zumindest neue Verbindungen zu organisieren.

Doch der Junge war überraschend ruhig. »Kein Problem«, sagte er. »Der Schaffner hat mir eine neue Strecke rausgesucht, und ich darf im Aufenthaltsraum warten, bis der nächste Anschlusszug fährt.«

Das Bahnpersonal hatte ihm gezeigt, wo er nun einsteigen sollte, und andere Fahrgäste hatten ihm auf dem Bahngleis geholfen. Timo kam entspannt mit der angesagten Verspätung in Nordrhein-Westfalen an.

Man sieht daran zweierlei: Der Junge ist schon mit elf Jahren fit genug, um sich durchzuschlagen. Das Alter spielt also keine so große Rolle, wie wir gemeinhin denken. Und: Es war berechtigt, dass seine Eltern ihm die Reise zutrauten. Ich bin sicher, dass sie ein gutes Vertrauensverhältnis haben und dass sie ihm dieses Gefühl auch schon vor der Fahrt vermittelt hatten, so entspannt, wie das Kind auf der Reise war.

Wie selbstsicher dieser kleine Junge das Problem mithilfe von ihm fremden Personen gelöst hat! Alleine das Wissen darum, solche Herausforderung meistern zu können, die Erkenntnis, dass man Hilfe erhält und dass das Vertrauen in andere Menschen gerechtfertigt ist – schon diese Erfahrungen waren die Bahnfahrt wert.

Natürlich gibt es keine Garantie, dass alles immer gut ausgeht. In den relevanten Situationen – wie bei Timos Bahnfahrt – schlagen sich Kinder meiner Erfahrung nach jedoch immer durch und wachsen daran. Aber Kinder sind auch nur Menschen und auch sie erfüllen nicht immer das in sie gesetzte Vertrauen. Wenn Sie Ihrem Kind Verantwortung übertragen und es sich um altersgerechte Aufgaben kümmern soll, dann müssen Sie damit leben können, falls es Ihr Vertrauen enttäuscht. Doch auch wenn wir erleben, dass es diesbezüglich hinter den Erwartungen zurückbleibt, heißt das nicht, dass wir ihm künftig nie mehr vertrauen dürfen. Kinder brauchen Chancen – und zwar viele. In meiner Arbeit mit Kindern kommt es fast wöchentlich vor, dass einer der Schüler seinen Aufgaben nicht nachkommt. Und das, obwohl er sich dafür verantwortlich erklärt hat.

Einmal habe ich dies im Zusammenhang mit den Fahrkarten beim Haik, dem jährlichen Lauf, den die Schüler organisieren, erlebt. Die Person, die sich darum kümmern sollte, hatte die Tickets zwar abgeholt. Es gab jedoch zwei Wochen vor der Reise eine Fahrplanänderung, die Gruppentickets mussten umgebucht werden. Der Verantwortliche wusste Bescheid, kümmerte sich aber nicht darum. Bei solchen Gelegenheiten muss man als Begleiter abwägen, ob man in letzter Sekunde zur Rettung eilt oder die Gruppe damit vor die Wand fahren lässt. Aber egal, wie ich mich diesbezüglich entscheide – ich verliere nie wirklich das Vertrauen in die betreffende Person. Ich begreife solche Situationen als eine Lernumgebung, die ich täglich für die Schüler gestalte – und in dieser ist Scheitern nun mal ein Bestandteil. Ein sehr wichtiger obendrein, denn aus Fehlern lernen wir und können es beim nächsten Versuch anders, vielleicht sogar besser machen. Mit dieser Einstellung lässt sich auch der ein oder andere Frust für mich als Lehrer abmildern. Ich weiß: Lernerfolge brauchen Zeit, viele Wiederholungen und jede Menge Geduld.

Enttäuscht ein Kind unser Vertrauen, muss es die Konsequenzen tragen. Konsequenzen sind im Gegensatz zu spontanen Bestrafungen im Idealfall im Vorhinein abgeklärt und ruhig kommuniziert. Sie werden nicht wütend im Affekt verhängt und sollten für das Kind nachvollziehbar sein. Sagen wir, Sie haben den Küchenschrank mit den Süßigkeiten nicht abgeschlossen und mit dem Kind besprochen, dass sich, wenn es am Nachmittag Besuch bekommt, jeder eine Leckerei nehmen darf. Wenn Sie am Abend heimkommen, ist die Schale mit dem Süßkram leer, und die Kinder haben die Geburtstagskrankheit, also starke Bauchschmerzen von der vielen Schokolade. Dann muss Ihr Kind damit klarkommen, dass es am nächsten Tag keinen Nachtisch gibt oder dass der Süßkram vom Taschengeld ersetzt werden muss – so wie Sie das im Vorfeld verabredet haben. Aber ihm nie wieder zu vertrauen und den Küchenschrank mit einem Vorhängeschloss zu versehen, würde bedeuten, dass das Kind das Gefühl bekommt, nie mehr beweisen zu können, dass es seinen Fehler eingesehen und sich weiterentwickelt hat.

Versuchen Sie also, auch wenn es manchmal schwerfällt, Ihrem Kind Vertrauen zu schenken, auch wenn es eine Grenze überschritten und sich nicht an Ihre Abmachung gehalten hat. Erziehung ist kein Ponyhof, sie macht Mühe. Wir lehren unsere Kinder am besten, indem wir ihnen Gelegenheiten schaffen, sich zu beweisen, nicht indem wir sie vom Leben ausschließen. In der Komfortzone herrscht Stillstand – außerhalb davon machen die Kinder die wichtigsten Erfahrungen. Das darf nicht nur bloße Theorie bleiben, sondern soll auch gelebt werden, und zwar von den Eltern, die dem Reiz des Neuen selbst aufgeschlossen gegenüberstehen.

Natürlich haben wir Angst, dass unseren Liebsten etwas passieren könnte. Das ist nur allzu verständlich. Doch was, wenn wir sie bis zu ihrem 18. Lebensjahr in Watte packen und sie erst dann mit dem berüchtigten kalten Wasser in Berührung kommen? In Anbetracht der Tatsache, dass wir sie nicht ewig vor schwierigen Situationen bewahren können, müssen wir ihnen Stück für Stück mehr zutrauen.

Wir müssen zwischen Furcht und Vertrauen wählen. Wählen wir Furcht und geben unserer eigenen Angst nach, halten wir unsere Kinder klein, weil wir ihnen keine Aufgaben geben, die sie an das künftige selbstständige Leben heranführen. Wählen wir Vertrauen, schaffen wir die Basis, auf der unsere Kinder selbst aktiv werden können. Auf der sie Mut entwickeln und selbstsicher werden.

Denn den Mut, Verantwortung zu übernehmen, fassen Kinder oft erst dann, wenn wir ihnen zuvor zutrauen, dass sie es schaffen.

Kapitel 3

Die fehlende Verantwortung

Was wir unseren Kindern damit vorenthalten

Das Wissen ist Kind der Erfahrung.
Leonardo da Vinci

Es ist Freitagabend. Ich bin zu Gast bei meinem Schüler Dennis und seinen Eltern. Dennis hängt in der Schule gerade ziemlich durch, und es gibt Gesprächsbedarf.

Zwar ist dies auch meine Freizeit, aber ich mache solche Hausbesuche gerne, weil sie im Gegensatz zu Sprechtagen oder einer offiziellen Vorladung der Eltern in die Schule die Gelegenheit bieten, entspannt und konstruktiv über die Probleme eines Schülers zu reden.

Dennis ist 13 Jahre alt und war bislang immer sehr gut in der Schule. Doch seit einer Weile befinden sich seine Noten im freien Fall.

Wir sitzen um den Küchentisch herum, vor uns stehen eine Flasche Mineralwasser und Gläser, daneben ein Schälchen Salzbrezeln. Dennis' Vater kommt gleich zur Sache.

»Mit dem Fleiß ist es vorbei«, meint er. »Dennis gibt ständig Widerworte und lernt nicht mehr ordentlich.«

Ich frage Dennis, wie er das sieht.

Der Junge hebt die Schultern. »Hab halt irgendwie keinen Bock mehr auf Pauken.«

»Das musst du aber«, hält seine Mutter dagegen.

»Warum?«, fragt Dennis.

»Weil ... damit später was aus dir wird!«

Die Standardantwort. Interessanter wäre die Frage, warum der Junge mit 13 Jahren noch nicht verstanden hat, wofür er lernt.

Dennis schaut mich ratlos an.

Glücklich ist hier niemand mit der Situation – am wenigsten wohl er selbst. Er leidet unter den schlechten Noten. Und seine Eltern sind ebenfalls überfordert. Sie haben es, wie sie erklären, mit Computerentzug, Handyverbot und anderen Strafen versucht. Nichts hat geholfen.

Es folgt ein längeres Gespräch. Dabei kristallisiert sich heraus, wo das eigentliche Problem liegt: Dennis hat bislang alles im Auftrag seiner Eltern gemacht. Er hat gelernt, wenn sie es ihm sagten, und er hat damit aufgehört, wenn sie es erlaubten. Er lernte unter ihrer Aufsicht für Klassenarbeiten und korrigierte sie auch gemeinsam mit ihnen. Dennis ackerte immer so lange, bis Mama und Papa zufrieden waren. Überspitzt könnte man sagen: Er arbeitete nicht für die Schule, sondern eher für seine Eltern. Sie trugen bislang alle Verantwortung. Sie waren der Grund für seinen bisherigen Fleiß, nicht Dennis' Einsicht, dass das Lernen für ihn selbst wichtig sein könnte.

Eine solche Konstellation erlebe ich oft – um ehrlich zu sein, viel zu oft. Denn Kinder bekommen früher oder später zwangsläufig große Probleme, wenn ihre Eltern ihnen die Verantwortung abnehmen.

Wie ich eingangs schon erwähnte: Es geht mir nicht darum, die Eltern, die dies tun, in eine Ecke zu stellen. Vielmehr möchte ich begreiflich machen, warum sie ihren Kindern – und letztlich auch sich selbst – mit ihrem Verhalten keinen Gefallen tun.

Die Motivation der Eltern ist in einem Fall wie bei Dennis völlig nachvollziehbar: Sie wollen das Beste für ihren Sohn, haben ihrerseits natürlich verstanden, warum gute Noten wichtig sind, und machen entsprechend Druck, damit er den Erwartungen nachkommt.

Unterbewusst geschieht bei den Beteiligten allerdings Folgendes: Bringt das Kind gute Noten nach Hause, freuen sich die Eltern – für das Kind, aber auch, weil sie einen großen Anteil an der Leistung tragen. Das Kind freut sich auch – allerdings primär, weil es seine Eltern zufriedengestellt hat. Sind die Noten hingegen schlecht, grämen sich die Eltern, sie hätten mehr Druck auf das Kind ausüben und es stärker zum Lernen anhalten sollen. Das Kind merkt sich, dass es nicht alleine schuld an der schlechten Leistung ist. Die Eltern haben ja mit ihm gelernt und ihren Job offenbar nicht gut erledigt.

Das Ergebnis solcher Eltern-Kind-Symbiosen ist immer das gleiche, auch bei Dennis: Er hat sich nie richtig für seine schulischen Leistungen verantwortlich gefühlt, hat nie verstanden, warum es für ihn selbst wichtig ist, sich anzustrengen. Und wie bei vielen anderen beginnen die echten Probleme auch bei ihm dann, wenn der natürliche Entfremdungsprozess dieses Gespanns einsetzt: in der Pubertät.

Mit Beginn der Pubertät distanzieren sich die Kinder von ihren Eltern. Und das ist gut, da sie nun als Teenager zunehmend auf eigenen Beinen stehen können. In kaum einer Familie verläuft dieser Prozess ohne Reibereien, am Ende steht aber bei den meisten das erwünschte Ergebnis: Aus dem Kind ist ein selbstständiger Erwachsener geworden.

Große Schwierigkeiten gibt es am Ende hingegen dann, wenn ein Kind nie eigene Verantwortung übertragen bekommen hat. Denn nur, wer von den Eltern langsam dahin geführt wird, Verantwortung zu übernehmen, wird im Teenageralter mit den erkämpften Freiheiten verantwortlich umgehen und das Leben Schritt für Schritt in die eigene Hand nehmen können.

Nachdem ich ihnen das erklärt habe, sitze ich mit Dennis und seinen Eltern am Küchentisch zusammen und überlege, was wir an der Situation ändern könnten. Ich erkundige mich, wann Dennis schon einmal echte Verantwortung getragen hat.

Seine Eltern denken kurz nach.

Der Vater: »Hm, er hilft abends beim Tischdecken.«

Die Mutter: »Und manchmal bringt er auch den Müll raus.«

Bingo.

Zwei klassische Irrtümer. Denn beide haben nichts mit echter Verantwortung zu tun. Es geht lediglich darum, zwei simple Aufgaben zu erledigen, bei denen die Eltern dem Kind auch noch sagen, was genau zu tun ist.

Aber was meine ich dann, wenn ich von echter Verantwortung spreche?

Verantwortung wird gerne mit Zuverlässigkeit verwechselt. Die ist zwar immer gut und gehört dazu, wenn man Verantwortung übernimmt, was sie jedoch nicht erfordert, sind zwei Kerneigenschaften, die für selbstständiges Handeln essenziell sind: Problemlösekompetenz und Kreativität.

Nehmen wir an, ich sage als Elternteil zu meinem Kind: »Wir kommen jeden Donnerstag um 19 Uhr von der Arbeit, bitte schau zu, dass dann der Tisch gedeckt ist.« Damit schule ich nicht sein Verantwortungsgefühl, sondern seine Zuverlässigkeit. Die Aufgabe ist klar, sie bedarf keines großen Nachdenkens, Geschirr und Besteck sind vorhanden, das Kind muss also nur zur rechten Zeit daran denken, sie auszuführen.

Trage ich dem Kind hingegen auf: »Wir brauchen für heute Abend noch drei Eier, kannst du dich bitte darum kümmern?«, dann ist klar, was das Ziel ist, der Weg dorthin allerdings bleibt offen. Das Kind kann bei Nachbarn fragen, es kann mit dem Fahrrad zum Supermarkt an der nächsten Ecke fahren oder zum Biobauern gehen. Es ist ihm überlassen, wie es den Auftrag erfüllt, und da es verschiedene Lösungen gibt, muss das Kind sie gegeneinander abwägen, bevor es eine Entscheidung trifft. Nun sind seine Problemlösekompetenz und seine Kreativität gefragt.

Verantwortungsbewusstsein ist mit Zuverlässigkeit und Problemlösekompetenz eng verbandelt, geht aber noch weiter. Einem Kind beizubringen, lediglich Dinge zuverlässig zu erledigen oder auch mal ein Problem zu lösen, schult noch nicht sein Verantwortungsgefühl, da es meist nur um voneinander abgekoppelte einzelne Aufgaben geht, die nichts miteinander zu tun haben müssen. Verantwortung, wie ich sie hier meine, erstreckt sich hingegen auf eine größere Sache, die meist mehrere Problemlösungsstrategien erfordert.

Vor allem aber enthält Verantwortung immer eine emotionale Komponente – die Bindung an das Problem, eben: sich für etwas verantwortlich fühlen, bis es gelöst ist. Und das ist wichtig. Zuverlässigkeit oder das Lösen eines Problems müssen nicht notwendigerweise bedeuten, dass man sich mit einer Aufgabe verbunden fühlt. Es geht lediglich darum, einen Job zu erledigen. Fühlt man sich aber für eine Sache verantwortlich, ist man emotional gebunden – zum Beispiel, weil für einen persönlich viel davon abhängt. Schafft man es nicht, seine Verantwortung zu erfüllen, kommt Enttäuschung, aber auch Ehrgeiz auf, es besser zu machen. Gelingt es schließlich, empfindet man Stolz und Glück, man wächst an dem Erfolg.

Wann also übernimmt ein Kind echte Verantwortung?

Zum Beispiel, wenn die Eltern ihm folgenden Zettel hinterlassen: »Wir kommen heute erst um 19 Uhr nach Hause. Kannst du uns dreien etwas kochen? Falls nichts im Kühlschrank ist: Hier sind 15 Euro für den Einkauf. Bis nachher!«

Bei einer solchen Botschaft gibt es keine klaren Anweisungen. Das Kind muss selbst überlegen, was es kocht, ob und was es einkaufen muss – es hat nun die volle Verantwortung, für das Essen der Familie zu sorgen.

Um diese Art der Verantwortung geht es mir.

All das erklärte ich auch Dennis' Eltern. Ich wollte ihnen klarmachen, dass es nicht zielführend ist, den Jungen den Tisch decken oder den Müll rausbringen zu lassen, weil solche Aufgaben genau genommen noch nicht einmal seine Zuverlässigkeit oder Problemlösekompetenz schulen. Wir überlegten gemeinsam, wie wir Dennis mehr Verantwortung geben könnten. Denn die Erkenntnisse aus dem häuslichen Bereich ließen sich eins zu eins auf seine schulischen Probleme übertragen.

Er hatte immer nur auf Anweisung gelernt, was allenfalls seine Zuverlässigkeit trainierte, nicht aber sein Verantwortungsgefühl. Anders wäre es gewesen, wenn seine Eltern gesagt hätten: »Überleg doch mal, was du später werden willst. Was interessiert dich, was kannst du dir vorstellen – und was musst du dafür können, beziehungsweise, in welchen Schritten kannst du dein Ziel erreichen?«

Natürlich überfordert solches Zukunftsdenken viele Schüler in diesem Alter. Schule und Eltern müssen deshalb dabei helfen, ein solches Fernziel in viele kleine Unterziele zu zerlegen: Das können, auf die schulischen Leistungen bezogen, zum Beispiel Zielnoten auf Zeugnissen oder in Arbeiten sein, aber auch Zielsetzungen in der sonstigen Mitarbeit.

All diese Überlegungen hätten Dennis zumindest eine Perspektive gegeben. Mit ziemlicher Sicherheit hätte er auch mal geschludert, es mit dem Lernen nicht so genau genommen und die ein oder andere Arbeit verhauen. Doch ich bin mir sicher, er hätte sehr schnell eine hohe emotionale Bindung zu seinem Tun entwickelt, weil er verstanden hätte, dass er seines eigenen Glückes Schmied ist. Und er hätte vermutlich auch rasch begriffen, für wen er eigentlich lernt: für sich selbst. Dennis hätte dann wirklich Verantwortung übernommen.

Wohlgemerkt, es geht nicht darum, Kinder einfach sich selbst zu überlassen, sondern Gelegenheiten zu schaffen, die ihnen altersgerechte Eigenständigkeit ermöglichen. In einem solchen Rahmen ist es Kindern möglich, sich auszuprobieren, sich selbst und die eigenen Fähigkeiten zu entdecken. Ein positives Nebenprodukt: So können Kinder Stolz auf eigene Leistungen entwickeln. Denn wirklich stolz kann man nur auf etwas sein, das man selbst geleistet und erreicht hat, und das oft trotz kleiner und großer Rückschläge.

Ein solcher Umgang mit Erfolgen und Misserfolgen ist für das weitere Leben die Basis. Sonst wird jeder Job zur reinen Pflichterfüllung statt zur erfüllenden Aufgabe. Wir sollten unsere Kinder also motivieren, indem wir ihre Eigeninitiative und Neugier stärken, stattdessen überschütten wir sie zu Hause und in der Schule mit vorgegebenen Aufgaben. Das raubt ihnen jedes Feuer und unterbindet ihren Drang, selbstständig ein bestimmtes Thema zu erkunden. Kindern kommt Lernen und Arbeiten deshalb allzu oft wie die langweiligste aller Tätigkeiten vor. Dabei können selbst knifflige Herausforderungen und Probleme Spaß machen und bereichernd sein, wenn man sich ihnen stellt und lernt, mit ihnen umzugehen. Es ist an uns, ihnen dieses Gefühl zu vermitteln, indem wir ihnen positive Lernerlebnisse ermöglichen.

Es geht nicht nur darum, den Kindern Verantwortung für ihren späteren beruflichen Werdegang zu übertragen. Verantwortung erstreckt sich auf viele Bereiche des Lebens: Freundschaften zu pflegen ist beispielsweise eine wichtige Verantwortung, ebenso das Engagement in einem Verein oder für eine Umweltorganisation, um nur einige von vielen Möglichkeiten zu nennen. All das ist auch wichtig, weil es bedeutet, Verantwortung für sich, sein Leben und die Welt, in der man lebt, zu übernehmen. Mir liegt es daher sehr am Herzen, dass Kinder neben allem Lernen und Üben auch für solche Dinge noch Zeit haben. In angemessenem Maß Verantwortung zu übernehmen, ist für ein Kind von essenzieller Bedeutung, wenn es Selbstbewusstsein und Selbstständigkeit entwickeln soll.

Die Eltern, aber auch wir Lehrer, übertragen Kindern echte Verantwortung heute leider viel zu selten. Dies geschieht nicht aus bösem Willen. Die wenigsten von uns sind sich überhaupt der weitreichenden Konsequenzen unserer Erziehung bewusst. Wie ich in den vorigen Kapiteln erklärt habe, führen irrationale Ängste dazu, dass wir unsere Kinder heute vielfach überbehüten und ihnen kein Vertrauen schenken, das die Grundlage dafür ist, Verantwortung zu übernehmen: Grundlage deswegen, weil die Eltern ihrem Kind nur dann Verantwortung übertragen, wenn sie ihm vertrauen. Und weil Kinder überhaupt erst dann den Mut aufbringen, eine verantwortungsvolle Aufgabe zu übernehmen, wenn ihnen jemand vertraut, ja, wenn ihnen jemand diese zutraut. Indem wir sie also von aller Verantwortung fernhalten, stärken wir sie nicht für ihr weiteres Leben.

Vielmehr nehmen wir ihnen damit den Drang nach eigenen Leistungen und verhindern, dass sie auf Erfolgserlebnisse stolz sein können und ein gesundes Selbstbewusstsein entwickeln. Auf diese Weise werden aus Kindern leidenschaftslose Erwachsene, die weder für sich noch für die Gesellschaft echte Verantwortung übernehmen können und hinter ihren Möglichkeiten zurückbleiben.

Welche Folgen dies auf politischer, wirtschaftlicher und sozialer Ebene für unser Land hat, werde ich im nächsten Kapitel beschreiben. Auf den folgenden Seiten soll nun zunächst erklärt werden, welche gravierenden Probleme in der persönlichen Entwicklung eines Kindes entstehen können. Ich richte mein Augenmerk dabei vor allem auf Kinder im Schulalter. Nicht nur deshalb, weil ich jeden Tag mit ihnen zu tun habe, sondern weil die Schulzeit, was Verantwortung angeht, besonders bedeutungsvoll ist: Der erste Schultag ist der Zeitpunkt, ab dem man spätestens von einem Kind erwarten kann, dass es für die ersten kleinen Dinge in seinem Leben Verantwortung übernimmt. Der letzte Schultag sollte hingegen – zumindest für Abiturienten – der Moment sein, ab dem der nun junge Erwachsene Verantwortung für das eigene Leben tragen kann.

Früh übt sich – mit kleinen Schritten zur Verantwortung

Das neue Schuljahr hat begonnen, es ist früher Nachmittag. Ich habe gerade in einer Klasse die sechste Stunde Mathematik unterrichtet und bin auf dem Weg zurück ins Lehrerzimmer, als ich auf eine Traube von Fünftklässlern treffe, die ratlos vor der geschlossenen Tür des Sekretariats stehen.

Ich frage, was los ist. Es stellt sich heraus, dass sie wie alle Fünftklässler in der flexiblen Ganztagsbetreuung sind, bei der die Eltern wählen können, ob ihre Kinder in der 9. Stunde betreut werden oder nach Haus gehen dürfen.

Die Kinder, die zur Betreuung angemeldet sind, wissen allerdings nicht, wo sie hinmüssen. So weit erst mal nichts Ungewöhnliches, sie sind ja neu an der Schule, kennen die Abläufe noch nicht genau, und das große Gebäude ist ihnen nicht vertraut. Ihnen ist daher schnell geholfen: Ich nehme sie mit ins Sekretariat, werfe einen Blick in die Unterrichtspläne und verrate ihnen, in welchem Raum die Hausaufgabenbetreuung stattfindet und wie sie dorthin gelangen.

Es bleiben zwei Kinder übrig, bei denen die Sache etwas schwieriger ist. Die Eltern haben ihnen offenbar gesagt, dass sie auch zur Betreuung gehen, obwohl sie gar nicht dafür angemeldet sind. Ich erkläre den Kindern also, dass sie nicht für den weiteren Verbleib in der Schule eingetragen sind und deshalb nach Hause gehen dürfen.

Erwähnte mir gegenüber jemand früher in der Schule die Worte »nach Hause« und »gehen«, brach ich normalerweise wie meine Klassenkameraden in Jubelschreie aus, und wir Kinder stürmten in alle Himmelsrichtungen davon.

Heute bleiben die Kinder stehen. Sie blicken mich ratlos an. Eines von ihnen erklärt mir schließlich, wo der Hase im Pfeffer liegt: Sie wissen nicht, wie sie nach Hause kommen sollen – weil die Eltern sie jetzt nicht abholen.

Ich erkundige mich, wo die Kinder wohnen. Beide sind im Umkreis von einer Viertelstunde um die Schule herum zu Hause. Daher schlage ich vor, dass sie einfach zu Fuß gehen. Was sie vor ein unüberbrückbares Problem stellt: Sie kennen den Weg nach Hause nicht. Schon in der Grundschule sind sie von Mama und Papa immer gebracht und abgeholt worden. Ohne deren Beistand sind sie komplett orientierungslos.

Ihre Handys haben die beiden vergessen, also bleibt mir nichts anderes übrig, als die Kinder vom Sekretariat aus ihre Eltern anrufen zu lassen. Doch auch das klappt nicht: Sie kennen die Telefonnummer nicht auswendig, also jene kurze Folge von fünf bis sechs Zahlen, die man sich ohne Mühe merken können sollte.

Die Kinder erklären mir, dass die Nummern auch im Computer stünden und die Damen im Sekretariat diese in der Grundschule immer für sie rausgesucht hätten, wenn sie die Handys nicht dabeihatten. Da ich keinen Zugriff auf den Computer des Sekretariats habe, bin ich mit meinem Latein am Ende. Ich ergreife die letzte Möglichkeit: Ich stecke die Kinder in die Hausaufgabenbetreuung – wo sie natürlich spöttische Blicke ihrer Klassenkameraden ernten, weil sie nun zugeben müssen, dass sie nicht zu Hause anrufen können und auch den Weg dorthin nicht kennen.

Regelmäßig erlebe ich auch folgende Situationen: Eltern, die selbst ihre halbwüchsigen Kinder noch mit dem Auto zur Schule bringen. Väter und Mütter, die 15-Jährige zum Grillen mit ihrer Klasse im Stadtpark chauffieren, weil die Jugendlichen schlicht damit überfordert sind, zu schauen, mit welchem Bus oder welcher Bahn sie dorthin gelangen können. Und kommt heutzutage ein Fünft- oder Sechstklässler zu spät zur ersten Stunde, kann ich sie oder ihn kaum noch dafür kritisieren – die Eltern haben das Kind schließlich zu spät in der Schule abgeliefert. Die Kinder tragen in diesem

Fall keine Verantwortung, folglich haben sie auch keine Schuld. Aber so können sie auch nichts daraus lernen.

Ich kenne aus Gesprächen mit den Eltern auch die tausend guten Gründe, warum sie ihren Kindern den Schulweg abnehmen: Weil die Schule auf dem Weg zur Arbeit liegt. Weil die Kinder sonst eine halbe Stunde früher aufstehen müssten. Weil der Bus ungünstig fährt. Weil das Kind im Sommer unter Heuschnupfen leidet. Die Straßen sind gefährlicher geworden. Und so weiter.

Ich weiß auch, was die meisten Lehrer an diesem Verhalten besonders stört – nämlich, dass morgens die Einfahrt zur Schule mit Kombis und SUVs der Eltern verstopft ist.

Die Autos sind Nebensache. Alle übersehen das eigentliche Problem: Der Schulweg ist der erste große Schritt von Kindern in die Selbstständigkeit. Und wir sollten sie nicht daran hindern, ihn zu tun, sondern sie im Gegenteil dazu ermutigen.

Natürlich ist es völlig in Ordnung, wenn Eltern ihre Kinder zunächst ein paar Mal auf dem Weg begleiten. Damit meine ich: sie zu Fuß begleiten, denn das verschafft den Kindern ein räumliches und zeitliches Gefühl für den Weg. Es ist sinnvoll, die Strecke einzuüben und auf mögliche Gefahren hinzuweisen: Zebrastreifen, Radfahrzonen, Ampeln. Doch schon im Verlauf der ersten Klasse sollten die Kinder morgens auf eigene Faust losziehen, ohne dass sie jemand kontrolliert.

Die Verantwortung, jeden Tag pünktlich in der Schule zu erscheinen, fordert die Kinder gleich auf mehreren Ebenen, denn es gibt immer wieder kleine Hindernisse: Eine Straße kann gesperrt sein, und sie müssen einen anderen Weg finden, möglicherweise auch mal fremde Leute um Hilfe bitten.

Aus solchen kleinen Abenteuern gehen Kinder gestärkt hervor. Es festigt ihr Vertrauen im Umgang mit Mitmenschen, und sie lernen ihre nähere Umgebung kennen, finden sich besser darin zurecht und stoßen vielleicht sogar auf neue spannende Orte zum Spielen.

Der Schulweg als Entdeckungsreise – das klappt natürlich nur ohne uns Erwachsene, die wir morgens ohnehin meist unter Zeitdruck sind und ständig drängeln. Trödeln ist für Kinder erlaubt, auch auf die Gefahr hin, dass sie mal zu spät kommen. Solange es nicht regelmäßig passiert, ist das kein Drama, denn nur so entwickeln sie ein Zeitgefühl und bekommen ein Gespür dafür, wann sie sich wirklich beeilen müssen. Auch das gehört zu ihrer Verantwortung.

Dabei sollte es übrigens selbstverständlich sein, dass sich das Kind, wenn es aus der Schule kommt, selbst Zutritt zur Wohnung oder zum Haus verschaffen kann. »Schlüsselkind« hat man so etwas früher genannt – ein Kind, das immer einen Schlüssel dabeihatte, alleine nach Hause ging und dort spielte, bis die Eltern von der Arbeit kamen. Für Erwachsene mag der Begriff damals einen negativen Touch gehabt haben, so, als würde sich jemand nicht richtig um sein Kind kümmern. Aber wir Schüler haben früher ein wenig zu den Schlüsselkindern aufgeschaut, weil sie etwas erwachsener wirkten als alle anderen. Heute sind Schlüsselkinder selten geworden, und das ist schade. Denn auf den eigenen Schlüssel achtzugeben und ihn nicht zu verlieren, das ist eine Verantwortung, die man einem sechsjährigen Kind – und allen älteren – ohne Weiteres übertragen kann.

Ich würde dem Kind selbst dann einen eigenen Schlüssel geben, wenn Mama oder Papa zu Hause sind, damit es sich selbst einlassen kann, wenn es aus der Schule kommt oder wenn es auch nur im Hof spielt. Er gibt dem Kind das gute Gefühl, dass es vom Abenteuer draußen jederzeit wieder in den sicheren Hafen zurückkehren kann.

Übrigens ist ein eigener Schlüssel für das Kind auch ein Stück Freiheit für Sie als Eltern. Sie können dann ohne Probleme ein paar Minuten später nach Hause kommen oder kurz weggehen, wenn das Kind noch nicht da ist.

Und achten Sie mal darauf: Der Ausdruck, den Sie auf dem Gesicht Ihres Kindes sehen, wenn es nachmittags zum ersten Mal allein aus der Schule kommt – das ist Stolz. Der Stolz, es allein ohne Hilfe der Eltern geschafft zu haben. So entstehen selbstbewusste Kinder.

Geben wir unseren Kindern nicht die Chance, diese wichtige Erfahrung zu machen, geschieht eher das Gegenteil: Wir bekommen orientierungslose, hilflose Kinder, die auf sich alleine gestellt schnell aufgeschmissen sind.

Solche Kinder haben es auch unter Gleichaltrigen schwer, besonders, wenn diese es gewohnt sind, Verantwortung zu tragen. Immer wieder beobachte ich, dass sie nicht als gleichwertig betrachtet werden.

Nehmen wir zum Beispiel noch einmal die Fünftklässler, die nicht bei der Hausaufgabenbetreuung angemeldet waren und keine Möglichkeit sahen, nach Hause zu finden: Das waren zehn- oder elfjährige Kinder, die sich mit ihren Freunden verabreden und bald mit ihnen größere Kreise ziehen, also auch mal in die nahe gelegene Stadt fahren werden. Schwer vorzustellen, dass sie das ohne Probleme hinbekommen, wenn sie nicht einmal den kurzen Weg von der Schule nach Hause finden.

Sie werden deshalb vielleicht von einigen belächelt, aber nicht gleich von ihren Altersgenossen ausgegrenzt. Aber Kinder merken anderen Kindern Defizite schnell an. Die Selbstbewussteren werden die Orientierungslosen als hilfsbedürftig empfinden, sie an die Hand nehmen und mit sich ziehen. Im besten Fall. In der Realität suchen sich selbstständige Kinder eher Freunde vom selben Schlag, während die Hilflosen sich untereinander treffen oder gar vereinsamen – was wiederum den überbehütenden Eltern in die Karten spielt. Denn ihre Kinder halten sich dann alleine oder mit

einem Freund immer brav zu Hause auf. Selbst kleine Orts-
wechsel, zum Beispiel zum Haus der Freundin oder des
Freundes, werden dann von den Eltern geplant und vereinbart. Das Kind ist unter ständiger Aufsicht, Mutter und Vater
müssen sich nicht fürchten.

Allerdings sind für die weniger eigenständigen und selbstbewussten Kinder selbst Unternehmungen mit verantwortli-
chen Klassenkameraden nicht wirklich hilfreich: Sie handeln
auch dann wiederum nicht auf eigene Faust, sondern müssen
sich blind auf die Freunde verlassen, die wissen, welchen
Weg man gehen, welche Bahn oder welchen Bus man nehmen muss. Die Verantwortung liegt also bei anderen Kindern. Das unselbstständige Kind bleibt im Beifahrermodus.

Das muss nicht sein. Denn es gibt viele Möglichkeiten, Kindern im Schulalltag – der nun mal das Gros ihrer wachen
Zeit in Anspruch nimmt – Verantwortung zu übertragen.

Leider nutzen wir diese zu selten. Auch wenn die Schule
versucht, Selbstständigkeit zu fördern, kann dies zu Hause
zunichtegemacht werden.

Eine dieser verpassten Chancen sind zum Beispiel die Hausaufgaben. Neulich schickte mir ein Bekannter auf Whats-
App das Foto eines Rundbriefs aus der Schule seines Sohns.
Dazu schrieb er: »Die Schule hat ja wohl den Schuss nicht
gehört!«

Der Junge geht in die zweite Klasse und besucht nachmittags
die angeschlossene Offene Ganztagsschule (OGS). Dort
machen die Kinder am Nachmittag nach Schulschluss und
gemeinsamem Mittagessen eine Stunde lang Hausaufgaben.
Es gibt zwar eine Betreuerin, die kontrolliert, dass die Schüler an den Aufgaben arbeiten. Da sie alleine für gut zwei
Dutzend Kinder verantwortlich ist, kann sie aber nicht
immer überprüfen, ob die Kinder fertig werden und alles
richtig machen. Es ist deswegen schon zu einigem Missmut
bei Eltern gekommen, die ihre Kinder nach der Arbeit von

der OGS abholen und feststellen, dass sie sich mit ihnen noch einmal an die Hausaufgaben setzen müssen. Besonders negativ ist, dass es dann regelmäßig zu Streit kommt, weil die Kinder von der Schule erschöpft sind und sich nicht mehr richtig konzentrieren können.

Der Rundbrief soll nun Klarheit schaffen, wie mit der Situation umzugehen ist, und so findet sich darin die klare Ansage: »Die Erledigung der Hausaufgaben liegt in der Verantwortung der Eltern.«

Ich habe meinem Bekannten per Kurznachricht mitgeteilt, was ich davon halte: gar nichts.

Warum? Die Schule und die Eltern streiten sich unnötigerweise um die Zuständigkeit für das Erledigen der Hausaufgaben. Es gibt nämlich nur eine einzige Person, der die Verantwortung dafür zukommt – dem jeweiligen Kind.

Vielleicht erinnern Sie sich ja noch daran, wie es in Ihrer Kindheit war, wenn Sie die Hausaufgaben nicht gemacht hatten? Genau, es gab Ärger. Mit den Lehrern und den Eltern. Und wenn Sie die Hausaufgaben gleich mehrere Male hintereinander nicht erledigten oder diese ständig von Mitschülern vor der Stunde kopierten, setzten Sie die anschließende Klassenarbeit mit ziemlicher Sicherheit in den Sand (falls Sie nicht beim Sitznachbarn abschrieben, was natürlich ebenfalls einen zweifelhaften Lernerfolg erzeugt). Eine überaus lehrreiche Erfahrung. Denn so kapierten Sie, dass Hausaufgaben einen Sinn haben. Sie haben sie deshalb vielleicht nicht mit mehr Begeisterung gemacht, aber Sie haben sie erledigt, weil sie am Ende einer von vielen Schritten waren, um das große Ziel zu erreichen: gute Noten und den Schulabschluss. Und wenn es Ihnen dazu noch gelang, die Aufgaben richtig zu lösen, hatten Sie das schöne Gefühl, etwas verstanden zu haben.

So oder so: Es lag in Ihrer Hand.

Heute ist das völlig anders.

Wir schieben die Verantwortung für Hausaufgaben und andere schulische Leistungen wie in einem Schwarzer-Peter-Spiel zwischen Eltern und Lehrern hin und her. Wer meistens nichts davon abbekommt, sind die Kinder.

Es ist Ausdruck eines Phänomens, das ich gerne »Vollkasko-Erziehung« nenne. Viele Eltern übernehmen die volle Verantwortung zu Hause, erwarten aber auch, dass die Schule und andere Einrichtungen den Rest der Verantwortung tragen. Kindergarten, Grundschule und weiterführende Schulen werden damit zum Dienstleistungsbetrieb, und zwar nicht nur für Bildung, sondern auch für die übrige Sozialisation des Kindes.

In der Logik der Vollkasko-Erziehung ist das Kind nicht mehr selbst schuld an mangelhaften Leistungen, wie etwa falsch oder nicht erledigten Hausaufgaben. Vielmehr handelt es sich aus Sicht vieler Eltern um eine nicht erbrachte oder mangelhafte Dienstleistung seitens der Schule. Diese dreht ihrerseits gerne den Spieß um und schimpft auf die Eltern, weil diese sich nicht um Dinge kümmern, die ebenfalls eigentlich in den Aufgabenbereich der Schüler fallen.

Eine wichtige Rolle beim Herumschieben der Verantwortung hat zum Beispiel das Hausaufgabenheft. Darin tragen die Kinder unter anderem die Aufgaben ein, die sie von uns Lehrern bekommen, wobei es heute selbst in einer neunten Klasse nicht mehr genügt, die Aufgaben mündlich mitzuteilen. Wir schreiben sie stattdessen für die Kinder an die Tafel, damit sie sich nichts Falsches notieren, beziehungsweise, damit sie sich überhaupt etwas notieren. Und ich habe schon Eltern erlebt, denen es lieber wäre, wenn die Lehrer die Aufgaben direkt im Heft vermerken, da sie ansonsten Probleme haben, die Schrift ihres eigenen Kindes zu entziffern.

Inzwischen hat sich statt des Hausaufgabenhefts an nicht wenigen Schulen der »Schülerplaner« etabliert. Darin tragen wir Lehrer zusätzlich wichtige Informationen für die Eltern ein, zum Beispiel, dass ein Kind im Unterricht gestört hat, seine mündlichen Leistungen zu wünschen übrig lassen oder es eben die Hausaufgaben nicht erledigt hat.

Der Grundgedanke ist gut, denn auf diese Weise kann eine geregelte Kommunikation zwischen Schule und Elternhaus aufrechterhalten werden. Leider lässt sich über den Schülerplaner aber auch viel Kontrolle ausüben. So müssen die Eltern an vielen Schulen jede Woche mit ihrer Unterschrift bestätigen, dass sie die Notizen gelesen haben. Die Lehrer quittieren wiederum ihrerseits mit einer wöchentlichen Signatur, dass sie die Unterschrift und auch alle anderen Nachrichten der Eltern im Heft zur Kenntnis genommen haben. Bürokratie at its worst – ein vollkommen überflüssiger Aufwand.

Beide, Eltern und Lehrer, sichern sich auf diese Weise nur ab, dass Informationen auch wirklich bei der Gegenseite ankommen. Dabei sollten wir vielmehr darauf vertrauen, dass die Kinder den Schülerplaner vorzeigen, vor allem wenn es sich um wichtige Mitteilungen handelt. Und wir Eltern und Lehrer sollten uns auch gegenseitig das Vertrauen schenken, dass wir gewissenhaft mit diesen Informationen umgehen.

Das ewige Gegenzeichnen macht alles nicht nur deutlich aufwendiger, sondern steigert auch den Drang, sich in anderen Fällen außerhalb der Schule immer öfter abzusichern. In der Schule zeigt sich, was auch für die gesamte Gesellschaft gilt: Wir misstrauen einander immer mehr. Wir möchten keine Entscheidungen treffen, und am Ende übernimmt niemand Verantwortung!

Denn auch die Kinder – in deren Händen diese eigentlich liegen sollte – lesen natürlich, was im Schülerplaner steht, und merken sich: Ich bin aus der Sache raus, die Erwachsenen regeln das alles unter sich.

Letztendlich sind Eltern und Lehrer gleichermaßen von den Ansprüchen der jeweils anderen Seite überfordert. Immer wieder höre ich – wie an der Schule meines WhatsApp-Freundes – Klagen von Müttern und Vätern, die am Nachmittag oder gar am Abend nach der Arbeit noch Hausaufgaben mit den Kindern »machen müssen«, weil diese unvollständig oder fehlerhaft sind.

Gerade in Grundschulen, aber auch noch in den ersten Jahrgangsstufen der weiterführenden Schule tendieren Eltern immer mal wieder dazu, die Hausaufgaben ihrer Sprösslinge nicht nur zu kontrollieren, sondern diese auch gleich noch ein wenig aufzuhübschen oder gar komplett für ihre Kinder zu erledigen.

Einmal abgesehen von der Verantwortungsfrage: Der pädagogische Wert solcher Aktionen ist gleich null.

Die Konzentration und Auffassungsgabe eines Kindes, das bereits den Großteil des Tages in der Schule mit Lernen verbracht und dort schon an den Hausaufgaben gesessen hat, ist irgendwann erschöpft. Am späten Nachmittag oder Abend nochmals über den Aufgaben zu hocken, denen sich das Kind schon gewidmet hat, erzeugt daher nur eines: Stress, und zwar für die Eltern wie für das Kind. Mit Lernen hat das nicht mehr viel zu tun, eher mit monotoner Pflichterfüllung.

Langfristig wird so die natürliche Neugierde und Motivation des Kindes sinken – absolut unnötigerweise. Denn es geht nicht darum, dass das Kind einfach die Aufgaben richtig löst oder dass auf irgendeinem Weg die korrekten Lösungen im Heft eingetragen werden. Wichtiger ist, dass das Kind die Aufgaben überhaupt macht, sich erneut mit dem Schulstoff auseinandersetzt und das Gelernte vertieft. Und das am besten aus eigenem Antrieb. Es nützt überhaupt nichts, wenn die Eltern die Aufgaben für das Kind lösen. Sei es, damit es kein Geheule gibt, sei es, weil sie wollen, dass es gute Noten bekommt. Wenn Kinder ihre Hausaufgaben machen, dürfen Fehler passieren. Auf die wird der Lehrer das Kind aufmerksam machen, wenn er die Aufgaben am nächsten Morgen kontrolliert. Hierbei ist es wichtig, dass er ein unverfälschtes Bild bekommt, denn nur so kann er den Leistungsstand eines Schülers und der gesamten Klasse realistisch einschätzen. Da nützt es also wenig, wenn die Eltern bei den Hausaufgaben danebensitzen, am Ende alles richtig ist, das Kind aber nichts kapiert hat.

Hausaufgaben sind deshalb schon aus pädagogischen Gründen Kindersache. Was wir Lehrer nicht leisten können, ist, die Schüler jeden Tag aufs Neue zu motivieren. Das muss ein Automatismus sein, am besten gepaart mit der Einsicht, dass ein größerer Sinn hinter den unliebsamen Aufgaben steckt. Das gelingt aber nur, wenn die Verantwortung an der richtigen Stelle liegt: bei den Kindern.

Dazu gehört eben auch die Erfahrung, was geschieht, wenn man die Hausaufgaben mal nicht macht: Es gibt Ärger in der Schule. Und das nennt man Konsequenzen. Die zu erleben, ist immens wichtig für Kinder. Nur so lernen sie, dass sie selbst und nicht jemand anders oder äußere Umstände für ihre Leistungen verantwortlich sind und dass sie – auch später als Erwachsene – eben mit den Folgen leben müssen, wenn sie schludern. Wenn Sie also Ihr Kind jedes Mal an die Hausaufgaben erinnern und drei Mal nachfragen, ob es sie schon erledigt hat, dann entbinden Sie es von der Verantwortung, selbst daran zu denken. Noch schlimmer ist es, wenn Sie die Hausaufgaben abends spät oder morgens vor der Schule noch schnell mit ihm gemeinsam erledigen, damit es ja keine Konsequenzen gibt.

Neben den Hausaufgaben gehört auch das Besorgen von Unterrichtsmaterialien zu den Pflichten, die wir getrost in Kinderhände legen können, also: Stifte, Hefte oder auch Bücher einzukaufen. Es gibt keinen Grund, dass ein Kind im entsprechenden Alter sich nicht selbst darum kümmern sollte. Ab dem siebten Lebensjahr gelten Kinder in Deutschland laut Bürgerlichem Gesetzbuch als »beschränkt geschäftsfähig«. Die Einschränkung soll Kinder vor allem davor schützen, für sie nachteilige Geschäfte einzugehen. Ein Kreditvertrag, bei dem sich ein Siebenjähriger für ein Handy verschuldet, wäre also nicht rechtswirksam. Natürlich muss es nicht gleich ein solcher Extremfall sein. Das Gesetz greift schon dann, wenn der Verkäufer klar erkennen kann, dass die betreffende Ware viel zu teuer ist, als dass ein Kind sie sich im Normalfall vom Taschengeld leisten könnte. In einem solchen Fall wäre ein Kauf nur mit schriftlicher Zustimmung der Eltern möglich. Mir ging das so, als ich mit zehn Jahren von meinem gesparten Geld ein CB-Funkgerät kaufen wollte. Meine Eltern mussten mir einen Wisch mitgeben, dass es okay ist, diesen Kaufvertrag abzuschließen.

Die Regelung zeigt aber auch, dass der Gesetzgeber Kinder bereits in diesem Alter für durchaus verantwortungsvoll hält. Völlig in Ordnung ist es also, wenn Kinder sich mit Einwilligung der Eltern weniger kostspielige Sachen kaufen, und der sogenannte »Taschengeldparagraf« sieht sogar vor, dass sie die meist eher kleinen Summen, die sie wöchentlich oder monatlich als Taschengeld oder als Geldgeschenk am Geburtstag erhalten, nach eigenem Ermessen ausgeben können – solche Geschäfte gelten als rechtswirksam.

Wenn Sie also Ihrem Kind 10 Euro in die Hand drücken, damit es im nächsten Zeitschriftenladen Schulhefte oder Füllerpatronen kauft, sind Sie rechtlich auf der sicheren Seite. So geben Sie Ihrem Kind die Chance, Verantwortung für eigene Angelegenheiten zu tragen, wobei es natürlich sinnvoll ist, wenn Sie vorher mit dem Kind gemeinsam überlegen, welche Hefte für welches Fach benötigt werden.

Dennoch erlebe ich immer wieder, dass Eltern dieser Erfahrung übereilt einen Riegel vorschieben.

So hatte ich den Kindern einer sechsten Klasse – alle um die elf Jahre alt – aufgetragen, binnen einer Woche ein bestimmtes Buch zu besorgen. Aufseiten der jeweiligen Eltern hätte nun nichts dagegen gesprochen, dem Kind Geld zu geben, damit es sich das Buch bis zum gesetzten Termin besorgt. Das wäre ein Stückchen Verantwortung, das ihr Kind nicht überfordert. Wie es an das Buch kommt, wäre ihm überlassen: Es könnte in den nächsten Buchladen gehen, es könnte online nachsehen – wobei es feststellen wird, dass ohne Konto oder Kreditkarte nichts läuft: Lerneffekt! Und wenn es besonders clever ist, könnte es sogar versuchen, das Buch gebraucht aufzutreiben und das Restgeld in die Spardose zu stecken. Da die meisten Schulbücher in neuem Zustand nicht überall vorrätig sind, sondern bestellt werden müssen, würde es zudem lernen, dass man sich rechtzeitig um seine Sachen kümmern muss und nicht immer auf den letzten Drücker in den Laden gehen sollte.

Für die Kinder meiner sechsten Klasse gab es also eine Menge alltagspraktischer Erfahrungen zu sammeln, wenn sie denn die Chance dazu bekamen.

Was würde schlimmstenfalls geschehen, falls das Kind das Buch nicht bis zur Deadline auftrieb? Nun, es würde wohl Ärger mit dem Lehrer, also mit mir, bekommen. Unangenehm, aber es würde dann fürs nächste Mal Bescheid wissen.

Es lief natürlich anders.

Die wenigsten Kinder durften sich selbst um die Angelegenheit kümmern. Bei fast allen machten die Eltern die Buchbestellung zu ihrer eigenen Aufgabe. Und etliche meiner Schüler hatten das Buch dann nicht zum gewünschten Datum, weil Mama und Papa es vergessen hatten.

Darüber war ich natürlich ebenso wenig erfreut, als wenn die Kinder es verbockt hätten. Mehr noch – ich konnte die Eltern nicht zur Rechenschaft ziehen, und das Versäumnis lehrte die Kinder nicht mal etwas, da ja nicht sie die Verantwortung trugen, sondern ihre Eltern.

Die wenigen Kinder, die das Buch auf eigene Faust besorgt hatten, konnten es übrigens pünktlich vorweisen und waren obendrein um eine positive Erfahrung reicher.

Beim Versuch, sie vor Niederlagen zu bewahren oder um sich selbst Zeit zu ersparen, nehmen Eltern ihren Kindern die Chance, an Erlebnissen wie diesen zu wachsen – und das wieder und wieder. Oft verwehren sie den Kindern nicht nur von vornherein die Möglichkeit, Eigeninitiative zu ergreifen, sondern sie versorgen sie auch noch mit den passenden Ausreden.

Diagnose: Ich war's nicht! Warum es nicht gut ist, wenn Kinder die Schuld bei anderen suchen

Die Rückgabe einer Klassenarbeit. Ich gehe durch den Gang zwischen den Tischreihen und teile die Hefte aus. Es folgt das bekannte Schauspiel: Die Schüler mit den guten Noten freuen sich, einige flippen schon mal aus. Im Mittelfeld äußert sich der eine mehr, der andere weniger euphorisch. Und einige wenige gehen in sich, rücken ungern mit der Sprache raus, wenn die anderen sie nach der Note fragen.

Die Schüler mit den schlechten Bewertungen sind unzufrieden. Und das ist auch gut so. Mit einer schlechten Leistung sollte niemand zufrieden sein. Die Frage ist, wie man damit umgeht und welche Schlüsse man daraus für sich zieht.

Die gesunde Variante: Man geht den zugegebenermaßen schwierigen Weg und gesteht sich ein, Mist, da muss ich jetzt wohl mal etwas tun. Man übernimmt also die Verantwortung, versucht, aus den Fehlern schlau zu werden und es nächstes Mal besser zu machen. Im Idealfall stellt man einen Step-by-step-Plan auf und fängt an zu lernen.

Leider ist eine solche Reaktion mittlerweile die Ausnahme. Stattdessen beginnt bei vielen Schülern mit schlechten Noten die Suche nach anderweitigen Gründen für das eigene Versagen – nach etwas oder jemandem, auf das oder den man die Schuld schieben kann.

In dem Moment, wenn ich die Arbeiten in der Klasse austeile, haben die wenigsten eine Ausrede parat. Doch spätestens am nächsten Tag, wenn die Kinder die Sache mit den Eltern zu Hause durchgesprochen haben, ist der Fundus an Erklärungen für die versiebte Arbeit groß. Natürlich bin zuerst ich als Lehrer schuld, die Aufgabenstellung war einfach unfair. Manchmal nehmen auch die Eltern die Schuld auf sich, weil sie es ihrem Kind beim Lernen falsch erklärt haben. Alternativ bekommt es die Nachhilfe aufgebrummt: »Was soll ich denn tun, wenn selbst die nicht hilft?«, heißt es dann bei meinen Schülern.

Ich kenne dieses Alibi noch aus meiner eigenen Jugend, als ich Nachhilfe in Latein hatte – ein Fach, das mich nicht die Bohne interessierte. Mein Problem mit Latein haben die Schüler allerdings heute in vielen Fächern: Sie interessieren sich nicht wirklich dafür. Weil die Eltern es wollen, geht man einmal die Woche zur Nachhilfe, die meist nichts bringt, weil sie auch keine Motivation erzeugt, sondern nur lästige Pflicht ist, den noch nicht verstandenen Stoff nachzuholen. Die Schulnoten werden deshalb also nicht automatisch besser. Der Unterschied zwischen meiner Situation und der heutiger Schüler: Ich selbst war es, der bei der nächsten schlechten Arbeit den Ärger kassiert hat – nicht meine Eltern, nicht der Nachhilfelehrer. Meine Eltern waren sogar ungehalten, weil sie teure Nachhilfestunden für mich bezahlt hatten und ich trotzdem nicht das gewünschte Ergebnis vorweisen konnte.

Beliebt ist es auch, für schwache Leistungen Krankheiten wie ADHS oder Asperger und am anderen Ende des Spektrums natürlich Hochbegabung anzuführen. Natürlich gibt es Fälle, in denen all dies tatsächlich eine Rolle bei den schulischen Leistungen eines Kindes spielt. Lehrer und Eltern haben alle Hände voll damit zu tun, wenn sie ein echtes ADHS-Kind betreuen. Und es ist aufwendig und erfordert großes Einfühlungsvermögen, sich in die Lebenswelt eines autistischen Kindes zu versetzen, um es zu verstehen und zu fördern. Aber es gibt tatsächlich leider auch viele Fälle, in denen Eltern geradezu nach einer solchen Erkrankung suchen, nur um schlechte Noten oder ungenügende Erziehung zu entschuldigen. Die Diagnosen werden dann zu reinen Modeerscheinungen, die für das Versagen des Kindes herhalten müssen.

Schon des Öfteren habe ich daher erlebt, dass Eltern, die ihr Kind vom Hausarzt auf ADHS untersuchen lassen, fast schon enttäuscht sind, wenn der nichts findet. Sie tingeln dann von Heilpraktiker zu Heilpraktiker, bis jemand die ihrer Meinung nach richtige Diagnose stellt. Endlich gibt es einen ärztlich abgesegneten Grund, der von nun an als Standarderklärung für jede schlechte Note dient!

Auf diese Weise muss niemand die Verantwortung übernehmen, weder die Kinder noch die Eltern. Die Kinder merken sich, dass sie für ihre Noten im Grunde wenig können, weil entweder andere einen negativen Einfluss auf ihre Leistungen haben oder Krankheiten und äußere Umstände sie davon abhalten, ihr Bestes zu geben. Die Suche nach einer Ausrede wird so notorisch. Vor allem aber unterdrücken wir in ihnen jeden Impuls, etwas selbst in die Hand nehmen zu wollen.

Übrigens gehen meiner Erfahrung nach Eltern von Kindern, die tatsächlich an einer Form von Autismus oder ADHS leiden, häufig ganz anders mit der Situation um. Sie übertragen ihren Kindern eine klare Verantwortung: So lassen sie erst gar nicht zu, dass diese sich hinter ihrer (häufig sehr offensichtlichen) Einschränkung verstecken, was es allen anderen ermöglicht, auf die Eigenarten der Kinder einzugehen und sie entsprechend zu fördern. Es gibt also keine

Ausreden, im Gegensatz zu gesunden Kindern, bei denen Eltern Krankheiten und allerlei andere Gründe vorschieben, um die Verantwortung für schwache Leistungen abzuweisen. Ich hatte einen solchen Fall in meiner Informatik-AG. Wie eingangs beschrieben, ist diese mit über einhundert Schülern sehr groß. Ich kann daher nicht alle Kurse selbst unterrichten. In den meisten Gruppen lernen also Schüler von Schülern – Fortgeschrittene geben ihr Wissen als sogenannte Trainer an Anfänger weiter. Das funktioniert sehr gut, und alle sind motiviert bei der Sache.

Nun gab es in einer Gruppe einen Jungen, der immer wieder störte, Till. Der Trainer schickte ihn zu mir, um das Problem zu klären. Ich machte Till klar, dass er mit seinem Verhalten sich und die anderen vom Arbeiten abhielt, und dass ich erwartete, er würde es abstellen. Till gelobte Besserung. Doch zwei Wochen später saß er wieder bei mir, weil sich nichts geändert hatte.

Die einfachste Methode wäre nun gewesen, ihn aus der AG zu werfen. Allerdings wusste ich, dass sie dem Jungen sehr am Herzen lag. Und tatsächlich hatte er auch ein Händchen für Programmcodes – wenn er sich denn konzentrierte. Ich bat Till deshalb, mir einen Brief zu schreiben, in dem er mir sagte, warum er eigentlich in der AG sein wollte. So etwas zwingt einen dazu, in sich zu gehen und die eigene Motivation zu erforschen. Und es hilft üblicherweise dabei, das eigene Verhalten zu hinterfragen. Till sollte mir den Brief am folgenden Montag ins Fach legen.

Die neue Woche begann, in meinem Fach lag kein Brief. Ich sprach Till am Dienstag darauf an. Er erklärte mir, dass er zwar mit dem Briefschreiben angefangen habe, die Katze dann aber ein Wasserglas auf dem Tisch umgestoßen hätte und die ganze Tinte verlaufen wäre, er also noch mal von vorne anfangen musste und nicht rechtzeitig fertig geworden sei.

Ob das stimmte, konnte ich natürlich nicht nachprüfen, aber ich sagte ihm, dass er damit schon am Montag von sich aus zu mir hätte kommen müssen. Der wahre Grund, warum es keinen Brief gab, war natürlich ein ganz anderer, wie sich bald herausstellen sollte.

Ich setzte Till eine letzte Deadline. Wenn er mir den Brief nicht bis Donnerstag einreichte, bräuchte er nicht mehr zur AG zu kommen. Till bedankte sich und versprach, den Brief umgehend zu verfassen.

Der nächste Donnerstag kam, kein Brief lag in meinem Fach. Dafür hatte ich eine Mail von Tills Mutter, die sich schützend vor ihren Sohn stellte. Sie gab zwar zu, dass es ein Fehlverhalten war, wenn er in der AG störte, »allerdings«, so schrieb sie, »sehe ich nicht ein, warum mein Sohn einen Entschuldigungsbrief schreiben sollte« – der koste ihn ja Zeit, die er für Hausaufgaben & Co. benötigte. Ob ich denn nicht noch mal ein Auge zudrücken könnte?

Da ich Till mit dem Brief zur Selbstreflexion anregen wollte, wäre ein zugedrücktes Auge aus meiner Sicht kontraproduktiv gewesen. Und das teilte ich der Mutter auch mit.

Bitter für Till, aber er hatte seine Chance gehabt. Es war an der Zeit, dass er Konsequenzen zu spüren bekam, denn die gab es in seinem Leben bislang offenbar nicht.

Da das Schuljahr schon fast zu Ende war, durfte er an den letzten drei Stunden der Informatik-AG nicht mehr teilnehmen. Er nutzte die Zeit tatsächlich, um den Brief zu schreiben und ihn nachzureichen.

Seitdem habe ich ihn zwar erneut zur AG zugelassen, und er konzentriert sich jetzt auch wieder, richtig zufrieden bin ich mit dem Ergebnis aber nicht. In dem Brief erklärte er mir, dass seine Unkonzentriertheit am Trainer liege, dessen Unterricht zu langweilig sei. Wieder suchte er also die Verantwortung für sein Verhalten woanders statt bei sich selbst.

Ich verstehe, dass Tills Mutter ihm aus einer zutiefst menschlichen Regung heraus beistand: Sie wollte die Schuld von ihrem Kind nehmen. Es sollte nicht für etwas geradestehen müssen und bestraft werden. Leider besteht unser Leben jedoch daraus, dass wir laufend Fehler machen. Für sie einzustehen und aus ihnen Erkenntnisse zu ziehen, gehört nun einmal zum Erwachsenwerden dazu. Es nützt Till also nichts, wenn sie ihm schützend zur Seite springt. Er muss lernen, mit Konflikten umzugehen und Verantwortung zu tragen, wenn er etwas verbockt hat. Wenn ihn die Teilnahme an der AG emotional nichts »kostet«, dann ist sie für ihn nicht so wertvoll, wie wenn er sich dafür ins Zeug gelegt hat und damit erfolgreich war. Nur indem er den Wert der guten Dinge in seinem Leben zu schätzen lernt – und genau darauf wollte ich mit dem Brief hinaus –, kann er sich weiterentwickeln. Nicht jedoch, wenn ihm jeder Stein aus dem Weg geräumt wird.

Nun klingt es für Sie vielleicht so, als würde ich meine Schüler ständig bestrafen. Das tue ich tatsächlich aber nur sehr selten. Viel öfter führe ich Gespräche mit den Kindern, die meist reichen, um sie neu zu motivieren, und eine viel größere Wirkung haben als stupide Strafmaßnahmen. Denn ich möchte keinen »Och-nö-Effekt« bei ihnen auslösen, sondern vielmehr einen echten »Aha-Effekt«.

Einem Kind die Verantwortung für das eigene Tun zu nehmen, ist eine Form der Überbehütung. Eltern, die sie anwenden, kommt auch gerne mal bei einer guten Klassenarbeit der Satz über die Lippen: »Wir haben eine Zwei geschrieben!« Nicht das Kind hat diese Note bekommen, sondern sie selbst fühlen sich mitverantwortlich für Erfolg oder Misserfolg ihres Sprösslings. Sie gehen quasi eine Symbiose mit ihrem Nachwuchs ein, von der auch sie profitieren – weil sie letztlich auf ihre eigenen Leistungen stolz sind. Das kann nicht gut gehen.

Spätestens in der Pubertät beginnen Kinder nämlich, sich von ihren Eltern abzulösen. Ein absolut natürlicher und notwendiger Prozess, damit sie nicht auf Lebenszeit Muttersöhnchen oder -töchterchen bleiben. Die Symbiose-Eltern sind dann oft verzweifelt, zum einen, weil ein elementarer Bestandteil ihres Lebens zu bröckeln beginnt. Zum anderen, weil sie sehen, dass ihr bisher gut behütetes Kind Schwierigkeiten bei den Gehversuchen ins Erwachsenenleben hat. Manchmal sind sie sogar wütend oder enttäuscht, weil das Kind die Erwartung nicht erfüllt, ab einem bestimmten Lebensalter eigenständig zu agieren. Und das, obwohl sie selbst ihm vorher nicht ermöglicht haben, die gewünschte Eigenständigkeit auch zu erlernen. Ich höre von Eltern der jungen Erwachsenen häufig Sätze wie:»Nun warten wir mal ab und lassen XY machen, er (oder sie) wird schon lernen, Verantwortung zu übernehmen und sich Selbstbewusstsein zu erarbeiten.«

An diesem Zeitpunkt ist es dazu aber meistens schon zu spät, und Eltern, Lehrer und Kinder bekommen die Folgen der verpassten Verantwortung zu spüren.

Selbstständig wird man nicht auf Knopfdruck

Julia chillt, Julia gammelt ab, Julia hat keinen Bock. Die 16-Jährige sitzt bei mir im Vertiefungskurs Mathematik und geht auf das Abitur zu. Das Mädchen ist durchaus clever, hat aber irgendwie keinerlei Motivation mehr für die Schule übrig. Sie schreibt im Unterricht nichts mit, meldet sich nicht und hört kaum zu. Mit mehr Begeisterung hätte sie alle Chancen auf das Abitur. So, wie es jetzt läuft, wird sie es wohl nicht schaffen, das ist ihr selbst klar. Die Alternative, von der Schule abzugehen, scheut sie aber auch. Julia müsste jetzt eigentlich eine Entscheidung treffen: Entweder sie reißt sich zusammen und startet noch mal durch, oder sie kümmert sich um einen Ausbildungsplatz. Beides würde bedeuten, dass sie Verantwortung für sich und ihr weiteres Leben übernimmt. Tut sie aber nicht. Stattdessen sitzt sie gelangweilt im Unterricht herum.

Das ist frustrierend – für sie selbst, für ihre Eltern und für mich als Lehrer.

Wie üblich in solchen Fällen, gibt es nach einer Weile ein Gespräch mit Julia und ihren Eltern. Die drei kommen gemeinsam in meine Sprechstunde und sitzen mir gegenüber. Mutter und Vater sind darauf erpicht, die Tochter wieder zum Lernen zu bringen, damit sie den Schulabschluss schafft. Verständlich und für Julia, wie gesagt, von ihren Anlagen her absolut machbar.

Woran es denn läge, dass Julia so schlechte Noten habe, wollen die Eltern wissen.

»Ihre Tochter hat keine Lust mehr«, erkläre ich ohne Umschweife.

Die Mutter nickt.

Der Vater nickt.

Julia nickt.

Was man denn da tun könne, fragen sie.

Tja, das ist so einfach wie schwierig. Ich kenne Julia schon eine Weile und weiß, dass sie eines jener Kinder ist, denen die Eltern bislang alle Entscheidungen abgenommen haben. Es ist also unwahrscheinlich, dass sie aus freien Stücken eine Wahl trifft und die Dinge selbst in die Hand nimmt.

Ein gängiges Verfahren wäre, sie unter Druck zu setzen, damit sie wieder arbeitet. Ich könnte mit weiteren schlechten Noten drohen und sie mit Lehrmaterial überschütten, damit sie ihre Wissenslücken schließen kann. Das würde erfahrungsgemäß aber wenig bringen, zumal das Mädchen ohnehin schon demotiviert ist und keine Lust hat. Versucht man, ein solches Kind zum Lernen zu zwingen, und mahnt zur Selbstdisziplin, dann ist das in aller Regel vergebliche Liebesmüh. Die dazu benötigte Energie hat es zurzeit einfach nicht. Julia braucht vielmehr neue Motivation. Die aufzubauen, ist aber deutlich schwieriger. Normalerweise entsteht sie von selbst, in einem natürlichen Prozess, wenn Kinder mit der Zeit immer mehr Verantwortung übertragen bekommen und begreifen, dass sie ab einem gewissen Punkt, der in der Oberstufe langsam erreicht ist, selbst für die weitere Gestaltung ihres Lebens zuständig sind. Das macht sie nicht zu Superschülern, doch sie verbinden das Lernen mit einem Ziel – zum Beispiel damit, die Schule zu schaffen, vielleicht sogar mit einer bestimmten Note, um eine Ausbildung oder ein Studium ihrer Wahl beginnen zu können. Wenn sie Erfolg haben, speichert sich bei ihnen im Kopf ab: Ich schaffe das, wenn ich es auf diese oder jene Weise angehe. So werden sie selbstbewusster und fast nebenher auch zu besseren Schülern. Denn bei Erfolg schüttet das Gehirn Endorphine aus, die Kinder lernen leichter und damit auch mehr.

Bei Kindern wie Julia, die eine solche Entwicklung nicht durchlaufen haben, ist es ungleich schwerer, Motivation zu erzeugen. Es gelingt nur über kleine Aufgaben, die ich ihr als Lehrer gezielt und sukzessive stelle. Aufgaben, an denen sie wachsen und bei denen sie Erfolge feiern kann. Das ist Aufbauarbeit, kleinteilig, mühsam, und neben Julias grundsätzlicher Bereitschaft braucht ein solches Vorgehen vor allem viel Zeit. Und die wird mit Beginn der Oberstufe nun allmählich knapp.

Das Problem wird dadurch vergrößert, dass im Leben von Jugendlichen wie Julia bis dahin alles einem Automatismus gehorchte. Die Schullaufbahn, der Lernstoff – von kleinen Weggabelungen abgesehen, ist von der Grundschule bis zur Mittleren Reife oder dem Abitur im Grunde alles vorgegeben. Das ist ein Problem, dem sich auch viele Lehrer stellen müssen: Selbst wir übertragen den Kindern nicht genügend Verantwortung!

Es gibt zwar inzwischen an vielen Schulen bundesweit den Trend zu offenen und freien Unterrichtsformen, welche die Selbstständigkeit der Schüler fördern sollen, jedoch kranken sie aus meiner Erfahrung daran, dass sie eher eine Pseudo-verantwortlichkeit vorgaukeln.

Dazu zählen zum Beispiel sogenannte »Wochenpläne«. Hierbei sollen die Kinder anhand vorgefertigter Unterlagen einen bestimmten Stoff innerhalb einer festgelegten Zeit erlernen. Von den Lehrern gibt es dabei keinerlei direkten Input, lediglich Arbeitsblätter. Die Schüler lernen selbststän-dig und können frei wählen, wo und wann sie dies tun. Der Haken: Sie haben keine echte Freiheit, ihren Interessen nachzugehen. Das Thema ist vorgegeben, genau wie die Unterlagen, anhand derer gelernt werden soll, und damit auch der Lernweg. Die einzige Verantwortung der Schüler liegt also darin, dass sie sich den Stoff bis zum nächsten Test reinschaufeln müssen.

Ausnahmen bestätigen auch hier die Regel: Natürlich gibt es einzelne Schulen, die einen Weg gefunden haben, Wochen-pläne so offen zu gestalten, dass sie ein selbstständiges, neu-gieriges Lernen der Schüler fördern und ihnen erlauben, unterschiedliche Lernwege einzuschlagen. Allgemein aber gilt, dass in den meisten Schulen die Leitplanken bei den Wochenplänen so eng gesetzt sind, dass keine echten Frei-heiten bestehen, um Verantwortung für das eigene Lernen zu übernehmen.

Anders ist das bei »Lernbüros«. Diese sind meist wie Biblio-theken ausgestattet, mit Büchern, Zeitschriften, Computern und Arbeitsplätzen oder Kuschelecken zum Lesen. Hier können die Schüler ohne Vorgaben die eigenen Interessen verfolgen und Themen bearbeiten, die sie spannend finden – im Grunde so, wie man das von früher aus der Uni kennt.

Hier wird also die Neugierde der Kinder angesprochen. Sie können sich abseits des normalen Unterrichts Themen widmen, für die sie sich aus den unterschiedlichsten Gründen interessieren: weil es sich um ein Hobby handelt, weil sie in den Nachrichten von etwas gehört haben, dem sie nachgehen wollen, oder weil sie einen bestimmten Berufswunsch haben und mehr darüber erfahren möchten. Alternativ kann ein Lernbüro auch bei Projektarbeiten sehr hilfreich sein, wenn Schüler sich selbstständig, also ohne Vorlagen, ein Thema erarbeiten oder etwas erstellen sollen.

Wie auch immer, hier lernen die Kinder im Optimalfall aus echtem Interesse und nicht, weil die nächste Klassenarbeit ansteht oder der Lehrplan es so vorsieht. Nur so kann eine wirklich breite Bildung entstehen, die im Gedächtnis haften bleibt und sich nicht am Ende eines Schuljahrs wieder verflüchtigt.

Ein tolles Konzept. In der Theorie. In der Praxis sind Lernbüros jedoch nicht so leicht umzusetzen. Einerseits haben viele Kinder Schwierigkeiten damit, weil sie diese Form der Freiheit und Eigenverantwortung nicht kennen. Sie sind zunächst überfordert. Ihre Lehrer müssen sie erst heranführen, was wiederum voraussetzt, dass diese von dem Konzept überzeugt sind und ihm nicht von vornherein kritisch gegenüberstehen.

Erschwerend kommt hinzu, dass Lehrer und Schüler seit der Einführung von G8 unter Zeitdruck stehen. Der gleiche oder sogar mehr Stoff muss in kürzerer Zeit verdaut werden. Um das zu schaffen, pressen wir noch mehr in den Unterricht, machen ihn noch verschulter und servieren den Kindern die Lerneinheiten möglichst mundgerecht. Es fehlt also auch oftmals die Zeit für schönen Unterricht, für Lernbüros und die eigenen Interessen der Kinder.

Den Schülern fehlt damit jeder Bewegungsspielraum für Neugierde und Eigeninitiative. Unser Schulsystem fördert damit keine Verantwortung, sondern verhindert sie. Nehmen ihnen die Eltern zu Hause auch noch jede Entscheidung ab und sagen ihnen immer, was sie wann zu tun haben, entsteht bei den Kindern tatsächlich der Eindruck: Ich habe keinen Einfluss, alles wird mir vorgesetzt, warum sollte ich also selbst aktiv werden?

Davon betroffen sind inzwischen selbst typische Schülerinitiativen wie Schülerzeitungen, Schülerbands oder Theatergruppen. Früher organisierten die Kinder diese selbstständig, heute sind diese extracurricularen Aktivitäten verschwunden oder werden vermehrt von Lehrern geleitet.

Natürlich lernen die Schüler dabei inhaltlich etwas. Doch darum geht es bei solchen Unternehmungen in erster Linie ja nicht. Der Sinn ist vielmehr, dass die Kinder in Eigenregie etwas auf die Beine stellen, lernen, etwas zu organisieren oder Konflikte untereinander zu lösen. Und natürlich sollen sie die Verantwortung für das übernehmen, was sie am Ende publizieren oder auf die Bühne bringen. Gerade Schülerzeitungen zeichnen sich ja dadurch aus, dass sie Lehrer oder die Schulleitung auch mal kritisieren, manchmal auf clevere, manchmal auf platte Weise. Wie auch immer sie es tun, wenn sie über die Stränge schlagen, müssen sie dafür geradestehen. Wird die Zeitung von einem Lehrer geleitet, wie dies inzwischen häufig der Fall ist, dann wird alles, was darin steht, relativ harmlos bleiben. Und das hemmt auch die Kreativität: Die kann sich nur entfalten, wenn man etwas selbst macht und nicht nach Anleitung. So aber sind die Kinder wieder in einem geschützten Raum, in dem ihnen alles vorgesetzt wird. Echte Emotion und Begeisterung entstehen da nur schwer.

Auf diese Weise ermuntern wir Kinder nicht zum freien, neugierigen Lernen, wir regen nicht ihr Eigeninteresse an, sondern schüchtern sie eher ein und trimmen sie lediglich auf Fleiß und Gehorsam. Sie sollen etwas *schön* machen. Aber nicht notwendigerweise *selbstständig*.

Vielen erscheint die Schullaufbahn – sogar das ganze Leben – daher nicht wie eine Spielwiese, auf der sie sich entfalten und austoben, die sie entdecken können, sondern eher wie ein Computerspiel, bei dem man sich Level für Level hocharbeitet: nach der Grundschule kommt die weiterführende Schule, kommt die Mittlere Reife, kommt das Abitur, kommt das Studium, kommt der Job, kommt das Haus, kommen die Kinder, kommt die Rente.

Und wenn es nicht so läuft, ist die Enttäuschung groß. Schuld sind dann meistens die anderen, nicht man selbst, also die Lehrer, die Eltern, der Staat, das System. Es besteht aus so einer Perspektive kein Grund – nein, nicht einmal die Möglichkeit –, selbst aktiv zu werden.

In ihrer derzeitigen Form ist Schule, mit vielen vorgegebenen Inhalten und klar aufgezeichneten Wegen wenig geeignet, Kindern mehr Verantwortung zu übertragen und sie zu selbstständigen Erwachsenen zu erziehen. Besser kann es aber nur werden, wenn wir alle zusammenarbeiten, Eltern und Lehrer. Denn Erziehung zu mehr Verantwortung findet zuallererst im Elternhaus statt. In der Schule können wir nur den Feinschliff vornehmen, gute Anlagen verstärken, schlechte Tendenzen entgegenwirken. Und natürlich Lernstoff vermitteln, was unser Hauptauftrag ist. Kinder, denen die Eltern kategorisch kein Vertrauen und keine Verantwortung schenken, können wir nur bedingt in die richtige Spur bringen. Sie haben sich so sehr daran gewöhnt, von allen Seiten gelenkt zu werden, dass sie es gar nicht mehr anders können oder wollen – denn so ist es einfacher für sie.

In Fällen wie Julias ist eine »kalte Dusche« daher noch das Beste, was passieren kann. Denn die Alternative ist oft, dass sich die Eltern mit dem Kind gegen die Schule und die Lehrer verbünden. Dann trägt nicht das Kind die Verantwortung für sein schulisches Scheitern und ändert sein

Handeln infolge auch nicht. Mit dieser Einstellung wird das Kind dann ins Berufsleben starten, wo sich das Muster immer weiter fortsetzt: Rüge vom Chef? Eine Deadline, die nicht eingehalten werden kann? Kein Vorankommen? Schuld sind die anderen. Als erwachsener Mensch alleine zurechtzukommen, wird auf diese Weise sehr schwer.

Planlos ins Leben

Ein Tag im Mai. Unsere Schule platzt aus allen Nähten, es wimmelt vor Damen im Businessdress und Männern in Anzug und Krawatte. In der Aula, in den Unterrichtsräumen und auf den Fluren präsentieren sich heute große Unternehmen und Firmen den Schülern. Es ist Berufsmesse.

Das Projekt ist ein riesiger Aufwand, und im Lehrerkollegium sind alle gespannt, wie es bei Schülern und Firmen ankommt. Damit es nicht zu überlaufen ist, schicken wir die Klassen nacheinander auf die Messe. Die achten und neunten Klassen dürfen beginnen, danach kommt die Oberstufe. Die Schüler freuen sich bereits sehr – vor allem, weil zwei Stunden Unterricht ausfallen.

Ich begleite eine achte Klasse, und während ich mich hier und da mit einem Firmenvertreter unterhalte, beobachte ich die Schüler. Die meisten drücken sich erst mal schüchtern an den Ständen herum, stauben vor allem Werbegeschenke ab, Kulis, Filzstifte, Blöcke und vieles andere. Nur wenige zeigen sich interessiert.

Alles kaum verwunderlich. In dem Alter ist der Beruf für die Jugendlichen zu weit weg, die meisten haben noch keinen ernsthaften Gedanken daran verschwendet. Das liegt auch daran, dass die Ausbildung am Gymnasium universell ist. Wer das Abitur hat, kann im Grunde später machen, was er will. Daher ist der Ansatz, den viele Eltern ihren Kindern mit auf den Weg geben: Mach erst mal das Abi, dann kannst du anschließend gucken, was du werden willst. Die Verantwortung, sich über den weiteren Lebensweg, die eigenen Interessen und Wünsche klar zu werden, wird damit in weite Ferne geschoben.

Nach zwei Stunden bringe ich die Schüler wieder in ihren Klassenraum, alle inzwischen beladen mit Tüten und Stoffbeuteln voller Werbekrimskrams. Unterwegs treffen wir auf die Welle von Oberstufenschülern, die nach uns auf die Firmenstände zurollt.

Bis zum Mittag mache ich in meiner Klasse normalen Unterricht, dann nutze ich die Pause, um mich an den Ständen mit Firmenvertretern und Kollegen über die bisherigen Erfahrungen auszutauschen. Zu meiner Überraschung sind viele einigermaßen verstört: Die Oberstufenschüler haben sich offenbar noch desinteressierter gezeigt als ihre jüngeren Mitschüler. Sie flachsten herum, unterhielten sich überwiegend untereinander, statt sich an den Ständen zu informieren, und zeigten allgemein wenig Begeisterung. Und die wenigen, die sich in ein Gespräch verwickeln ließen, glänzten offenbar durch Unkenntnis. Der Chef eines mittelständischen Unternehmens verzweifelte gar daran, dass die jungen Leute sich überhaupt keine realistische Vorstellung davon machten, in welchen Spannen sich Gehälter für Berufseinsteiger bewegen.

Ich habe schon öfter den Vorwurf gehört, dass wir die Kinder ohne jegliches praktisches Wissen aus der Schule entlassen. Und nach Gesprächen mit Kollegen anderer Schulen glaube ich, dass das ein flächendeckendes Problem ist, besonders an Gymnasien.

Warum wir das nicht ändern, ist mir völlig schleierhaft: Was spricht dagegen, mit Kindern und Jugendlichen über Gehälter zu reden? Warum halten Eltern ihr Gehalt sogar vor ihren Kindern geheim? Wovor haben wir Angst – davor, dass das Kind es unter seinen Freunden herumerzählt? Das ist unnötig vorsichtig – was soll passieren?

Ich für meinen Teil bin Lehrer. Mein Gehalt steht also für alle öffentlich einsehbar in Tabellen im Internet. Ich verstehe daher nicht, warum wir oft ein solches Geheimnis um essenzielle Dinge des bundesrepublikanischen Alltags machen, die später das Leben der Kinder bestimmen. Zum Beispiel wäre es ebenso wichtig, ihnen zu erklären, was für Versicherungen es gibt, welche sie davon später brauchen und welche nicht. Oder wie Steuererklärungen funktionieren. Es gibt unzählige Dinge, die wir dem Nachwuchs neben dem Satz des Pythagoras oder der Sonatenhauptsatzform mit auf den Weg geben müssen, damit sie im Leben bestehen können.

Doch zurück zu unserer Berufsmesse.

Das allgemeine Fazit lautete also: Obwohl viele der Schüler kurz vor dem Abitur stehen, wissen die meisten noch nicht, welchen Beruf sie ergreifen wollen, und haben auch keinen Plan, wie es in der Welt dort draußen zugeht. Desinteressiert, realitätsfern und lustlos stolpern sie dem Erwachsenenleben entgegen. Viele von ihnen, so wurde in späteren Einzelgesprächen klar, haben offenbar noch nicht einmal ein Hobby, das in beruflicher Hinsicht interessant sein könnte. Sie lassen alles einfach auf sich zukommen.

Ich beobachte diese Tendenzen oft schon, wenn es in der Einführungsphase der Oberstufe um das Praktikum geht, das die Schüler absolvieren sollen. Damit es seinen Sinn erfüllt, müsste es eigentlich wie folgt ablaufen: Die Schüler schnuppern in ein Berufsfeld ihres Interesses hinein und erkunden so, ob ihr Traumjob wirklich etwas für sie ist. Und sie sammeln erste Erfahrungen in der Berufswelt, sodass sie später nicht völlig unvorbereitet starten. Kurz: Sie gleichen ihre Vorstellungen mit der Realität ab. So haben sie auch die Möglichkeit, ihre Vorstellungen anzupassen, zu verändern oder sich neu zu orientieren.

Doch nicht nur auf der Berufsmesse, auch beim Praktikum mangelt es schon an Eigeninitiative – an Interesse für die eigene Zukunft. Einen Praktikumsplatz müssen sich die Kinder selbst organisieren. Eigentlich. Sie sollen im Internet recherchieren, Bewerbungen schreiben, telefonieren, sich erkundigen, sich bei einem Arbeitgeber vorstellen. Von Schülern der zehnten Klasse ist das nicht zu viel verlangt. Dennoch haben nicht wenige damit Probleme. Sie sind es nicht gewohnt, sich selbst um ihre Angelegenheiten zu kümmern. Andere wissen nicht, wo sie sich bewerben sollen, weil sie kein echtes Interesse für etwas aufbringen. Sie haben sich noch nie Gedanken darüber gemacht, was sie eigentlich werden wollen. Und wieder andere bekommen keinen Praktikumsplatz, weil das Bewerbungsgespräch schlecht läuft und sie gleich aufgeben, da sie keine Rückschläge gewohnt sind.

In diesem Moment gäbe es für die Kinder eine Menge zu lernen: Sie könnten überlegen, was sie wirklich wollen. Sie könnten hinterfragen, ob es an ihnen liegt, wenn die Bewerbung scheitert, und herausfinden, was sie ändern müssen. Sie könnten lernen, dass sich Hartnäckigkeit häufig lohnt, und es einfach weiterprobieren, bis sie einen Praktikumsplatz haben. Oder sie könnten Mitschüler, Schüler höherer Klassen oder Geschwister fragen, wie die es gemacht haben. Es gäbe unzählige Möglichkeiten. Alle wären damit verbunden, Verantwortung zu übernehmen und an den Hürden, die sich ihnen in den Weg stellen, zu wachsen, also einen großen Schritt ins Erwachsenenleben zu tun.

Stattdessen eilen in solchen Situationen oft die Eltern zur Rettung. Sie kümmern sich um den Praktikumsplatz, und die Kinder finden das auch völlig in Ordnung. Sie sind es ja gewohnt, dass Mutter und Vater ihr Leben organisieren.

Und so erlebe ich, wenn ich als betreuender Lehrer die Schüler auf ihren Praktikumsstellen besuche, Licht und Schatten. Manche sind wunderbar aufgehoben. Ich hatte zum Beispiel eine Schülerin, die ihr Praktikum in einer Grundschule absolvierte. Sie wollte später Grundschullehrerin werden, und sie freute sich sehr über die Gelegenheit, in ihren Wunschberuf reinzuschnuppern. Manches war nicht so wie gedacht, der Job doch um einiges anstrengender, als sie sich das vorgestellt hatte. Gleichzeitig packte sie aber auch die Freude an der Arbeit mit den Kindern, und sie liebte das Gefühl, ihnen etwas zu vermitteln. Durch die Realitätsdusche konnte sie nun genauer einschätzen, was sie wohl an ihrem zukünftigen Job nerven, aber auch, was ihr Spaß bereiten würde. Sie traf ihre Entscheidung und hatte nun ein klares Ziel vor Augen.

Leider erlebe ich oft auch das Gegenteil: Manche Schüler absolvieren ihr Praktikum in der Firma, in der auch ihre Eltern arbeiten – was für eine vertane Chance! Und ich habe einen Freund, der Unternehmer ist und keine Schülerpraktikanten, sondern nur noch Studenten zulässt, doch selbst für diese rufen die Eltern an, um die Stelle klarzumachen – wobei eine Mutter ihren Sohn amüsanterweise mit den Worten anpries: »Er ist sehr nett und auch total selbstständig.«

In einem Jahrgang hatte ich einen Schüler, der das Praktikum in einem Logistikunternehmen absolvierte. Mir war noch nie aufgefallen, dass er sich für diese Branche interessierte, bislang hatte er allenfalls mal darüber gesprochen, vielleicht Lehrer werden zu wollen. Als ich ihn dann während seines Praktikums besuchte, stellte sich schnell heraus, dass sein Vater ihm die Stelle verschafft hatte.

Der Junge war von der Praktikantenarbeit entsetzlich gelangweilt. Er musste stupide Adresslisten in ein Computersystem einpflegen und Hunderte von Visitenkarten abheften. Sein Betreuer in der Firma erzählte mir, dass der Junge sich aber auch für rein gar nichts interessiere, nur rumhänge und nichts selbstständig mache. Das Praktikum war eine Bürde für ihn – genau wie für den Betreuer. Sollte mein

Schüler sich dort jemals wieder bewerben, auch für einen anderen Posten, würde er vielleicht schon bei der Einsendung der Unterlagen aus dem Bewerbungsverfahren aussortiert werden.

Auf der anderen Seite hinterließ die Erfahrung auch bei dem Jungen einen bleibenden negativen Eindruck. Er merkte sich: Arbeiten ist dröge. Dementsprechend machte er sich keine Gedanken über Ausbildung oder Studium, schob die Berufswahl weit von sich.

Inzwischen hat er die Schule geschmissen und kein Abitur gemacht – womit er sich dann wohl auch vom Lehramtsstudium verabschieden musste. Schade, eventuell hätte er sich in der Schule mehr angestrengt und länger durchgehalten, wenn er interessierter gewesen wäre und sich seinen Praktikumsplatz selbst organisiert hätte.

Leider erlebe ich auch immer wieder Abiturienten, die am Ende zwar mit einem guten Zeugnis dastehen, aber trotzdem nicht wissen, was sie mit sich anfangen sollen. Und es ist nicht mal nur ihre Schuld, auch wenn jeder ab einem gewissen Zeitpunkt wirklich selbst für sich verantwortlich ist: Die Eltern und auch wir Lehrer, also das Schulsystem, haben den Jugendlichen bis dahin jeglichen Weg vorgegeben und sie von eigenen Entscheidungen entbunden. Wir haben alles um sie herum organisiert und ihnen abtrainiert, etwas aus eigener Initiative auf die Beine zu stellen oder sich aus Neugierde hinter etwas zu klemmen. Mit der Fülle an Möglichkeiten, die sie nach dem Schulabgang plötzlich erwarten, sind eine Menge Schülerinnen und Schüler völlig überfordert.

Viele Eltern klagen dann: »Der (oder die) interessiert sich ja auch für rein gar nichts« – was wenig verwunderlich ist, wenn ihre Kinder zuvor nie Verantwortung für sich übernehmen durften. In der Verzweiflung, was jetzt aus dem Kind werden soll, tun viele Eltern erneut das Falsche: Sie sagen ihm auch in dieser Lage wieder, was es zu tun hat – und dann kommt die Bauchlandung, weil das Kind in der Ausbildung oder im Studium merkt, das ist ja gar nicht meins.

Spätestens jetzt gäbe es eine letzte, wenn auch sehr späte Chance, dem Kind endlich Verantwortung zu übertragen. Doch sein Scheitern wird von den Eltern eher als Zeichen gewertet, dass sie noch gebraucht werden, und damit setzt ein unheilvoller Kreislauf ein: Nun, da der junge Vogel das Nest verlässt, kommt bei ihnen wieder Kindweh auf, vor allem, wenn das Kind bis dahin ihr Lebensmittelpunkt war. Die Eltern sind gleich wieder zur Stelle, unterstützen nicht nur finanziell, sondern auch mit Taten und Ratschlägen.

Dabei ist es auch kontraproduktiv, dass selbst die Studiengänge inzwischen immer verschulter werden und kaum Raum zur Entfaltung, zum Experimentieren und zum Ausbilden von Interessen geben. Mischen Mama und Papa dann auch noch mit – viele begleiten ihr Kind heute zur Immatrikulation ins Studierendensekretariat oder rufen beim Professor an, wenn eine Hausarbeit nicht rechtzeitig fertig wird –, ist es mit der Selbstentfaltung endgültig vorbei.

Ich will nicht überdramatisieren. Die meisten Schulabgänger werden in einem Studium oder einer Ausbildung unterkommen und einen Job finden. Aber für sehr viele wird es nicht ihr Traumberuf sein, oft wird es ihnen an der Leidenschaft fehlen, und sie werden sich unerfüllt fühlen.

Mängelexemplare – die Folgen verwehrter Verantwortung für junge Erwachsene

Ich erinnere mich noch genau an meinen ersten Computer. Es war ein 286er PC mit 50 MB Festplatte – damals ein echtes High-End-Gerät. Ich war 13 Jahre alt und hatte schon lange davon geträumt, einen eigenen Rechner zu besitzen. Leider wären meine Eltern nie auf die Idee gekommen, mir einfach einen zu schenken – viel zu teuer, ihrer Ansicht nach. Mit meinem eher mageren Taschengeld hätte ich noch bis in alle Ewigkeit sparen müssen. Also erarbeitete ich mir meinen Traum mit kleinen Jobs, unter anderem, indem ich anderen Leuten ihre Computer zusammenschraubte und einrichtete. Es dauerte eine ganze Weile, bis ich das Geld zusammenhatte, und letztlich gaben mir meine Großeltern noch etwas dazu. Doch dann kam schließlich der Tag, als ich in den Computerladen ging und mir meinen Traum endlich erfüllen konnte. Als ich die große Kiste mit dem Rechner heimschleppte, war ich stolz wie Oskar. Es kam mir vor, als würde ich den Heiligen Gral vor mir hertragen.

Es war eines dieser Glücksgefühle, die einen wachsen lassen: wie das erste Mal alleine durch die Stadt zu laufen, auf eigene Faust mit der Bahn irgendwohin zu fahren, die Schulabschlussprüfung zu schaffen, die erste eigene Wohnung zu beziehen oder sich mit 18 ein eigenes Auto zu kaufen. Meines war übrigens ein gebrauchter Fiat Tipo, den ich mir ebenfalls selbst finanziert hatte. Nichts Großes, aber meins.

Kaum ein Gefühl reicht an den Stolz heran, mit dem ich meine Eltern mit 18 Jahren und noch als Schüler zum Essen einlud, als ich einen richtig großen Auftrag, den meine eigene Firma von der Telekom erhalten hatte, abgeschlossen und für meine Verhältnisse richtig viel Geld verdient hatte. Dieses Gefühl wünsche ich jedem meiner Schüler – es prägt für das gesamte Leben. Und das war bisher normalerweise reich an solchen kleinen Erfolgserlebnissen, die dadurch zustande kamen, dass wir etwas ohne fremde Hilfe bewältigten.

Mein Leben wäre vielleicht völlig anders verlaufen, wenn ich mir damals den PC nicht selbst hätte verdienen müssen. Denn in den folgenden Jahren waren meine Computerkenntnisse gefragt, ich bekam immer mehr Aufträge, mich um anderer Leute Rechner zu kümmern. Die Nachfrage war so groß, dass ich mit 18 Jahren eine eigene Firma gründete.

Ich installierte, programmierte und gab an ältere Erwachsene mein Wissen weiter. So fand ich meine Berufung. Deshalb bin ich heute sehr glücklich als Informatiklehrer, weil es einfach mein Ding ist und weil ich das selbst für mich herausgefunden habe, ohne dass mir jemand die Richtung vorgegeben hat.

Das klappt aber nur, wenn wir auch Verantwortung tragen. Denn stolz sind wir nur auf selbst erarbeitete Dinge. Dieses tolle Gefühl sollten wir unseren Kindern nicht vorenthalten. Wer niemals Vertrauen geschenkt bekommt und keine Verantwortung übernimmt, wird auch niemals stolz auf etwas sein, vor allem nicht auf sich selbst.

Das gilt im Kleinen wie im Großen. Meinen Computer, der mich ein gefühltes Vermögen gekostet hatte, habe ich damals wie meinen Augapfel gehütet. Im Gegensatz dazu beobachte ich heute im Schulalltag viele Kinder, denen ihre Sachen ziemlich gleichgültig sind, selbst wenn diese einen gewissen Wert besitzen wie angesagte Markenturnschuhe oder Smartphones. Nicht selten haben Fünftklässler deutlich teurere Handys als ich. Sie haben sie neu bekommen oder als gebrauchtes Gerät von ihren Eltern übernommen, und meist liegt der aktuelle Wert zwischen 500 und 700 Euro. Die Eltern würden ihren Kindern wohl kaum denselben Betrag in bar mit in die Schule geben. Mir scheint es, dass sie sich oftmals gar nicht darüber bewusst sind, welche Wertgegenstände ihre Kinder da mit sich führen.

Und auch die Kinder sind sich nicht darüber im Klaren, denn ich beobachte, dass sie mit ihren Handys oft ebenso sorglos umgehen, als kämen diese aus einer unendlichen Ressource: Sie geben nicht richtig acht darauf und lassen ihre Sachen einfach überall liegen. Warum sie diese so nachlässig behandeln, ist klar: Mama und Papa kaufen die Sachen von ihrem Geld, und sind sie kaputt oder verloren, besorgen die Eltern Ersatz. So übernehmen die Kinder niemals Verantwortung für ihren Besitz. Ja, sie betrachten ihn oft nicht mal als ihren Besitz, sondern als etwas, das auch den Eltern gehört. So wie man eine Wohnung mietet und erwartet, dass der Vermieter das Dach repariert, wenn es reinregnet.

So ist das auch mit allen anderen Dingen im Leben.

Ein Kind, dem immer alles abgenommen wird und dem alle Ziele vorgegeben werden, für das man alle Hürden aus dem Weg räumt und alle Probleme und Konflikte löst, wird keine Verantwortung für sein Leben übernehmen. Es wird sich niemals fragen, was es eigentlich will, wie es dieses Ziel erreichen kann, und es wird an den kleinsten Hürden scheitern, die ihm auf seinem Lebensweg begegnen.

Kinder, die zu lange unselbstständig gehalten worden sind, fallen beim Eintritt ins Erwachsenenalter deshalb häufig – pardon, ich muss es so hart formulieren – auf die Schnauze. Sie scheitern an der plötzlichen Eigenverantwortung, wenn sie von null auf hundert in die Selbstständigkeit entlassen werden. Es fehlt ihnen an der angemessenen Reife, an Leidenschaft und Problemlösekompetenz, die es ihnen erlauben würden, die Herausforderungen des Lebens anzunehmen und durchzuhalten.

Aus mangelnder Verantwortung in der Kindheit und Jugend entstehen nach meiner Erfahrung zwei Charaktere: einerseits junge Erwachsene, die sehr unsicher sind und ein geringes Selbstvertrauen haben, und andererseits solche, die sich völlig überschätzen, Risiken nicht kalkulieren können und schnell frustriert sind. Beides sind Extremtypen, die, überspitzt gesagt, nicht lebensfähig sind.

Ich kenne beide Charaktere aus der Schule und vor allem aus meiner jahrelangen Tätigkeit in der Jugendarbeit. Gerade darum achte ich in meiner Informatik-AG und bei Projekten wie dem Haik, dem Wanderlauf der Jugendlichen, den ich veranstalte, darauf, die Eigenverantwortung der Schüler zu stärken. Dazu überlasse ich ihnen einen Großteil der Organisation – die Eigeninitiative der Kinder ist gefragt. Fast alle haben damit anfangs große Probleme. Es braucht also Zeit, aber es lohnt sich, denn schon nach einigen Monaten sieht man, wie sich das Verhalten der Jugendlichen ändert.

Ich habe allerdings selbst in der Oberstufe immer wieder mit Jugendlichen zu tun, die nicht die angemessene Reife besitzen, um ein Projekt selbstständig durchzuführen. Das gab es früher auch schon, nur ist dieses Verhalten heute stärker ausgeprägt und wesentlich häufiger.

Da sind einmal die, die sich gar nichts zutrauen. Sie nehmen viele Aufgaben nicht an, weil sie überhaupt nicht einschätzen können, ob sie ihnen gewachsen sind. Sie haben sich nie ausprobieren dürfen und kennen die eigenen Talente nicht. Es fehlt ihnen auch an Neugierde, etwas auszutesten. Während sich ihre Mitschüler auf das Unbekannte freuen, sehen solche Kinder Klassenfahrten und Ausflügen eher ängstlich entgegen, weil es raus in die Fremde geht.

Das andere Extrem sind Kinder, die nie Verantwortung übernommen haben und die sich nun freuen, wenn sie es endlich mal dürfen. So weit ist das erst einmal ganz schön. Das Problem ist nur, dass sie nie die eigenen Grenzen ausloten durften. Sie meinen dann, sie könnten alles – was natürlich nicht der Fall ist. Sie sind schnell überfordert, scheitern oder werfen beim ersten Rückschlag die Flinte ins Korn. Es fehlt ihnen ein gesundes Maß an Selbsteinschätzung, an Risikoabwägung und auch an psychischer Widerstandskraft. Sie starten mit himmelhohen – und realitätsfernen – Erwartungen in Projekte und verlieren entsprechend schnell die Lust, wenn diese Erwartungen nicht eingelöst werden – weil sie ja auch nie gelernt haben, mit Frust umzugehen.

Selbst, wenn es gut gemeint ist: Eltern tun ihren Kindern keinen Gefallen, wenn sie sie in Watte packen. Sie erreichen damit eher das, wovor sie ihr Kind beschützen wollen, nämlich dass es früher oder später Enttäuschungen und

Niederschläge erleidet. Wer an Selbstunterschätzung oder -überschätzung leidet, kann nicht mit beiden Beinen fest im Leben stehen.

Ich bin der Überzeugung, dass es für Kinder besser ist, wenn sie frühzeitig in die Welt entlassen werden. Auf diese Weise kann sogar ein viel besseres Verhältnis zwischen Eltern und Kindern entstehen. Überbehütete Kinder neigen dazu, den Loslösungsprozess von den Eltern, der eigentlich während der Pubertät stattfindet, bis ins Erwachsenendasein zu verschleppen. Der Bruch ist dann oft abrupt und umso heftiger, was für beide Seiten sehr schmerzhaft sein kann.

Es ist besser, diese Entwicklung stetig in der Kindheit und Jugend zu vollziehen, indem wir den Kindern nach und nach mehr Verantwortung für das eigene Handeln und das eigene Leben übertragen. Letztendlich ist es sogar für die Eltern angenehmer, wenn das Kind nicht mehr so stark im Vordergrund steht. Sie werden entlastet und haben mehr Zeit für sich und füreinander, was wiederum der gesamten Familie zugutekommt.

Ersparen wir unseren Kindern alles, werden später Menschen aus ihnen, denen es an Selbstsicherheit fehlt. »Ich selbst bin mir meiner sicher«, dieses Gefühl ist ihnen fremd. Wie soll aus so einem Grundgefühl der Mut entstehen, den es fürs Leben braucht?

Und das ist nicht nur ein Problem für die jungen Erwachsenen selbst. Nun sind sie plötzlich Teil der Gesellschaft und sollen einen positiven Beitrag leisten. So stellen das von den Eltern und Lehrern verwehrte Vertrauen und die nicht übertragene Verantwortung unsere Gesellschaft in naher Zukunft vor immense Probleme, wie ich im folgenden Kapitel zeigen werde.

Kapitel 4

Die Folgen für unsere Gesellschaft

Vertrauen und Verantwortung entscheiden über unsere Zukunft

… wie die Welt von morgen aussehen wird, hängt in großem Maß
von der Einbildungskraft jener ab, die gerade jetzt lesen lernen.

Astrid Lindgren

»Ich will wieder nach Hause«, sagt Tom Hanks zu der Frau mit den rotblonden Haaren, die im Film *Big* aus dem Jahr 1988 seine Freundin spielt. »Mir fehlt meine Familie, Susan. Ich will wieder zurück.«

»Oh mein Gott, du bist verheiratet!« Sie wendet sich von ihm ab, weicht ein paar Schritte zurück, und ihre Wangen röten sich.

»Nein!« Er schüttelt den Kopf. »Ich bin noch ein Kind, Susan. Und ich komme mit alldem hier einfach nicht klar.«

In dem Blockbuster spielt Tom Hanks einen 13-jährigen Jungen, der von einem verwunschenen Automaten auf dem Jahrmarkt in einen erwachsenen Mann von etwa 30 Jahren verwandelt wird. Der hat zwar Erfolg in seinem Job, weil er, seinem inneren Kind folgend, geniale Spielzeuge entwickelt, meldet sich in Konferenzen aber immer noch wie ein Schüler. Auch ansonsten kommt er mit dem Erwachsenenleben nicht klar, kann seinen Alltag nicht organisieren und vermisst die Geborgenheit, die ihm seine Eltern gegeben haben. Er ist überfordert von der plötzlichen Verantwortung. Sein Äußeres ist erwachsen, aber innerlich ist er immer noch ein kleiner Junge.

Natürlich, die Geschichte ist erfunden, eine amerikanische Komödie.

Doch der Film fällt mir jedes Mal ein, wenn ich daran denke, was aus unseren Kindern wird, falls wir sie zu sehr umsorgen und sie nicht auf das Erwachsenenleben und die Welt vorbereiten: Biologisch wird ihr Köper zwar erwachsen, im Geiste bleiben sie aber Kinder.

Zur Unfähigkeit erzogen

Kinder, die nicht an die Verantwortung herangeführt werden, die sie später im Leben übernehmen sollen, entwickeln sich – wie im vorigen Kapitel beschrieben – meiner Erfahrung nach zu zwei gegensätzlichen Menschentypen, die beide massive Probleme im Erwachsenenleben haben: Die einen erliegen völliger Selbstüberschätzung, gepaart mit entsprechend schneller Frustration, wenn ihre Träume an der für sie überraschend harten Wirklichkeit zerschellen. Die anderen ziehen mit geringem Selbstbewusstsein ins Leben und werden sich ihrer Sache immer unsicher sein.

Dazu kommt, dass sie eine gewisse Realitätsferne an den Tag legen und an einfachen lebenspraktischen Anforderungen scheitern, auf die sie offenbar nicht vorbereitet sind: Sie wissen nicht, wie man eine Deckenlampe anbringt, wie man eine Reise organisiert oder wie man eine Wohnung anmietet oder kündigt. Sie haben noch nicht begriffen, dass sie selbst für ihr Leben verantwortlich sind.

Eine Folge ist, dass sich bei diesen jungen Erwachsenen das Jugendalter wesentlich weiter ausdehnt als bis zur Volljährigkeit und dass sich das wirkliche Erwachsensein hinauszögert. Damit verspätet sich auch die Reife, um eine eigene Familie zu gründen. Meine Eltern waren Anfang und Mitte 20, als ich auf die Welt kam – heute hingegen liegt laut

Statistischem Bundesamt das Alter der Mutter bei Geburt des ersten Kindes bei 35 Jahren. Und viele der jungen Erwachsenen sind kaum reif genug, um gute Eltern zu sein.

Kurz, schon die Generation der um die Jahrtausendwende Geborenen ist von überbehütenden Eltern aufgezogen worden und kämpft nun im Job und im Privatleben mit großen Hürden. Doch das ist nicht nur ein persönliches Drama, sondern auch ein gesellschaftliches.

Wenn unsere Gesellschaft nämlich funktionieren soll, brauchen wir Menschen, die sich einsetzen. Die ihren Idealen folgen. Die mündig sind. Die Verantwortung übernehmen. Und die ihre Kinder so erziehen, dass diese ebenfalls zu mündigen Bürgern werden.

Wie würde eine Gesellschaft aussehen, deren erwachsene Mitglieder sich nicht so einbringen, wie sie es im besten Falle könnten? Oder anders gesagt: Wie sieht unsere Zukunft aus, wenn wir weiterhin den Kindern die Verantwortung versagen?

Was Mündigkeit wirklich bedeutet – und was nicht

Die Altersgrenze von 18 Jahren ist eine willkürliche Einteilung für das Erwachsensein, in manchen Ländern sind Menschen erst mit 21 mündig. Volljährigkeit bedeutet, dass sie Rechtsgeschäfte abschließen und wählen können (zu Kommunalwahlen und Landeswahlen sind je nach Bundesland auch schon Jugendliche ab 16 Jahren zugelassen), dass sie rechtswirksam die Ehe schließen dürfen, an Glücksspielen teilnehmen, sich an jugendgefährdenden Orten wie Nachtclubs aufhalten und hochprozentigen Alkohol erwerben können. So weit klingt die Volljährigkeit für viele Jugendliche nach etwas Erstrebenswertem, und nicht zuletzt deswegen wird der 18. Geburtstag groß gefeiert.

Anders als früher geht es den Geburtstagskindern jedoch eher um die gewonnene Freiheit, die für sie den Reiz der Volljährigkeit ausmacht, nicht so sehr um das Gefühl, endlich erwachsen zu sein und nun Verantwortung zu übernehmen. Tatsächlich sagen meine Schüler mir oft, dass sie sich selbst in diesem Alter noch nicht erwachsen fühlen, und sie fordern es weder von Eltern noch Lehrern ein, als Erwachsene zu gelten und selbst in allen Belangen entscheiden zu dürfen.

Die Volljährigkeit ist für sie zunächst ein großer Spaß, den es gebührend zu feiern gilt. Doch Erwachsensein macht nur dann wirklich Freude, wenn die Teenager auch mit den neu erworbenen Freiheiten und Verantwortlichkeiten umgehen können. Leider ist das bei vielen nicht der Fall.

Die jungen Erwachsenen von heute wollen oftmals keine Mühen, keine Verantwortung, keine weiteren Pflichten, sie wollen lediglich die Rechte, und sie wollen ihren Teil vom Wohlstands- und Konsumkuchen. Wirklich bereit für die Verantwortung, die sie nun übernehmen müssten, sind allerdings die wenigsten.

Ein trauriges Beispiel dafür ist etwa die nicht vorhandene Mündigkeit als Fahrzeugführer: Erst vor Kurzem sind zwei junge Männer in Köln verurteilt worden, weil sie sich auf den Ringen, der Ausgehmeile, die den Stadtkern umfasst, ein Autorennen geliefert haben, bei dem ein Mensch zu Tode gekommen ist. Der Knackpunkt an diesem Fall ist meines Erachtens ein anderer als der, dass das Rennen illegal war oder hier ein Gesetz übertreten wurde: Die Raser können schlicht nicht mit der Verantwortung umgehen, die sie mit der Gültigkeit des Führerscheins erworben haben. Sie sind nicht reif, auch wenn es in ihrem Ausweis steht. Natürlich gab es auch schon früher junge Leute, die illegale Autorennen gefahren sind – zum Beispiel auf den Landstraßen in der Provinz auf dem Weg zur Disco, wo nicht wenige sich selbst und alle Fahrzeuginsassen in Lebensgefahr gebracht haben. Allerdings geht der Fall von Köln aus meiner Sicht noch einen Schritt weiter: Die Fahrer zeigen heute noch größere Verantwortungslosigkeit, weil sie ihre illegalen Rennen mitten in der dicht bevölkerten Innenstadt veranstalten und selbst vor roten Ampeln nicht haltmachen.

Grundsätzlich finde ich es jedoch begrüßenswert, wenn junge Menschen den Führerschein bereits früher erwerben können. Es ist der richtige Weg, wenn sie – wie dies bereits der Fall ist – schon mit 17 Jahren in Begleitung fahren dürfen. So werden sie nach und nach an ein verantwortungsvolles Fahren herangeführt. Laut Bundesvereinigung der Fahrlehrerverbände bauen begleitete Fahrer später 20 Prozent weniger Unfälle. Schon seit einiger Zeit ist im Gespräch, dass die Altersgrenze für den Führerscheinerwerb sogar auf 16 Jahre herabgesetzt werden soll.

Der Fehler liegt hier also nicht beim Gesetzgeber, der eine bestimmte Reife in der betreffenden Altersgruppe voraussetzt, sondern bei den Schulen und Eltern, die die Kinder bis zum gesetzten Alter der Volljährigkeit zu mündigen Mitgliedern der Gesellschaft erziehen sollten.

Schwierigkeiten beim Berufseinstieg – wir torpedieren unser Wirtschaftssystem

Eines der größten Probleme stellt sich für unsere Gesellschaft, wenn Kinder derart überbehütet werden, dass sie fernab der Realität aufwachsen – besonders der beruflichen Realität. Die jungen Erwachsenen wissen oft nicht, was von ihnen erwartet wird und welche Leistung sie erbringen müssen, um im Berufsleben etwas zu erreichen. Das ist schon heute ein großes Problem für Chefs, die sich mit den jungen Auszubildenden, Studierenden oder Berufsanfängern auseinandersetzen müssen und damit konfrontiert werden, dass diese zwar kaum etwas selbstständig leisten und Initiative ergreifen, dafür aber Ansprüche anmelden.

Ein Freund von mir ist Meister in Elektrotechnik, er klagt viel über seine Azubis. Zum einen ist es oft so, dass die Mütter von Bewerbern bei ihm anrufen, um zu fragen, ob noch ein Ausbildungsplatz frei sei. Auf Nachfrage versichern sie, dass ihr Kind auch noch anrufen könnte, falls das gewünscht wäre. Die Eigeninitiative liegt also bei den Eltern, nicht bei den Kindern. Bei Bewerbungsgesprächen schlägt mein Freund ebenfalls die Hände über dem Kopf zusammen, so wenig vorbereitet sind die jungen Leute.

»Wer einen Termin zur Vorstellung hat«, meint er, »der muss doch überlegen, was wird da gefragt? Und dann muss er sich fit machen. Aber die kommen in den Termin und wissen gar nichts über die Firma und auch nicht über den Job. Manchmal habe ich das Gefühl, Mutti schreibt denen die Bewerbung. Aber ein hohes Einstiegsgehalt fordern sie trotzdem.«

Mein Freund hat Recht. Die Bewerber, von denen ich auf Schulseiten weiß, wundern sich oft darüber, dass auf einmal ein so scharfer Wind weht. Kein Wunder, wenn die Schüler nicht darauf vorbereitet werden mitzudenken, weil alles vorgegeben ist und keine Verantwortung übernommen werden muss. Fauler sind sie deswegen nicht. Wenn wir ihnen genau sagen würden, was sie für die Bewerbung alles lernen und vorbereiten sollen – sie würden es pflichtbeflissen tun. Aber selbst darauf zu kommen, eigenständig zu recherchieren, den Anspruch an sich zu stellen, die Situation im Griff zu haben, das gibt es heute leider nur noch selten.

Sind die jungen Menschen dann in der Berufswelt angekommen, brauchen sie verstärkt Anleitung und können ihre Aufgaben nicht selbstständig bewältigen.

Neulich war ein Schornsteinfeger bei mir, um die Abzugsanlage zu überprüfen. Als sein Azubi unten am Auto etwas holen musste, sagte er kopfschüttelnd zu mir: »Keiner meiner Auszubildenden ist noch in der Lage mitzudenken, richtig motiviert sind die nicht, und sie vergessen ständig, was sie eigentlich machen sollen. Und Lust, bis nachmittags um vier im Betrieb zu bleiben, hat von denen keiner.«

Und das sind keine Einzelfälle. Die Betriebe haben nach wie vor Schwierigkeiten, geeignete Bewerber für Ausbildungsplätze zu finden. Die Industrie- und Handelskammer klagt darüber, dass die Anwärter nicht nur Schwächen im Lesen, Schreiben und Rechnen haben, sondern dass ihnen auch Sekundärtugenden wie Pünktlichkeit und Ausdauer fehlen. Auch Studienanfänger scheitern an der Uni oft daran, sich eigenständig Kurse im Vorlesungsverzeichnis auszusuchen und Themen zu erarbeiten. Im Studiensekretariat ist es inzwischen Usus, dass Eltern anrufen, die sich um versäumte Termine ihrer erwachsenen Kinder kümmern oder nach dem Ablauf von Seminaren fragen. Wenn es so weitergeht, werden Universitäten nicht nur flächendeckend Elternsprechtage einführen, wie dies schon jetzt an einigen Fakultäten der Fall ist, sondern das Studiensystem wird noch verschulter werden. Die unselbstständigen Studenten werden also noch mehr an die Hand genommen – die Verantwortung, an die sie sich eigentlich so dringend gewöhnen müssten, wird ihnen so entzogen.

Das geht auf Kosten unserer Wirtschaft, deren Erfolge abseits aller Sozialromantik immer noch bestimmend dafür sind, welchen Lebensstandard wir in unserem Land genießen. Die aktuelle Erziehung produziert nicht genügend junge Erwachsene mit Macherqualitäten, wie wir sie bräuchten, um auch in Zukunft weiterhin ein innovativer Wirtschaftsstandort zu sein.

Unsere Gesellschaft braucht aber Menschen, die Sachen anpacken, Projekte in Gang setzen. Egal, ob sie neue Unternehmen aufbauen, sich aktiv im Umweltschutz engagieren, neue Technologien austüfteln, Jugendarbeit leisten oder Flüchtlingshilfswerke auf die Beine stellen. Wir brauchen Menschen, die bereit sind, etwas zu riskieren. Wer in jungen Jahren niemals selbst für ein Projekt verantwortlich war, wird weder Kompetenz noch Handlungsfähigkeit oder eine gesunde Risikoabschätzung entwickeln.

Haben wir hingegen ein Heer von jungen Menschen, denen es an den wesentlichen Qualifikationen wie Zuverlässigkeit, Problemlösungskompetenz und Verantwortungsbewusstsein mangelt, entsteht kein gesellschaftlicher Wille, die Zukunft verantwortlich zu gestalten.

Und das ist vor allem deswegen fatal, weil wir auf eine digitalisierte Arbeitswelt zusteuern, in der sich die Jobs immer weiter von lebenslanger Beschäftigung wegentwickeln, vermutlich hin zu immer mehr Selbstständigen, die in Teams zusammenarbeiten oder für einzelne Projekte vorübergehend angeheuert werden.

Wer kein Macher ist, muss konsumieren

Wenn ich meine Schüler heute bitte, mir zehn Dinge zu nennen, die sie glücklich machen würden, dann bekomme ich von den meisten eine Liste mit Konsumgütern: ein bestimmtes Computerspiel, das neuste Smartphone, ein schnelles Auto oder ein Haus mit Pool. Konsum bestimmt das Glück unserer Kinder. Als ich in ihrem Alter war, verband ich Glück hingegen noch damit, was ich erreicht und erlebt hatte. Das ist ein großer Unterschied! Denn die Verknüpfung von Konsum und Glück hat fatale Auswirkungen auf die Psyche unserer Kinder: Sie erfahren heute, wie ich in den vorigen Kapiteln gezeigt habe, nur selten wirklich Stolz auf eigene Leistung, darauf, etwas erreicht zu haben. Zum einen, weil viele Eltern ihren Sprösslingen jegliche Mühe abnehmen und alles für sie erledigen. Zum anderen, weil sie zu wenig eigenständig erleben dürfen. Nimmt man Kindern dieses Erleben und den Stolz auf etwas, das sie aus eigener Kraft erreicht haben, dann hemmt es den Drang nach eigenen Leistungen.

Wenn jemand aber zu wenige oder ungenügende Eigenleistungen erbringt und kaum echte Erfolgserlebnisse hat, greift er gerne zum »Ersatzstolz«. Das kann bedeuten, stolz zu sein, einer bestimmten Nation anzugehören. Oder stolz darauf, dass die Fußballmannschaft der Heimatstadt gewinnt – obgleich man als Fan nicht den Ball ins Tor bewegt hat. Die Gruppe, mit der man sich identifiziert, hat ersatzweise Großes geleistet. Dieses Glücksgefühl ist jedoch schal und hält meist nicht lange an. Es macht ungleich zufriedener, stolz auf etwas zu sein, woran man tatsächlich einen Anteil hat oder was man selbst geschaffen hat.

Zu Mitläufern erzogen

Eine Kollegin hat unter ihren Oberstufenschülern eine Umfrage gemacht: ob die Kids sich mehr Einfluss von den Eltern wünschen oder ob die Eltern sich eher raushalten sollen. Das Ergebnis hat sie selbst überrascht: »Etwa die Hälfte der Schüler wünschte sich mehr Einfluss durch die Eltern. Sie wollten stärker kontrolliert werden, weil dann die Noten besser würden.« Sie lachte unsicher, als sie mir das berichtete. »Stell dir mal vor, das hätte uns früher jemand gefragt, da wäre die Umfrage aber anders ausgefallen.«

Ich verstehe, dass meine Kollegin verblüfft war. Mich überraschte das Ergebnis weniger, vielleicht weil ich die Themen Selbstständigkeit und Verantwortung in der Arbeit mit meinen Schülern so sehr in den Vordergrund stelle.

Was aber würde geschehen, wenn wir dem Wunsch der

Kinder nach mehr Kontrolle nachgeben? Ich bin mir sicher: Wir würden in einer Gesellschaft unmündiger Bürger landen, in der alle hörig und angepasst sind und darauf warten, dass der Staat wie ein übermächtiger Vater oder eine Mutter alles für sie regelt.

Was es bedeutet, mündig zu sein, hat der Schriftsteller Günter Grass einmal für die Abschlussrede einer Abiturklasse in Berlin in Worte gefasst:

»Mündig, ein schönes, altdeutsches Wort. Es bedeutet: verantwortlich werden und also den Mund aufmachen. Als ich im Alter der hier versammelten Schülerinnen und Schüler war, herrschte Krieg. Und aufgewachsen unter der Zucht und ideologischen Prägung des Nationalsozialismus, standen wir unter Befehlsgewalt und lernten einen blinden Gehorsam, der für viele meiner Generation in den Tod führte.«

Um das zerbrechliche Gut der Demokratie zu wahren, hätte es, wie Grass betont, des mündigen Bürgers bedurft.

»Weit lebensnotwendiger für den Erhalt der Demokratie sind und bleiben (...) mündige Bürger, die jedem Lobbyisten, der den Bundestag belagert, das verfassungswidrige Handwerk legen: mündige Bürger, die endlich begreifen, dass sie laut Verfassung der Souverän des Staates sind, vor allem junge Menschen, die, weil es um ihre Zukunft geht, den Mund aufmachen und jenen Ruf wiederbeleben, der vor 20 Jahren mit der fordernden Behauptung ›Wir sind das Volk!‹ ein Zwangssystem hinwegfegte.«

Grass spricht hier von nichts Geringerem als dem Wert der Freiheit, wenn er sich auf die Courage der Montagsdemonstranten bezieht, die das Ende der DDR mit herbeigeführt haben. Leider erziehen wir Kinder heute nicht dazu, die Freiheit zu lieben und ihre Vorteile schätzen zu lernen, im Gegenteil. Ein natürliches Bedürfnis nach Freiheit kann nicht wachsen, wenn Kinder permanent fremdbestimmt sind – von der Schule wie von den Eltern.

Das ist letztlich ein großes Problem für unsere zukünftige Gesellschaft. Denn wer die Freiheit nicht kennen- und schätzen gelernt hat, der hält sie auch nicht für schützenswert.

Kinder sind heute – überspitzt gesagt – wie Katzen, die nur drinnen gehalten werden, sodass sie kaum eigene Erfahrungen mit der Welt sammeln. Dabei muss das Kind lebenstüchtig gemacht werden. Wer als Kind immer nur darauf hört, was er tun soll, und nie darüber reflektiert und sich eine eigene Meinung bildet, wer nie eigene Wege geht, der wird auch als Erwachsener passiv bleiben. Das heißt, sein Umfeld entscheidet weiter, was er tut und was er denkt.

Demokratie funktioniert aber nur mit aktiver Beteiligung der Bürger, die den Staat mitgestalten. Wir müssen also unsere Kinder und Jugendlichen zu solchen erziehen, wenn wir wollen, dass es in unserem Land eine lebendige und vielfältige Demokratie gibt. Die parlamentarische Demokratie, in der wir leben, sichert uns zu, dass die politischen Vertreter, die wir wählen, den Staat lenken. Alle Staatsgewalt geht vom Volke aus, steht im Grundgesetz, wenn auch indirekt. Dazu müssen wir aber die Möglichkeiten dieses freien Landes auch zu nutzen wissen.

Wenn wir die Kinder und Jugendlichen nicht zur Mündigkeit erziehen, dann schaffen wir eine Gesellschaft, die hörig und angepasst ist – so wie es Grass für seine Generation beschreibt. Solche jungen Menschen suchen eine starke Führung, sie möchten die Komplexität des Alltags verringern. Sie werden es immer anderen überlassen zu handeln, schließen sich denen an, die vorangehen und Schutz versprechen, so wie die Eltern das immer gemacht haben. Selbst zu denken und zu handeln, wird als mühevoll empfunden, fertige und mundgerechte Lösungen werden bevorzugt.

In Gesprächen mit meinen Schülern äußern diese mir gegenüber manchmal, dass sie Demokratie nicht für die beste Staatsform halten. Das erschreckt mich.

Ob diese Demokratieverdrossenheit abnehmen würde, wenn wir das Wahlrecht auf 16 Jahre herabsetzen, wie immer wieder debattiert wird? Fraglich, denn es ergibt aus meiner Sicht nur Sinn, wenn die Jugendlichen bis zu diesem Alter auch mündig sind, also Ahnung von den Vorgängen in der Welt und auf dem politischen Parkett haben, und fähig sind, eine eigene Meinung zu entwickeln, damit sie in der Wahlkabine rationale Entscheidungen treffen, statt ihrem durch die Medien geprägten Bauchgefühl nachzugeben.

Die Begeisterung für politische Beteiligung muss aus einer anderen Quelle stammen, und ich bin der festen Überzeugung, dass dies mit der Reife zu tun hat, die Jugendliche in diesem Alter besitzen. Sie müssen komplexe Prozesse einordnen können und Lust auf Selbstbestimmung entwickeln. Doch das ist nicht der Fall, im Gegenteil.

Bei der letzten Bundestagswahl waren 9,4 Millionen Wähler unter 30 stimmberechtigt, 3 Millionen davon waren Erstwähler. Eine nicht unbedeutende Wählergruppe – wenn die jungen Menschen ihr demokratisches Recht denn zu gebrauchen wissen. Doch das scheint immer weniger der Fall zu sein: Die Europäische Jugendstudie 2017 ergab, dass 27 Prozent der Befragten kein Vertrauen in die Politik haben, und im Jahr davor zeigte eine andere Studie, die im *Journal of Democracy* veröffentlicht wurde, dass nur rund 45 Prozent der nach 1980 geborenen Europäer die Demokratie als Staatsform wichtig und erstrebenswert finden. Nicht ohne Grund also erleben wir gerade eine Zeit, in der autoritäre Parteien Konjunktur haben.

Viele, auch junge Menschen, wählen diese Parteien vor allem aus Angst. Wenn wir verhindern wollen, dass diese Wählerschaft wächst, dann müssen wir die Angstspirale, die ich im ersten Kapitel beschrieben habe, stoppen. Wir dürfen nicht zulassen, dass alle versuchen, sich immer weiter abzusichern und jedes noch so geringe Risiko auszuschalten. Sonst leben wir eines Tages in einem Land, in dem wir aus Ängstlichkeit jeden Winkel per Überwachungskamera einsehbar gemacht haben, in dem an jeder Schule Metalldetektoren und Einlasskontrollen sind und Klassenfahrten schlicht nicht mehr stattfinden, weil Eltern und Lehrer sich davor scheuen, Schülerinnen und Schüler mitzunehmen – den Kindern könnte unterwegs in der Welt ja etwas zustoßen.

Wir dürfen diese Entwicklung vor allem deswegen nicht zulassen, weil sie totalitärem Gedankengut Tür und Tor öffnet. Wir selbst beschneiden uns unserer Selbstbestimmung, als Konsequenz werden dann unsere Rechte beschnitten. Wenn wir weitermachen wie bisher, geben wir autoritären Parteien mit gestrigen menschenfeindlichen Weltbildern die Möglichkeit, uns zu steuern, wie es ihnen beliebt. So entsteht ein Teufelskreis, aus dem es kein Zurück mehr gibt: Die Kinder der unsicheren Erwachsenen, die wir hervorbringen, werden später, wenn sie selbst Eltern sind, noch viel stärker nach Sicherheit suchen – und wiederum noch unsicherere Kinder aufziehen. Damit laufen sie noch größere Gefahr, jemandem zu folgen, der diese Sicherheit verspricht ...

Wenn wir junge Erwachsene durch unsere Erziehung nicht zu eigenständigem Denken befähigen, fallen sie eher auf diejenigen rein, die einfache Lösungen vorgaukeln. Populisten entwerfen eine Welt, die nur schwarz und weiß, böse und gut kennt, und sie bieten starke Feindbilder an. Da werden einmal »die Flüchtlinge« oder »der Islam« dämonisiert und der Glaube an die Übermacht des eigenen Herrschers beschworen, um Wähler zu gewinnen. Ich denke, dass diese Formen von Rassismus, denen wir in den Medien täglich begegnen, aus einem tiefen Bedürfnis nach Sicherheit entstehen. Einer Sicherheit, die Vaterfiguren wie Erdogan, Trump und Putin versprechen. Hier findet ein regelrechter Personenkult um diejenigen statt, die sich als Retter aufspielen und stark erscheinen. Sie bieten sich an, das vermeintlich Böse zu bekämpfen, das sie selbst im Wahlkampf als Zielscheibe ausgewählt haben.

Aus überbehüteten Kindern werden junge Erwachsene, denen es an kritischer Distanz mangelt, die für die Meinungsbildung notwendig ist. Sie suchen nach dem Fels in der Brandung, nach demjenigen, der ihnen sagt, wie es zu laufen hat. Kurz und gut nach einem Papa oder einer Mama, die das Böse – wie auch die Last der Verantwortung – fernhalten. Ob die autoritären Figuren diesen kindlichen Wunsch einlösen, ist dann letztendlich egal.

Geben wir unseren Kindern das Rüstzeug, mit dem sie gegen solche Rattenfänger gewappnet sind.

Es ist nicht nur gut für sie selbst, sondern für uns alle.

Wir brauchen mündige Bürger – machen wir sie uns

Demokratie und Gesellschaft leben von Verantwortung und von Partizipation. Wir müssen nicht die Parteien verbieten, die von Angst und Verunsicherung zehren und mit populären Lösungen auf Stimmenfang gehen, sondern wir müssen erreichen, dass die Menschen in unserer Gesellschaft kein Bedürfnis mehr nach solchen einfachen Lösungen haben; dass angeblich starke Führer wie Erdogan oder Trump verschmäht werden, weil mündige Bürger sie durchschauen.

Dazu müssen wir unsere Kinder mutig machen und ihnen Vertrauen schenken, damit sie sich zu selbstsicheren Menschen entwickeln können. Das bedeutet auch, dass wir uns mit unserer eigenen Angst auseinandersetzen müssen. Denn reißerische Lösungen gedeihen am besten in einem Klima der Angst. Sie verfangen am ehesten bei Menschen, die keine Veränderung wünschen und sich nach einem Früher sehnen, in dem die Welt vermeintlich einfach war. Es ist daher wichtiger denn je, uns weniger von unserer Angst leiten zu lassen denn vom Verstand.

Natürlich könnten wir das Erwachsenenalter einfach auf 21 heraufsetzen, da es sich ja um eine willkürliche Altersgrenze handelt, wie ich eingangs sagte. Wir könnten darauf hoffen, dass die jungen Erwachsenen in diesen drei Jahren von selbst reif werden. Wir können aber auch endlich damit beginnen, unseren Kindern bis zum 18. Lebensjahr ausreichend Freiräume und Gelegenheiten zu geben, um daran zu reifen. Wir können ihnen ein Gefühl der Selbstsicherheit vermitteln, damit meine ich das innere Gefühl, sicher zu sein. Wenn wir unseren Kindern immer wieder Vertrauen schenken und die Angst bekämpfen, die sich inzwischen in der Gesellschaft breitgemacht hat, dann profitieren sie davon. Sie werden frei, um eigenständige Entscheidungen zu treffen. Ganz nebenbei wird die Bindung zwischen Eltern und Kindern besser, wenn die Eltern ihren Nachwuchs auch mal ziehen lassen. Es ist dann eine Beziehung, die nicht auf Abhängigkeit basiert und in der das Kind nicht als elterlicher Lebenssinn in den Vordergrund gedrängt wird.

Aus meiner Schulpraxis und meinen Lehrmethoden habe ich für Sie einige Vorschläge zusammengestellt, wie dies gelingen kann. Sie betreffen das Elternhaus, das sich allzu gern darauf verlässt, die Schule möge ihnen die Erziehungsarbeit abnehmen und die Kinder frei und selbstbestimmt machen. Aber sie betreffen auch die Lehrtätigkeit an den Schulen. Meiner Ansicht nach geben zwar viele Schulen vor, die Kinder selbstständiger machen zu wollen, sie verändern das bestehende System dann aber nicht genügend. So entsteht dann höchstens eine Art Pseudoselbstständigkeit.

In ihrem Buch *Das große Los* erzählt Bestsellerautorin Meike Winnemuth davon, wie sie nach einem Gewinn in der Sendung *Wer wird Millionär* um die Welt fährt. In dem Kapitel, das beschreibt, wie es ihr in Shanghai ergeht, bedankt sie sich unter anderem bei ihren Eltern. Weil diese ihr den Raum gelassen haben, sich zu entwickeln, sie allein den weiten Weg zur Schule radeln, sie allein losziehen und die Umgebung erkunden ließen, und weil sie ihr nie das Gefühl gaben, besorgt zu sein. So konnte sie ihre Welt erleben und sich selbst austesten.

»Es war der größte Liebes- und Vertrauensbeweis, den ich mir wünschen konnte«, schreibt sie. »Ihr wart mein Rückenwind. Kann einem etwas Besseres passieren als Kind, als Teenager, als Erwachsene?«

Meike Winnemuth ist allein um die Welt gezogen. Sie denkt sich immer wieder neue Experimente aus, ist kreativ, macht »jede Menge merkwürdiges Zeug«, wie sie selbst sagt, sie ist erfinderisch, eine gestandene Frau. Und sie weiß, dass ihre Eltern die Grundlagen dafür gelegt haben – durch Vertrauen. Sie haben ihren Weg begleitet, statt ihn zu bestimmen.

Wer als Kind schon viel verreist, in Jugendgruppen aktiv ist, auf Ferienfreizeiten geht, mit vielen unterschiedlichen Menschen unterschiedlicher Kulturen zusammenkommt und lernt, Konflikte selbstständig zu lösen, sich zu integrieren, Kompromisse zu finden, aber auch mal eigene Wünsche einzufordern, der wird sicherlich viel für sein Leben mitnehmen.

Damit die kommende Generation mit 18 Jahren so mündig ist und für sich, andere und ihre Umwelt Verantwortung übernehmen kann, müssen wir jetzt etwas tun: Schicken wir die Schüler raus aus der Komfortzone und rein ins Abenteuer, in neue, ungewohnte Situationen.

Es ist an der Zeit, zu handeln.

Kapitel 5
Gebt den Kindern die Verantwortung zurück
Wie aus Kindern starke Erwachsene werden

Sage es mir, und ich werde es vergessen.
Zeige es mir, und ich werde es vielleicht behalten.
Lass es mich tun, und ich werde es können.
Konfuzius

Ein Nachmittag in Erfurt, Mitte der Achtziger. Es ist herrliches Sommerwetter, die Sonne strahlt. Nach der Schule habe ich mit meinen Freunden draußen herumgetollt. Wir haben an der Gera gespielt, uns mit Stöcken einen Schwertkampf geliefert, und jetzt stehen wir an der Straßenecke und beobachten die Leute, die gegenüber aus einem kleinen Einkaufsladen kommen. Wir warten auf eine ganz bestimmte Person: eine alte Dame, die bei einem meiner Freunde in der Straße wohnt. Es dauert eine Weile, doch als sie schließlich ins Freie tritt, stürmen wir über die Straße auf sie zu.

Wir sind alle im Alter zwischen acht und zehn, und vielleicht denken Sie, Sie wüssten, was wir im Schilde führen: der alten Frau die Einkäufe abluchsen, ihr einen ordentlichen Streich spielen. Eben das, was Lausebengel in dem Alter so aushecken.

Richtig? Nicht ganz.

Wir schnappen uns tatsächlich den Einkaufskorb der alten Dame. Allerdings nicht, um damit das Weite zu suchen, sondern um ihr die schwere Last abzunehmen und nach Hause zu tragen – so wie wir das öfters tun, wenn sie ihre

Besorgungen erledigt. Unterwegs unterhalten wir uns mit ihr, fragen, ob wir ihr sonst noch behilflich sein können.

Geld bekommen wir dafür nicht, höchstens mal ein wenig Schokolade, und das ist auch völlig in Ordnung, denn alles andere verstieße gegen unsere Ehre.

Wir sind nämlich ein Timur-Trupp.

Inspiriert hat uns das Kinderbuch *Timur und sein Trupp* des russischen Schriftstellers Arkadi Gaidar; wir lesen es in der Schule. Darin geht es um Timur Garajew, einen Teenager, der mit seinen Freunden in der Nachbarschaft alten Menschen und anderen Bedürftigen hilft. Sie machen das heimlich, verzichten also sogar auf ein simples Dankeschön. Sie wollen einfach etwas Gutes für die Gemeinschaft tun. Timur erlebt mit seinen Freunden dabei allerhand Abenteuer.

Wie viele meiner Generation, die in der DDR aufgewachsen sind, hat mich das Buch sofort in seinen Bann gezogen, und für meine Freunde und mich steht vollkommen außer Frage, dass wir es genauso machen wie unser Held Timur. Und so verbringen wir viele Nachmittage in unserer Kindheit damit, nach Gehbehinderten Ausschau zu halten, denen wir bei der Straßenüberquerung helfen können, wir schleppen Einkaufskörbe und versuchen, uns anderweitig nützlich zu machen.

Natürlich haben wir damals nicht verstanden, dass das Buch dazu dienen sollte, um in der Schule sozialistisches Gedankengut in unsere Kinderköpfe zu pflanzen. Das Werk war in der DDR das Vorbild für die »Timur-Bewegung«, die überall die gegenseitige Hilfe im Alltag verankern wollte. Hilfsbereiten Jungpionieren winkte sogar das Timur-Trupp-Abzeichen. Ich möchte mich hier aber nicht in Ostalgie ergehen. Mir geht es um etwas anderes.

Als Kind anderen Menschen zu helfen, mich um meine Umwelt, die Gemeinschaft zu sorgen, das hat mich geprägt. Später, als die DDR bereits Geschichte und ich 15 Jahre alt

war, bemerkte ich einmal, dass jemand an der Bushalte-
stelle die Fahrplanaushänge abgefackelt hatte. Es gab noch
keine Handys, und nun standen die Leute reihenweise ratlos an der Haltestelle und wussten nicht, wann welcher Bus
fährt. Ersatz von offizieller Seite ließ auf sich warten. Also
ging ich kurzerhand nach Hause, baute auf dem Computer
die Fahrpläne nach, druckte sie aus und klebte sie von innen mit Tesafilm an die Glaswand der Haltestelle. Und ein
bisschen Timur flammt auch heute immer mal wieder in
mir auf.

Die Art, wie meine Freunde und ich damals aufgewachsen
sind, repräsentiert für mich die optimale Geisteshaltung, mit
der Kinder durch die Welt gehen sollten: neugierig, frei,
hilfsbereit und unternehmungslustig.

Und dahin sollten wir unsere Kinder auch heute wieder
führen, wenn sie zu selbstbewussten Erwachsenen werden
sollen, die für sich und andere Verantwortung übernehmen.
Wir dürfen ihnen deshalb nicht beibringen: Die Welt ist
schlecht, seid skeptisch, seid auf der Hut und passt auf, dass
euch keiner übers Ohr haut. Vielmehr müsste es heißen:
Vertraut darauf, dass ihr euren Weg schon finden werdet.
Seid sozial, helft euren Freunden, lasst euch helfen und vor
allem: Kümmert euch um andere. Kümmert euch nicht nur
um euch selbst oder um euch Nahestehende, sondern auch
um Fremde und die Gesellschaft, in der ihr lebt. Habt den
Mut, Verantwortung zu übernehmen.

In den vorangegangenen Kapiteln habe ich viele Fälle aufge-
zeigt, in denen Eltern ihren Kindern aus Furcht um ihr Wohl
kein Vertrauen schenken und sie davon abhalten, zu solchen
verantwortungsvollen Erwachsenen zu werden – mit den
entsprechenden Konsequenzen für sie selbst, aber auch für
unsere Gesellschaft. Nun geht es mir umso mehr darum,
Mut zu machen, für eine Erziehung, die sich – und damit die
Kinder – genau davon frei macht.

In diesem Kapitel möchte ich beschreiben, wie Eltern und Lehrer es gemeinsam schaffen können, Kinder zu reifen Persönlichkeiten werden zu lassen. Dazu erinnere ich zunächst noch einmal an die Ziele, denen wir uns als Eltern, Lehrer und Erziehende gemeinsam verschreiben sollten:

Erziehung, an deren Ende verantwortungsbewusste junge Menschen stehen, führt zwangsläufig dazu, dass wir uns als Erwachsene überflüssig machen. Die Kinder müssen lernen, auf eigenen Füßen zu stehen.

1. Wesentliche Voraussetzungen, die nötig sind, damit jemand überhaupt Verantwortung übernehmen kann, sind: Zuverlässigkeit, Problemlösungskompetenz, Selbstständigkeit, Empathie, Kommunikations- und Konfliktfähigkeit sowie Eigeninitiative. Diese muss die Erziehung in Elternhaus und Schule trainieren.
2. Damit dies gelingt, müssen wir Eltern und Lehrer den Kindern Vertrauen schenken und ihnen die Freiheit geben, sich selbst auszuprobieren und die Welt zu erkunden. Das bedeutet nicht, sie verwahrlosen zu lassen oder sie gefährlichen Situationen auszuliefern. Wir müssen ihnen Verantwortung altersgerecht Schritt für Schritt übertragen. Kinder brauchen Räume im Alltag und in der Schule, in denen sie Verantwortung einüben können – und dort muss es auch Raum für Fehler geben. Wir sollten die Kinder neugierig auf unsere Welt machen und sie hinaus ins Leben schicken, damit sie sich und die Welt erfahren können.

Ich kann verstehen, dass Eltern eine gewisse Scheu haben, ihre Kinder in die Welt ziehen zu lassen und ihnen die Verantwortung zu geben – den natürlichen Beschützerinstinkt kann man eben nicht so leicht abschalten.

Diese Scheu möchte ich Ihnen nehmen. Natürlich kann ich keine Verantwortung dafür übernehmen, sollte Ihrem Kind beim Anwenden meiner Tipps etwas passieren. Sie haften als Eltern für die Konsequenzen der Freiheiten, die Sie ihm einräumen. Und letztlich können nur Sie selbst entscheiden, für welche Herausforderungen Ihr Kind schon reif genug ist. Ich möchte Ihnen jedoch Mut machen, das Experiment zu wagen. Im Folgenden führe ich die acht Punkte auf, die meiner Ansicht nach wesentlich sind, um Kinder zu verantwortungsvollen Erwachsenen zu machen. Viele der aufgeführten Praktiken dienen dabei nur beispielhaft für eine Fülle von Möglichkeiten. Lassen Sie sich davon inspirieren, entwickeln Sie auf Ihr Kind zugeschnittene Ideen – und lassen Sie sich überraschen, zu welch schier unglaublichen Dingen Kinder fähig sind, wenn man ihnen die Freiheit dafür gibt, und wie wertvoll die Erfahrungen sind, die sie, auf sich gestellt, in der Welt sammeln können.

1 Trauen wir unseren Kindern endlich wieder mehr zu

Die Regionalbahn rollt langsam in den Bahnhof ein und kommt mit quietschenden Bremsen zum Stehen. Es ist später Nachmittag, und wir sind endlich am Ziel: Lindau am Bodensee. Die Türen öffnen sich, und vor mir stürmen zwölf Kinder und Jugendliche auf den Bahnsteig, bepackt mit Rucksäcken, Zelten, Schlafsäcken und Proviant. Sie reden wild durcheinander, in ihren Augen liegt beinahe fiebrige Aufregung. Unser großes Abenteuer hat begonnen.
Wir sammeln uns auf dem Bahnhofsvorplatz. Der Teamkoordinator, ein 14-jähriger Junge aus meiner Informatik-AG, sorgt erst mal für Ruhe. Dann macht sich unser Karte-Kompass-Team, ein Mädchen und ein Junge, ans Werk. Ausgestattet mit Landkarte und Kompass, weisen sie uns den

Weg. Am Ufer des Bodensees entlang geht es durch ein paar kleinere Orte. Noch haben wir keine Unterkunft für die Nacht, deshalb machen wir bei verschiedenen Campingplätzen halt. Doch die sind alle zu teuer, entscheidet unser Kassenwart, 13 Jahre alt und aus der achten Klasse. Er verwaltet unser Reisebudget von knapp 800 Euro und führt es auch mit sich. Also zieht die Gruppe weiter. Ich begleite die Kinder gemeinsam mit einer Referendarin unserer Schule. Wir behalten die Kinder im Blick, mischen uns aber nicht ein.

Wenig später kommen wir an einem kleinen Badestrand vorbei, und die Kinder entschließen spontan, schwimmen zu gehen – nach dem langen schweißtreibenden Tag keine schlechte Idee. Während die einen im Wasser toben, packen ein paar andere am Strand den Proviant aus und richten schon mal das Abendessen her. Später sitzen wir zusammen im Sand und beobachten, wie die untergehende Sonne den Himmel in orangerotes Licht taucht; dann sieht es so aus, als würde sie im Bodensee versinken.

Wir ziehen weiter. Als wir im nächsten Ort ankommen, ist es 22 Uhr, fast stockdunkel und wir haben noch immer keine Bleibe. Die Kinder diskutieren, was nun zu tun ist: Die Zelte einfach am Wegesrand aufschlagen? Darf man das überhaupt? Lieber irgendwo klingeln und fragen, ob wir in der Garage schlafen dürfen?

Ich bin gespannt, wie sie das Problem lösen, und hoffe, dass ich in einem möglichst bequemen Nachtlager lande. Es ist nämlich noch ein weiter Weg bis zu unserem Endziel. Der Haik soll uns dieses Jahr nach Liechtenstein führen. Und das Schöne ist: Ich habe keine Ahnung, wie wir dort hinkommen. Die Kinder haben die Wanderung alleine geplant, die Verantwortung liegt also ganz in ihren Händen.

Alles fing vor vielen Jahren damit an, dass ich den Schülern meiner Informatik-AG an einem Nachmittag davon erzählte, wie ich selbst als Kind einen solchen Haik mit einer Jugendgruppe unternommen hatte. Es war eine längere Wanderung gewesen, bei der wir große Teile der Organisation selbst übernommen hatten. Meine Schüler lauschten der Erzählung wie gebannt. Und wollten so etwas anschließend unbedingt auch einmal machen.

Klar, könnte man wirklich machen, dachte ich mir, denn pädagogisch ist so etwas äußerst wertvoll. Andererseits war ich mit dem Unterricht und den diversen AGs nicht gerade unterbeschäftigt. Ich schob das Ansinnen daher auf die lange Bank. Doch die Schüler ließen nicht locker, wie Kinder eben sind, wenn sie sich etwas in den Kopf gesetzt haben. Sie bettelten mit solcher Inbrunst, dass ich schließlich nachgab.

Allerdings war ich der Meinung, dass sie sich mein Engagement erst mal verdienen mussten. Kinder bekommen heute in der Schule und von den Eltern vieles fertig vorgesetzt und müssen es nur noch konsumieren. Ich wollte, dass sie die Arbeit schätzen lernen, die sich andere für sie machen. Sie sollten sich den Haik deshalb erkämpfen. Wie, das war ihre Sache.

Die AG-Teilnehmer hatten verschiedene Ideen, entschieden sich aber schließlich für eine, die mir auch wieder etwas Vertrauen abverlangte. So kam es, dass sich an einem frühen Nachmittag, nach Ende der siebten Stunde, auf dem Lehrerparkplatz eine Traube von Schülern um mein neues Auto bildete und zur Tat schritt: Sie wuschen und polierten es nach allen Regeln der Kunst.

Ich war wirklich gerührt. Meine Kollegen weniger. Sie fragten mich, ob ich denn keine Angst hätte, dass die Kinder mir das Auto zerkratzten. Ich hob nur die Schultern – im schlimmsten Fall würde ich einfach mit ein paar Kratzern im Lack leben müssen. Doch die Schüler erledigten den Job hervorragend; mein Auto glänzte anschließend ohne die kleinste Macke im Lackkleid.

Und damit war im Grunde auch schon die Arbeitsteilung für den Haik gefestigt: Ich schenkte den Kindern mein Vertrauen. Sie übernahmen die Verantwortung und lieferten ein großartiges Ergebnis ab.

Inzwischen ist der Haik an unserer Schule eine feste Einrichtung. Die Kinder müssen mir nicht mehr das Auto waschen, um mitzumachen, doch sie müssen sich weiterhin Mühe geben und sich um die Teilnahme bewerben. In einem Brief oder einer E-Mail schreiben sie, warum sie dabei sein möchten, welche Fähigkeiten und Erfahrungen sie mitbringen und was sie lernen wollen. Es ist eben keine Pauschalreise, bei der sie einfach einer Reiseleitung hinterhertrotten können. Sie sollen das Projekt mit Energie und Leidenschaft angehen. Ich will das Feuer in ihnen wecken.

Die Vorbereitung auf den Haik dauert ein halbes Jahr. In dieser Zeit lernt sich die Gruppe kennen, und die Kinder eignen sich wichtige Fähigkeiten an, wenn sie diese noch nicht beherrschen: Zelte aufbauen, Karten lesen, mit dem Kompass umgehen, Kochen und vieles mehr. Am Ende hat jeder eine Aufgabe: Es gibt eine Gruppe, die Zelte besorgt, andere kümmern sich um den Proviant, kaufen die Zugfahrkarten und die Kinder, die die Route planen, organisieren Landkarten, und legen eine Strecke fest. Wir haben sogar einige Schüler, die losziehen und Sponsoren ansprechen, die unseren Lauf mit Spendengeldern unterstützen. Das Geld, das wir dadurch einnehmen, setzen wir nach dem Haik komplett für einen wohltätigen Zweck ein, zum Beispiel sammelten wir zuletzt für Obdachlose, im Jahr davor kamen die Gelder der internationalen Klasse mit Flüchtlingen an unserer Schule zugute. Um unseren Spendenlauf bekannter zu machen, hatte Jonah, gerade vierzehn geworden, die Idee, die Presse anzusprechen. Also zog der Junge los, knüpfte Kontakt zu Zeitungen, Radiostationen und Fernsehsendern, verschaffte uns tatsächlich einige Interviews und organisierte mit Zeitung, Radio und regionalem TV eine Presse-konferenz an unserer Schule. Plötzlich war unser Haik in aller Munde, die Spendengelder flossen wie nie zuvor.

Die Teilnehmer machen all diese Sachen schon in der Vor-bereitungsphase selbstständig. Ich gebe lediglich Anregungen, wenn es irgendwo mal klemmt, wobei das wirklich nur Denkanstöße sind. Was ich nie tue, ist, die Probleme einfach für die Kinder zu lösen. Denn am Ende muss ich mich darauf verlassen können, dass sie auf dem Haik alleine klarkommen. Würde ich ihnen im Vorfeld Sachen abnehmen, könnte das dazu führen, dass sie ihre Verantwortung nicht ernst genug nehmen. Meine Aufgabe besteht praktisch darin, mich selbst überflüssig zu machen.

Wenn wir uns dann am Stichtag am Bahnhof versammeln und zum Haik aufbrechen, sind die Kinder meine Reise-leitung, nicht umgekehrt. Ich kenne unser Endziel, aber wie wir dorthin gelangen, welche Züge wir nehmen, welche Stre-cke wir laufen, wo wir übernachten, was wir essen – all das liegt in der Hand der Kinder. Ich verlasse mich auf sie, und bislang bin ich nie enttäuscht worden.

Klar, wir stehen immer wieder vor schwierigen Heraus-forderungen, müssen uns in der Fremde durchschlagen, Probleme lösen, mit denen niemand gerechnet hat. Aber das macht ja den Reiz der Unternehmung aus.

So ist es auch bei unserem Haik am Bodensee, bei dem die Suche nach der Unterkunft gleich am ersten Tag zu einer großen Hürde wird.

Kaputt und müde schleppen wir uns auf der Suche nach einer Übernachtungsmöglichkeit durch den Ort und ma-chen schließlich Rast an einem Brunnen, um etwas zu essen und zu trinken. Da entdeckt eines der Kinder eine kleine Pension. Eine Dreiergruppe zieht los, um zu schauen, ob dort etwas frei ist und ob wir die Kosten mit unserem Budget vereinbaren können.

Nach fünf Minuten kommen sie zurück. Völlig verstört. Sogar der älteste Teilnehmer, ein 15-jähriger Oberstufenschüler, wirkt unsicher.

»Der Laden ist uns nicht geheuer«, sagt er. »Da drin ist eine alte Frau. Sie hat zwar gesagt, dass wir bleiben können, aber sie verhält sich so seltsam. Sie guckt so komisch und ist irgendwie … total gruselig. Da sind wir gleich wieder gegangen.«

Nein, in der Spuk-Pension, da sind sich die drei einig, können wir unmöglich übernachten, und auch allen anderen ist das Haus plötzlich unheimlich.

Das weckt hingegen meine Neugier. Und so leicht lasse ich die Kinder auch nicht aufgeben.

»Gucken wir mal«, sage ich und stiefele mit der ganzen Gruppe zur Pension.

Sie befindet sich in einem alten, umgebauten Bauernhof. Über dem Eingang hängt eine gusseiserne Laterne, deren funzelige Glühbirne nur spärliches Licht spendet. Ich brauche einen Moment, um den handgeschriebenen Zettel zu entziffern, der an der Tür hängt: »Bitte Hintereingang benutzen«, steht dort.

Wir schleichen durch den stockfinsteren Innenhof. Zum Glück haben wir Taschenlampen dabei. Die hintere Eingangstür ist nur angelehnt. Wir schieben uns hindurch und finden uns in einem schmalen Flur wieder. Eine offene Tür gibt den Blick in eine geräumige, aber leicht schäbige Küche frei, wo eine alte Frau in einer Kittelschürze vornübergebeugt am Küchentisch steht. Sie ist klein, ihre Haut ist runzlig, und sie hat einen leichten Buckel. Und sie murmelt vor sich hin.

Ja, ist schon ein bisschen skurril hier, da haben die Kinder nicht ganz unrecht. Der Oberstufenschüler deutet stillschweigend zu der alten Frau, deren Selbstgespräch er wohl als endgültigen Beweis dafür erachtet, dass sie verrückt ist.

Ich blicke mich genauer um. Dabei fällt mein Blick auf einen quadratischen Kasten mit einem großen roten Knopf. Den kenne ich, meine Großmutter hatte so einen. Es ist »Der Knopf für alle Fälle«, der Hausnotruf der Johanniter. Mit einem Schlag wird mir die Situation klar. Ich dränge mich dichter an die Tür, um die alte Frau noch mal aus einem anderen Winkel in Augenschein zu nehmen. Als ich sehe, was sie da wirklich macht, muss ich innerlich lachen. Die späte Stunde, das schummrige Licht, die lange Reise und die Müdigkeit haben uns einen gehörigen Streich gespielt.

Ich sage dem Oberstufenschüler, dass er zu der Frau reingehen und ihr sagen soll, dass wir gerne bei ihr übernachten. Der Junge schaut mich perplex an. Ich knuffe ihn in die Seite, und er setzt sich etwas widerwillig in Bewegung.

Als er die alte Frau anspricht, wendet sie sich ihm mit einem Lächeln zu. In dem Moment kann er sehen, was vor ihr auf dem Küchentisch liegt: ein mobiles Telefon. Er grinst.

Die alte Dame unterhält sich mit ihrer Tochter über Lautsprecher.

Sie beendet das Gespräch sofort und redet auf den Jungen ein. Da sie einen seltsamen Dialekt spricht und ihr auch ein paar Zähne fehlen, ist sie ein wenig schwer zu verstehen. Aber sie ist freundlich und freut sich, dass wir zurückgekommen sind. Wir dürfen bleiben – ohne etwas zahlen zu müssen.

Sie führt uns die Treppe hinauf, um uns die Übernachtungsmöglichkeiten zu zeigen. Wir bekommen nicht, wie erwartet, einen Schlafsaal für alle, sondern gleich eine ganze Etage für uns allein, mit Doppelzimmern, reichlich Platz und Duschen, was uns verschwitzte Wanderer sehr freut.

Nachdem sich alle eingerichtet haben, reflektieren die Kinder untereinander zum Ausklang noch kurz die Erfahrungen dieses Tages. Vor allem meinen drei Kundschaftern ist es inzwischen reichlich peinlich, dass sie sich vor der alten Frau gefürchtet haben – aber auch allen anderen ist nun klar, dass sie sich eher von äußeren Eindrücken und Vorurteilen haben treiben lassen.

Geschichten wie diese erlebe ich auf dem Haik oft. Denn der Ausflug in die Fremde fördert bei den Kindern immer wieder zwei elementare Einsichten zutage. Die erste ist, dass sie allein und auf sich selbst gestellt eine ganze Menge erreichen können, wenn man ihnen vertraut und sie die Verantwortung selbst tragen dürfen. Die zweite: Man braucht keine Angst vor der Welt zu haben. Statt voller Monster ist sie voller Möglichkeiten und – von Ausnahmen abgesehen – voller netter Menschen.

Und was bedeutet das für die Erziehung?

Ganz einfach: Lassen wir unsere Kinder in die Welt ziehen, nehmen wir ihnen die Furcht vor dem Fremden.

Jemand, der im Leben – möglichst früh – positive Erfahrungen mit neuen Situationen gemacht hat, wird später ganz anders mit Ungewohntem umgehen als jemand, der sich in seiner Kindheit und Jugend selten auf Neues eingelassen hat. Und da uns das Leben eigentlich ständig mit Unbekanntem konfrontiert, kann das nur eines heißen: Holen wir die Kinder raus aus der Komfortzone, geben wir ihnen einen liebevollen Schubs hinein ins Abenteuer Leben.

Das ist sicherlich nicht in jedem Fall ohne Aufwand möglich, aber es geht ja nicht gleich darum, dass Sie mit Kind und Kegel einen Haik organisieren – wobei das sicher auch für Sie ein großartiges Erlebnis wäre. Es gibt als Erziehende jede Menge anderer Gelegenheiten, die Kinder auf die richtige Spur zu setzen, ihnen Verantwortung zu übertragen und sie hinaus in die Welt zu entlassen. Und das Schöne ist: Sie brauchen die Kinder noch nicht einmal dazu zu zwingen – sie werden es von selbst einfordern. Wir müssen ihnen nur die Freiheit schenken und auf sie vertrauen.

2 Lassen wir Kinder wieder Kinder sein

Erinnern Sie sich noch an alte Kinderserien und -filme aus den Sechziger- und Siebzigerjahren, wie *Die Lümmel von der ersten Bank*, *Krempoli – Ein Platz für wilde Kinder*, *Rappelkiste* oder *Krieg der Knöpfe*? Darin gab es noch eine abenteuerliche Kinderwelt zu sehen: Kinder, die draußen herumtoben, mit Fahrrädern zum See fahren und reinspringen, sich ein Baumhaus oder ein Floß bauen, Streiche spielen, Banden bilden, miteinander rangeln und sich selbst Regeln aufstellen. Ein herrliches Leben. Natürlich waren das alles fiktive Geschichten, allerdings kannten wir diese Welt auch aus eigener Erfahrung – die Filme spiegelten unser Erleben wider. Kinder durften darin noch Kinder sein.

Die tägliche Lebenswelt heutiger Kinder und Jugendlicher sieht völlig anders aus. Schon Erst- und Zweitklässler verbringen bis zu fünf Stunden jeden Tag im Unterricht. Sie sollen still sitzen und aufpassen. Danach verbleiben die meisten Grundschüler in Ganztagseinrichtungen, essen gemeinsam zu Mittag, machen Hausaufgaben und besuchen AGs. Auch an vielen weiterführenden Schulen gehört die Nachmittagsbetreuung in den unteren Klassen inzwischen zum Standardprogramm.

Die Kinder verbringen weite Teile des Tages mit Sitzen und Lernen, und wenn sie mal an die frische Luft kommen, dann allenfalls auf den umzäunten, abgesicherten Schulspielplatz. Zu Hause geht es für viele am späten Nachmittag dann mit Lernen weiter, weil die Eltern ein Auge auf die Hausaufgaben haben, um den Nachwuchs zum fleißigen Üben anzutreiben. Viele ältere Kinder, die nie erfahren haben, wie es ist, in freier Wildbahn herumzutollen, verbringen den spärlichen Rest ihrer Nachmittage dann mit Computerspielen oder dem Handy.

Diese Welt ist farblos, allein auf Leistung und Sicherheit

getrimmt. So sollte die normale Lebenswelt von Kindern und Jugendlichen nicht aussehen! Natürlich war früher nicht alles besser – auch damals existierte schon ein Schulsystem, das mit Notendruck und Frontalunterricht nicht wirklich auf Kinder zugeschnitten war. Doch dafür gab es zumindest nachmittags nach der Schule noch eine Welt, die Kinder selbst gestalten konnten.

Versetzen wir uns doch einmal in die Perspektive der Kinder. Statt Fantasie erfordert das nur etwas Erinnerungsvermögen, schließlich waren wir alle selbst einmal jung. Was hätten Sie als Kind wohl getan, wenn Sie den ganzen Tag eingesperrt, umhegt und umsorgt worden wären? Wenn Sie mit unzähligen Regeln belegt worden wären, dazu dressiert, immer ruhig sitzen zu bleiben, alles über sich ergehen zu lassen, immer eifrig zu lernen und dann noch in einem Verein zu trainieren?

Und nun übertragen auf unsere Kinder heute: Was würden die Kinder wohl tun, wenn wir ihnen einfach wieder ein bisschen Leine ließen oder die Leine auch mal ganz wegnehmen würden?

Ich bin mir ziemlich sicher: Wir würden fröhlichere, gelöstere, freiere Kinder erleben. Vielleicht würde uns so klar werden, was Kindheit wirklich bedeutet und wie die Welt unserer Kinder aussehen könnte.

An dieser Stelle möchte ich ein mögliches Missverständnis ausräumen: Der Titel meines Buches ist »Gebt den Kindern die Verantwortung zurück« – das könnte auch heißen, dass ich die Kinder noch mehr in die Pflicht nehmen, sie noch mehr pauken lassen und noch früher in die Berufswelt hineindrängen will – und dass ich sie damit komplett ihrer Kindheit beraube.

Nein. Das genaue Gegenteil ist meine Absicht.

Die Verantwortung, die ich meine und die ich den Kindern geben möchte, ist die Verantwortung, ihre Freizeit wieder selbst gestalten zu können. Die Verantwortung, auch mal länger draußen zu bleiben und selbstständig zur vereinbarten Zeit zurückzukommen; durch Gärten zu jagen, den Wald zu erkunden oder spannende Ecken in der Stadt zu entdecken und ohne Hilfe von Erwachsenen die eigenen Möglichkeiten und etwaige Gefahren einschätzen zu lernen.

Ich möchte Kindern gerne wieder mehr von ihrer eigentlichen Lebenswelt schenken. Und ich lade Sie als Eltern dazu ein, diesen Weg mit mir zu gehen. Ich bin überzeugt, dass Kinder, die in der Kindheit draußen toben und selbstständig die Welt erkunden dürfen, später wesentlich leichter komplexe Aufgaben und ungewohnte Situationen bewältigen. Wir bereiten sie damit besser auf das Erwachsenenleben und die Berufswelt vor, als wenn wir sie immer noch mehr pauken lassen.

Beginnen wir damit, dass wir Kindern wieder Freiräume schaffen, in denen sie sich ausprobieren und ihre Umwelt erkunden können. Kinder haben von Natur aus einen starken Bewegungsdrang, und den sollten wir nicht bremsen. Ich erlebe das als Lehrer jeden Tag: Nach nicht einmal der Hälfte einer Stunde werden die Schüler hippelig und wollen nicht länger sitzen bleiben. Wenn man konzentriert einen Stoff vermitteln will, kann das nerven. Trotzdem sind die Kinder im Recht – Bewegung ist sehr wichtig für sie und ihrer Ausgeglichenheit zuträglicher als das viele Stillsitzen. Wir sollten Kinder nicht länger einschränken, aus Furcht, ihnen könnte etwas zustoßen. Für sich Verantwortung zu übernehmen heißt, bewusst Risiken einzugehen und aus den eigenen Erfahrungen lernen zu dürfen. Natürlich müssen Eltern ihre Kinder vor schlimmeren Schäden bewahren und eingreifen, sollte es einmal wirklich gefährlich werden. Wie schon erklärt, greifen aber viele Eltern viel zu früh und viel zu oft ein und bewahren die Kinder so vor wichtigen Erfahrungen.

Kinder springen gerne in Pfützen, sie klettern auf Bäume, sie fahren auf der Kirmes mit der Achterbahn. Sie tun das, weil sie sich und die Welt erleben wollen. Sie wollen erfahren: Was passiert da? Was fühle ich? Was macht das mit mir?

Springt man in eine Pfütze, spritzt Wasser hoch, man bekommt nasse Füße. Von unten sieht ein Baum vielleicht wenig Respekt einflößend aus, mit jedem Ast, den man hochklettert, ändert sich das jedoch, je weiter man oben ist, umso weiter ist auch der Boden plötzlich weg, vielleicht wird einem etwas schwindlig, oder man bekommt Respekt vor der Höhe. Und beim Achterbahnfahren kitzelt es komisch im Bauch. Wenn auf einer normalen Spazierroute mal ein kleiner Hügel liegt, wählen die wenigsten Kinder den einfachen Weg und gehen drum herum. Stattdessen laufen sie hinauf, weil es eine andere Belastung, eine Herausforderung ist und weil sie neugierig sind, was man von dort oben sieht.

All das sind Gefühle, Erfahrungen und Eindrücke, die völlig neu für Kinder sind, die sie erst noch sammeln müssen. Wir Erwachsene kennen die Welt schon besser, zumindest in diesem elementaren Bereich. Wir haben diese Erfahrungen bereits gemacht, unser Bedarf ist gedeckt.

Natürlich gibt es immer Dinge, die man besser nicht tut. Doch solange sie keine echte Gefahr darstellen, sollen die Kinder das selbst herausfinden. Und auch wenn Sie Angst haben, dass sich Ihr Nachwuchs im Wald verlaufen könnte: Verbieten Sie den Kindern deshalb dennoch nicht, dort zu spielen. Erklären Sie ihnen lieber die Wege, geben Sie ihnen eine Karte in die Hand, stecken Sie gemeinsam ein Gebiet ab, in dem die Kinder sich gefahrlos aufhalten können, und erklären Sie ihnen, was zu tun ist, falls sie doch einmal die Orientierung verlieren. So werden Kinder unabhängig und können lernen, selbst die Verantwortung zu tragen.

Das funktioniert übrigens schon im Kleinkindalter sehr gut. Meine Freundin Sarah ist Mutter von drei Kindern und hat ihre Kleinen immer viel alleine draußen spielen lassen. Sie wohnt in einer ruhigen Gegend in der Stadt, in einer verkehrsberuhigten Straße. Trotz des Tempolimits sind dort aber natürlich immer noch Autos, Motorräder und Fahrräder unterwegs. Ihre Älteste hat sie schon mit drei Jahren unbeaufsichtigt draußen spielen lassen. Sie wandte einen recht simplen Trick an: Sie zog mit Kreide eine Linie auf dem Asphalt, damit die Kleine wusste, bis wohin sie gehen darf. Sie selbst war die ganze Zeit im Haus, also für das Kind jederzeit zu erreichen. Mit der Zeit hat sie dann die Kreidelinie immer weitergezogen und den Bewegungsradius vergrößert. Wie viel Freiheit man seinem Kind zugestehen kann, hängt natürlich immer von der individuellen Wohnsituation ab. An einer stark befahrenen Hauptstraße wird man ein Kleinkind nicht so einfach vor der Tür spielen lassen können, doch vielleicht gibt es andere Freiräume, die man dem Kind zugestehen kann.

Meine Freundin hat jedenfalls Vertrauen in ihr Kind gesetzt, dass es die Linie respektiert, die sie ihm gesetzt hat, und sie ist nicht enttäuscht worden. Das Ergebnis, nachdem sie dieses Verfahren auch bei ihren beiden anderen Sprösslingen angewandt hat: Es ist heute für ihre Kinder selbstverständlich, den Schulweg alleine zurückzulegen. Sie kennen sich in der Stadt aus, wissen Risiken gut einzuschätzen, sind selbstständig, und meine Freundin kann sich auf sie verlassen.

Kinder brauchen einen ausreichend großen Aktionsraum. Was nicht notwendigerweise dazu zählt, sind Vereine. Wir wissen natürlich, dass Bewegung für Kinder gut ist, weshalb wir sie gerne zum Sport schicken. Und ich habe auch grundsätzlich nichts gegen Vereine, weil die Kinder dort ebenfalls etwas lernen.

Das Problem entsteht, wenn der Bewegungsraum der Kinder sich neben der Schule nur auf ein solches von Erwachsenen organisiertes Umfeld beschränkt. Denn in einem Verein bewegen sie sich nur nach Regeln. Es ist alles genormt und vorgegeben – ein Erlebnis mit Beschränkungen. Hier gibt es keine Wurzel, über die man unversehens stolpern oder an der man sich festhalten kann, wenn man irgendwo herumklettert.

Die Begeisterungskurve vieler Kinder verläuft daher häufig ähnlich: nach einer Weile steil nach unten. Anfangs sind Neugierde und Motivation noch groß. Auf dem Schwebebalken balancieren, Trampolin springen, über einen Parcours mit Bänken und Seilen klettern und an den Ringen schwingen – das alles ist erst mal neu, interessant, macht Spaß und will ausprobiert werden. Doch irgendwann beginnt das Ganze sich zu wiederholen. Es sind immer die gleichen Geräte, die Abläufe sind auch bekannt. Für das Vereinstraining, bei dem es um das Einüben und Verbessern bestimmter Fertigkeiten geht, machen Wiederholungen und eine gewisse Routine Sinn. Für die Entwicklung eines Kindes wäre es aber wichtiger, in Situationen zu geraten, in denen es sich ständig neu ausprobieren kann und mit ungewohnten Dingen konfrontiert wird.

Und es gibt noch eine Einschränkung in Vereinen: Dort existieren bereits Regeln. Nichts gegen Regeln. Sie sind wichtig, und ohne sie wäre kaum eine Sportart vernünftig auszuüben. Außerdem müssen Kinder auch Regeln kennenlernen und lernen, sich an diese zu halten. In Vereinen, in der Schule, im Elternhaus sind Regeln sinnvoll, keine Frage. Spannender ist es für Kinder aber, wenn sie diese selbst gestalten. Um eine Sache wirklich zu durchdringen, ist es am besten, praktische Erfahrungen zu machen. Beispielsweise zu sehen, wenn sich jemand wehtut, und daraufhin einschränkende Regeln zu vereinbaren – also bei einer Entscheidung Empathie walten zu lassen –, das kann am besten draußen im freien Spiel geschehen. Denn nur dort ist nichts vorgegeben außer den natürlichen Grenzen. Für Kinder ist das ein Wagnis, das ihnen selbst gehört – ein ganz eigenes Risiko. Sie verstehen so überhaupt erst, warum es sinnvoll ist, Regeln aufzustellen.

Dazu zunächst ein Negativbeispiel: Im starren Regelkorsett des Sports und der Vereine gehen der Sinn von Regeln und echte Empathie oft verloren. Das beste Beispiel ist für mich immer wieder die Elfmeterregel im Fußball. Ein Strafstoß vom Elfmeterpunkt wird gepfiffen, wenn ein Verteidiger einen Stürmer im Strafraum foult. (Für alle Fußballasketen: Der Strafraum ist die große weiße, rechteckige Linie um das Tor herum.)

Die Elfmeterregel hat einen Sinn. Taucht ein gegnerischer Stürmer im Strafraum vor dem Tor auf, ist die Torgefahr am höchsten, weil er aus nächster Nähe schießen kann. Die Chance ist also recht hoch, dass ein Verteidiger beherzt und mit vollem Einsatz einsteigt, um genau dies zu verhindern. Legt er zu viel Verve in die Grätsche, kann er den Stürmer übel verletzen. Es geht also darum, die Spieler im Umgang miteinander zu disziplinieren und Verletzungen vorzubeugen. Was letztendlich mit Empathie zu tun hat.

In der Realität wird die Regel leider oft ad absurdum geführt. Jeder Fußballfan kennt inzwischen wohl die Redewendung »einen Elfer rausholen«. Sie bedeutet konkret: Sieht ein Stürmer keine Chance, ein Tor zu machen, läuft er im Strafraum so, dass er möglichst gefoult wird und einen Elfmeter bekommt. Damit das klappt, sucht er den direkten Körperkontakt zum Mitspieler, fällt bei der kleinsten Berührung und bietet dann, am Boden liegend, sein ganzes Schauspieltalent auf, indem er so tut, als hätte er sich schrecklich wehgetan.

Die Logik hinter der Regel ist klar. Doch was man daraus lernt, ist eher, das System zugunsten des eigenen Vorteils zu verbiegen – nicht, den Grund für die Regel zu würdigen. In der Folge geht auch die Empathie verloren: Keiner sieht mehr genau hin, ob sich der Gefoulte wehgetan oder gar ernsthaft verletzt hat, weil alle davon ausgehen, dass er ohnehin nur eine Show abzieht. Statt sich um einen Spieler zu kümmern, den man zu Fall gebracht hat, gilt es als wichtiger, das Spiel aufrechtzuerhalten, dabei ist das außerhalb von Profispielen eigentlich nicht notwendig.

Statt dass sie in Vereinen lernen, wie sie die Regeln möglichst korrekt anwenden, ist es mir daher tausendmal lieber, wenn Kinder draußen ihre eigenen Spiele erfinden. Wenn sie zum Beispiel im Garten mit Stöcken Schwertkampf spielen, was Eltern Kindern ab vier Jahren durchaus zugestehen sollten. Sie lernen dabei zunächst einmal, das Risiko abzuschätzen, das sie eingehen: Man kann eins auf die Finger bekommen, wenn man mit Stöcken aufeinander losgeht. Man würde als Erwachsener meinen, dass das von vornherein einleuchtet, aber diese Erfahrung will auch erst einmal gemacht werden. Dann geschieht meistens Folgendes: Üblicherweise schlägt irgendwann ein Kind einem anderen den Stock ins Gesicht. Etwas Schlimmes passiert dabei, abgesehen von einer Schramme oder einer Beule, meistens nicht. Klar, es tut weh – ist aber auch sehr lehrreich. Denn die Kinder stellen nach einem solchen Erlebnis eigene Regeln auf. Sie vereinbaren zum Beispiel, dass man nicht auf Kopfhöhe schlagen darf, oder verabreden ein Stopp-Signal, wenn es einem von ihnen zu wild wird. Sie schaffen die Regeln also selbst, statt sie nur übergestülpt zu bekommen. Deren Sinnhaftigkeit leuchtet ihnen damit überhaupt erst richtig ein, weil ihre Empathie gefragt ist – weshalb das eigene Erfinden von Regeln eben auch das Einfühlungsvermögen für andere schult.

Wenn unsere Kinder diese Gesetze nicht selbst ausloten, sondern in einer Welt leben, in der alles durchreglementiert ist, hinterfragen sie diese Regeln gar nicht erst. Dies tun übrigens auch viele Erwachsene, die die Regeln und Gesetze unserer Gesellschaft gerne zu ihren Gunsten verdrehen oder komplett missachten, weil ihnen augenscheinlich nicht klar ist, dass diese einst aus einem guten Grund erschaffen wurden. Es ist also wichtig, dass Kinder ein Gespür dafür entwickeln, wozu es Regeln gibt, wenn wir sie irgendwann als junge Erwachsene auf die Welt loslassen wollen.

Das bedeutet auch, dass Eltern sich nicht sofort einmischen sollten, wenn Kinder Streit haben – lassen wir ihnen lieber die Freiheit, diesen auf ihre Weise auszutragen. Kinder müssen lernen, mit Konflikten umzugehen, gemeinsam Lösungen zu finden und auch Kompromisse einzugehen. Und selbst wenn ihre Kinder zu ihnen kommen, sollten Eltern nur eingreifen, wenn es gar nicht anders geht. Besser ist es, die Kinder dazu zu ermuntern, selbst nach einem Ausweg aus der Situation zu suchen. Und meistens vertragen sie sich schneller als gedacht wieder.

Das Gleiche gilt übrigens, wenn Kinder quengeln, weil ihnen langweilig ist. Eltern sind keine Entertainer. Es ist kontraproduktiv, wenn sie ihren Kindern sofort eine Spielmöglichkeit vorschlagen oder sie aus Not vor den Fernseher oder Computer setzen – was nicht heißt, dass man das nicht auch mal machen darf, ebenso wie gemeinsame Brett- oder Kartenspiele ein schönes Ritual sein können. Es sollte nur nicht permanent so sein. Eltern sind nicht der Pausenclown ihrer Kinder und brauchen sie nicht ständig zu bespaßen. Wenn Kindern langweilig ist: Sollen sie sich langweilen. Langeweile ist gut, das Gehirn ist im Leerlauf oft am erfinderischsten – vor allem, um den Zustand zu beenden. Denn niemand hält Langeweile lange aus, Kinder schon gar nicht. Also werden sie kreativ und überlegen sich, was sie tun könnten. Und meistens fällt ihnen über kurz oder lang auch etwas ein, was dann umso mehr Spaß macht. Das passiert aber nur, wenn sie auch die Möglichkeit haben, unbeobachtet zu sein, mal ohne elterliche Anleitung zu spielen, sich alleine mit

Freunden zu treffen oder, wenn sie älter sind, mit Bus oder Bahn an andere Orte zu gelangen.

Es ist also im Zweifelsfall ganz gut, wenn Eltern nicht in jeder Lebenslage der Rettungsschirm sind. Kinder sollen Freiheit haben, und dazu gehört eben auch die Freiheit, unbetreut Zeit zu verbringen. Wichtig ist, dass Kinder auch lernen, selbst die Kontrolle über ihre Zeit zu übernehmen, sprich: Sie sollten verstehen, wie man seine Termine plant.

Das Kinderleben ist in terminlicher Hinsicht heute längst nicht mehr so simpel wie früher. In meiner Kindheit konnte man sich ab spätestens drei Uhr, wenn alle mit den Hausaufgaben fertig waren, getrost zum Spielen verabreden, oder wonach auch immer einem der Sinn stand.

Heute ist die Lage komplizierter. Viele Kinder gehen in Offene Ganztagsschulen, sind also bis nachmittags in der Schule gebunden. Und so ziemlich jeder hat ein, wenn nicht gar mehrere Hobbys, die seine Nachmittage ausfüllen. Deshalb ist es für Kinder gar nicht mehr so leicht zu wissen, wann sie Zeit für eine Verabredung haben, und schon gar nicht, wann ihre Freunde dafür zur Verfügung stehen. Es ist deshalb inzwischen Usus, dass Kinder sich nicht mehr untereinander verabreden, sondern von ihren Eltern verabredet werden.

»Das ist ja die Hölle!«, schreit es in mir, wenn ich mir diese Lage vor Augen führe. Das klingt zwar überspitzt, doch genau das empfinde ich. Die Kinder entwickeln so kein Zeitgefühl und lernen nicht, den Überblick über Termine zu behalten. Wenn es um die Vorbereitung unseres Haiks geht, treffen wir uns an einigen Wochenenden, um bestimmte Dinge zu üben: den Zeltaufbau, das Kompasswandern oder das Kartenlesen. Die Terminfindung ist dann, vorsichtig ausgedrückt, komplex, weil selbst 13- oder 14-jährige Schüler oft überhaupt nicht wissen, ob sie an bestimmten Tagen Zeit haben. Sie führen keine Terminkalender, weil Mama oder Papa das üblicherweise alles für sie im Blick haben, und die

Schüler müssen oft erst die Erlaubnis einholen, ob sie an einer Nachmittagsveranstaltung teilnehmen dürfen. Dies müsste aus meiner Sicht jedoch schon jeder Sechsjährige entscheiden können.

Wie es besser gehen kann, hat sich einer meiner Freunde überlegt. Seine Tochter ist sieben, geht zur Grundschule und bleibt jeden Tag bis 15 Uhr in der Nachmittagsbetreuung. Nun entwickelte das Kind den Wunsch, sich selbstständig in der Schule mit seinen Freundinnen und Freunden zu verabreden. Das jedoch führte im Haushalt meines Freundes zu Unmut: Seine Tochter verabredete sich einige Male in der Schule, um dann herauszufinden, dass zu Hause bereits Termine anstanden, von denen sie nichts gewusst hatte. Sie ging dann dazu über, bei Verabredungswünschen zuerst ihre Eltern, also meinen Freund oder seine Frau, zu fragen. Das familiäre Terminchaos ging dann einige Male so weit, dass ein Elternteil einer Verabredung zustimmte, nur um herauszufinden, dass der andere Elternteil schon einen Termin zur selben Zeit für die Tochter vereinbart hatte. Am Ende waren alle von der mangelhaften Planung gleichermaßen genervt.

Mein Freund dachte sich eine ebenso einfache wie billige Lösung aus. Er kaufte für ein paar Euro eine kleine beschreibbare Magnettafel und machte daraus einen Familienplaner. Er malte einen Wochenplan darauf und teilte die Tage für seine Tochter in zwei Teile: vormittags Schule und ab dem Ende der Nachmittagsbetreuung frei.

Die grundsätzliche Regel lautet: Solange die Hausaufgaben gemacht sind, gehören die Nachmittage dem Kind. Es kann frei entscheiden, was es mit seiner Zeit anfängt. Die Eltern tragen in den Planer lediglich Termine ein, die einer Verabredung wirklich entgegenstehen, wie zum Beispiel einen Arztbesuch. Die Tochter schreibt ihrerseits hin, wo sie an dem jeweiligen Nachmittag ist, wenn sie sich verabredet hat.

Es dauerte keine zwei Tage, bis das Kind begriffen hatte, wie das System funktioniert. Seitdem kann sie sich völlig frei verabreden und genießt es, ihre Termine fest im Griff zu haben.

Ungefähr ab sechs Jahren sollte ein Kind selbst sagen können, wann es zu einem Freund geht, und es muss im Normalfall erlaubt sein, dass es eigene Verabredungen in der Schule trifft. Natürlich ist das auch abhängig von der persönlichen Entwicklung, manche Kinder werden es erst mit sieben oder acht schaffen, andere aber vielleicht sogar früher. Wichtig ist, dass sich die Eltern darüber Gedanken machen, wie sie die Terminplanung am besten so handhaben, dass sie ihr Kind damit nicht überfordern, ihm aber auch nichts abnehmen, das für seine Entwicklung von Vorteil ist. Jedes Kind braucht das Recht – an sein Alter angepasst –, selbst über seine Zeit bestimmen zu können.

Mit zunehmendem Alter muss sich dieser Spielraum erweitern. Rund um das zwölfte Lebensjahr sollten die Kinder allmählich eigene Terminkalender führen, in denen sie nicht nur Spielverabredungen, sondern auch Familientermine, Geburtstage, Arzttermine oder Klassenarbeiten selbstständig vermerken. Wenn Freunde oder Lehrer sie fragen, ob sie an einem bestimmten Tag in drei Wochen Zeit haben, sollten sie darüber Auskunft geben können.

Was das Kind mit seiner Zeit anstellt, sollte ebenfalls größtenteils in seiner Verantwortung liegen – wobei auch hier die Freiheiten mit dem Alter wachsen. Schon Kinder im Alter von vier Jahren können mal bei einem Freund übernachten. Fünf- oder Sechsjährige können ohne Weiteres alleine auf dem Spielplatz um die Ecke spielen gehen. Acht- oder Neunjährige sollten nicht mehr jedes Mal mit ihren Eltern ausdiskutieren müssen, ob sie im nahe gelegenen Wald, am Fluss oder im Skatepark spielen dürfen. Und ab der weiterführenden Schule, wenn die Kinder zehn oder elf sind, sollte es selbstverständlich sein, dass sie mit Freunden in die Stadt fahren. Sie sollten auch allein mit anderen ins Freibad gehen dürfen – denn auch dort gibt es eine ganze Menge zu lernen: Die Kinder müssen auf die eigenen Sachen aufpassen, sie gegebenenfalls einschließen, sich irgendwo umziehen, etwas zu essen und zu trinken kaufen, im Wasser auf sich und andere aufpassen oder auf dem Sprungbrett ein Wagnis eingehen – und natürlich gibt es jede Menge anderer Leute, mit denen man irgendwie auskommen muss. Ein Sommertag im Schwimmbad ist also eine ziemlich gute Gelegenheit zum Selbstständigwerden.

Der Aktionsradius Ihres Kindes sollte sich mit jedem Lebensjahr allmählich erweitern. Bis hin zu jenem Tag, dem viele Eltern mit gemischten Gefühlen entgegensehen: wenn der Nachwuchs das erste Mal ohne ihre Begleitung verreist. Doch keine Angst, allein in der Fremde können kleine Abenteurer ganz groß rauskommen.

3 Machen wir Kinder zu Entdeckern

Ein früher Samstagmorgen, genauer gesagt, drei Uhr in der Nacht, irgendwann in den Neunzigern. Ich sitze mit fünf Freunden, alle zwischen 12 und 14 Jahren alt, vor dem Bahnhof. Wir tragen unsere Pfadfinderkluft, haben die Rucksäcke umgeschnallt und warten, jeder eine Limo in der Hand, auf die aktuelle Ausgabe der Lokalzeitung. Als der Zeitungsbote endlich auftaucht und den Automaten befüllen will, kaufen wir ihm schnell ein Exemplar ab und besteigen damit den ersten Zug. Wohin dieser fährt, ist uns egal, Hauptsache, wir sind unterwegs. Wir werden heute den ganzen Tag mit der Bahn unterwegs sein, und die Zeitung wird am Ende des Tages als Beweisstück dienen, mit dem wir belegen, wo wir überall gewesen sind. Wir spielen nämlich an diesem Wochenende das Bahnspiel.

»Wiedersehen in vollen Zügen« heißt die bundesweite Aktion der Pfadfinder, an der wir teilnehmen. Dabei haben wir folgende Aufgabe: Mit dem Schönes-Wochenende-Ticket der Bahn können fünf Personen für 25 D-Mark mit dem Regionalzug zwei Tage lang quer durch das ganze Land reisen. Wir Pfadfinder sind dazu aufgerufen, uns in Fünfergruppen zusammenzutun und in dieser Zeit so viele möglichst weit auseinanderliegende Städte zu bereisen, wie wir schaffen. Als Nachweis, dass wir auch wirklich dort waren, sollen wir Stempel sammeln – ein solcher Stempel kann von einem örtlichen Geschäft oder einem Bahnhof stammen, kurz, es kann jede Art von Stempel mit einer Adresse aus der jeweiligen Stadt sein. Damit man die Stempel nicht auch an anderen Tagen sammeln kann, müssen sie als Beweis auf eine aktuelle Tageszeitung mit Datum der Reise gestempelt werden. Deshalb ist für uns das Presseprodukt vor dem Start so wichtig.

Und so fahren wir den ganzen Tag lang von einer Stadt zur nächsten und holen uns die Stempeltrophäen. Da es noch keine Handys gibt, müssen wir allerhand Anzeigetafeln und Zugfahrpläne studieren oder uns am Informationsschalter erkundigen. Wir kennen nur den Schlusspunkt der Reise: ein zentraler Zeltplatz in Pfaffenlohe, wo sich alle teilnehmenden Pfadfindergruppen aus Deutschland treffen.

Am späten Samstagabend kommen auch wir dort an. Wir sind von Bonn bis nach Bayern gefahren und überreichen dem Organisator nun voller Stolz unsere vollgestempelte Lokalzeitung. Bis kurz nach Mitternacht wird ausgezählt, welche Gruppe die meisten Stempel gesammelt hat. Wir gewinnen leider nicht, aber von fast hundert Teilnehmergruppen landen wir zumindest unter den Top 20, und als Trostpreis gibt es eine Bockwurst vom Grill.

Wir lernen an diesem Abend noch viele nette Leute kennen. Unterhalten uns, essen am Lagerfeuer, machen Musik und singen. Irgendwann in den frühen Morgenstunden krabbeln wir völlig erschöpft in die Schlafsäcke.

Am nächsten Tag, nach einem gemeinsamen Frühstück, machen wir uns auf die Heimreise. Dabei lerne ich, wie wunderbar man in der Bahn verpassten Schlaf nachholen kann. Der Zug ist bis auf den letzten Sitzplatz voll, und wir machen es uns in den Zwischenräumen vor den Türen gemütlich, indem wir dort unsere Isomatten ausrollen.

Irgendwann werde ich unsanft geweckt, weil ich der Länge nach gegen die Abteilwand krache. Der Zug macht eine Vollbremsung. Die Räder pfeifen schrill. Dann stehen wir still, mitten auf freiem Feld, kein Ort, kein Bahnhof weit und breit.

Eine gefühlte Ewigkeit passiert gar nichts. Die Türen sind verriegelt, wir können nicht aussteigen. Mit Informationen ist das Bahnpersonal recht sparsam. Dann sehen wir die Polizei und Rettungssanitäter außen am Zug vorbeigehen. Dazu dringt eine verklausulierte Durchsage aus dem Lautsprecher, leider sei es zu einem Personenschaden gekommen. Mit anderen Worten, es hat sich jemand vor den Zug geworfen. Und das ist auch allen Reisenden sofort klar.

Wir harren noch mehrere Stunden aus, weil unter anderem die Lok gewechselt und der Zugführer abgelöst werden muss.

Wir Pfadfinder sind bestens ausgerüstet, haben Essen und Trinken dabei, das wir gerne mit anderen Reisenden teilen. Etliche Leute nehmen unser Angebot dankbar an. Und während wir Schnittchen und Gurke verteilen und Becher mit Tee herumgehen lassen, hellt sich die Stimmung ein wenig auf. Einer meiner Freunde hat eine Gitarre mit und beginnt zu spielen. Nach ein paar Minuten gesellt sich aus dem Nachbarabteil eine Frau zu ihm, die ein Akkordeon dabeihat, und zusammen geben sie ein kleines improvisiertes Zug-konzert.

Der Todesfall war traurig, die Zugverspätung lästig – aber dennoch war das Ganze auch ein gutes Erlebnis. Denn ich werde nie vergessen, wie die Menschen in der Situation zusammengerückt sind und irgendwie das Beste daraus gemacht haben.

Und so sind es oft gerade die ungeplanten Ereignisse im Leben, die uns besondere Erfahrungen schenken, an denen wir in vielerlei Hinsicht wachsen. Besonders auf Reisen macht man immer wieder solche Momente mit – gute wie schlechte. Das gehört einfach zum Leben dazu. Diese Ein-stellung habe ich mir bewahrt, und wenn heute ein überfüll-ter Zug auf freier Strecke halten muss oder an einem fremden Ort eine ungewöhnliche Situation auftritt, dann schalte ich wieder in meinen »Pfadfindermodus«. Statt mich zu beschweren, empfinde ich einen gewissen Spaß an der unge-wissen Weiterfahrt, ich sehe das Ganze als Abenteuer.

Zu lernen, wie man mit solchen unerwarteten Situationen umgeht, hilft bei der Bewältigung anderer Lebensereignisse, es stärkt die Toleranz und die Stressresistenz. Es wäre daher schade, wenn wir unseren Kindern nicht mehr die Chance gäben, solche Erfahrungen zu machen – möglichst viele positive natürlich. Wenn ich aber heute in der Schule 13- oder 14-jährige frage, dann höre ich oft, dass sie noch nie alleine unterwegs waren. Mal ganz abgesehen von den Er-lebnissen, die den Kindern durch die Lappen gehen, frage ich mich immer, wie sie später lebensfähig sein sollen: Wie wird es ihnen ergehen, wenn sie als Erwachsene eine Ge-schäftsreise machen und zum ersten Mal auf eigene Faust losziehen müssen? Ihre Eltern werden sie dann sicherlich nicht begleiten. So wird ein Kurztrip zum Sprung ins kalte Wasser, der gar nicht nötig ist, weil die Situation eigentlich gut vorbereitet werden könnte.

Bei jungen Vögeln spricht man davon, dass sie »flügge werden«, wenn sie nach wenigen Wochen das Nest verlassen und zum ersten Alleinflug ansetzen. Auch bei Kindern gibt es diese Redensart – im übertragenen Sinne. Eltern sollten ihre Kinder dabei unterstützen, flügge zu werden. Gelegenheiten dazu gibt es viele. Sie sollten überlegen: Muss mein Kind unbedingt mit dem Auto zur Musikschule oder zum Verein gefahren werden, oder kommt es da nicht auch alleine mit dem Bus hin? Für Kinder im Alter von acht oder neun Jahren sollte das kein Problem sein. Gibt es Verwandte in einer anderen Stadt? Prima, dann können 12- oder 13-jährige sie besuchen und die Strecke allein mit der Bahn zurücklegen. Je nach Alter kann sich das Kind sogar selbst die Bahnverbindung raussuchen und das Ticket lösen. Alternativ kann ich allen Eltern auch Ferienfreizeiten wärmstens ans Herz legen. Das geht spätestens mit Kindern ab acht Jahren, stellt aber auch schon für so manche Sechsjährige eine Bereicherung dar. Sieben bis vierzehn Tage lang ohne die Eltern auskommen, sich mit anderen Kindern austauschen und einigen, sich auch mal auf andere Bezugspersonen einlassen, selbst das Bett beziehen und vor allem kleinere Probleme eigenständig lösen – daran wird die Kinderseele deutlich wachsen.

Unsere Kinder müssen lernen, alleine in der Welt zurechtzukommen. Je länger wir ihnen das Händchen halten, desto schwieriger wird es für sie später, auf eigenen Beinen zu stehen. Kinder wollen mit der Welt experimentieren, auch wenn sie dabei mal auf die Nase fallen. Das ist ihr gutes Recht und ein wichtiger Schritt, denn so spüren sie Verantwortung. Verantwortung wird dann nicht nur gepredigt, ist keine reine Worthülse, sondern etwas, das durch eine Erfahrung gelernt wurde. Das hilft enorm auf dem Weg, ein verantwortungs- und selbstbewusster junger Menschen zu werden.

4 Schenken wir Kindern das gute Gefühl, verantwortlich zu sein

Es ist Sommer, und ich bin mit einigen Schülern wieder auf einem Haik unterwegs. Nachdem die Kinder in den vergangenen Tagen sehr sparsam waren, wir im Wald gezeltet und uns selbst bekocht haben oder bei den Pfadfindern, beim Roten Kreuz oder bei Familien in der Garage gratis nächtigen durften, ist unsere Reisekasse recht gut gefüllt, und die Gruppe hat entschieden, sich heute etwas zu gönnen: Es gibt Mittagessen in einem bekannten Fast-Food-Restaurant.

Die Tabletts voll bepackt mit Maxi-Menüs, setzen wir uns raus in die Sonne. Während des Essens erregt das Plastikklettergerüst mit Rutsche die Aufmerksamkeit von drei Jungen aus meiner Gruppe, die sich an den Tisch neben meinem gesetzt haben. Sie sind zwar alle zwischen elf und fünfzehn, also eigentlich nicht mehr in dem Alter, in dem man auf Spielplätzen herumturnt, aber es ist dann doch zu verlockend. Als alle Burger und Pommes vertilgt sind, stürmen sie los.

Während sich die drei jungen Herren im Kinderkletterpark vergnügen, fällt mein Blick auf ihren Tisch. Zwischen den leeren Burgerschachteln und aufgerissenen Mayo- und Ketchuptütchen liegt unbewacht ein Portemonnaie. Es ist das Portemonnaie unseres Kassenwarts, unsere komplette Reisekasse – rund 800 Euro sollten es aktuell sein. Sind die futsch, haben wir ein echtes Problem.

Ich sehe davon ab, den betreffenden Jungen darauf hinzuweisen; die Verantwortung liegt ganz bei ihm. Ich werfe dennoch einen wachsamen Blick auf das Portemonnaie, während unser Kassenwart noch ein paar Mal die Rutsche runtersaust. Als wir schließlich aufbrechen und er mit seinem Rucksack von dannen zieht, ohne unser Reisebudget einzustecken, nehme ich es still an mich.

Wir sind schon eine knappe halbe Stunde Fußweg von der Fast-Food-Filiale entfernt, als dem Kassenwart plötzlich aufgeht, dass das Portemonnaie weg ist. Panik setzt ein. Er filzt seine Klamotten, alle anderen aus der Gruppe tun es ihm gleich, doch niemand findet das Geld.

Die Kinder treffen die einzig logische Entscheidung: Sie bestimmen, dass wir zur Burger-Filiale zurücklaufen. Die Jungen und Mädchen suchen dort alles ab, durchwühlen die Abfalleimer, befragen das Personal und die Gäste. Niemand hat etwas gesehen, und natürlich hat auch niemand ein Portemonnaie gefunden.

Zugegeben, die Nummer ist ziemlich fies von mir. Doch ich möchte, dass sich das Erlebnis bei den Kindern emotional festsetzt. Denn Verantwortung darf nicht nur eine Pflicht sein, sie muss auch ein Gefühl sein – *fühlen* wir uns für eine Sache verantwortlich, sind wir emotional involviert. Dies ist die Voraussetzung, damit uns das Gelingen oder Misslingen nicht egal ist. Wir setzen uns folglich mehr ein, und schaffen wir es, der Verantwortung gerecht zu werden, freuen wir uns nicht nur, sondern wir erleben Glücksmomente und fühlen uns gestärkt. Versagen wir hingegen, sind wir enttäuscht und überlegen im besten Fall, wie wir es das nächste Mal besser machen.

Unser Kassenwart hatte die Verantwortung für das Geld, und im erweiterten Sinne auch die Jungen, die mit ihm am Tisch saßen und wussten, dass ihr Spielgefährte darauf achtgeben sollte. Sie diese Verantwortung spüren zu lassen, wäre mir kaum gelungen, wenn ich die Jungs darauf hingewiesen hätte, dass das Geld noch auf dem Tisch liegt.

Ich lasse die Kinder daher noch ein wenig schwitzen und kläre die Sache dann auf. Auf dem Rest des Haiks ist ihnen ein solches Missgeschick nicht wieder geschehen.

Wenn Kinder ihre Verantwortung spüren sollen, müssen wir Eltern und Lehrer sie auch mal auf die Probe stellen. Wir müssen sie Fehler machen lassen – je nach Situation eben auch in abgemilderter Form, damit kein allzu großer Schaden entsteht. Das ist der Grund, warum ich das Portemonnaie auf dem Haik an mich genommen habe, statt es einfach liegen zu lassen und es tatsächlich Dieben preiszugeben.

Es gibt im Alltag der Kinder viele Möglichkeiten, Verantwortung in ein Gefühl – nämlich Verantwortungsgefühl – zu wandeln. Eine der besten ist Geld, das als rares Gut besonders schnell Emotionen weckt:

Wenn ich mich in meinen Klassen erkundige, bekomme ich immer wieder zu hören, dass eine nicht zu knappe Anzahl der Kinder kein Taschengeld bekommt. Es mangelt ihnen natürlich trotzdem an nichts, denn die meisten Wünsche, kleine wie große, werden ihnen von den Eltern erfüllt, für alles andere stehen Großeltern, Onkel und Tanten parat. Das sollte so nicht sein.

Kinder müssen lernen, sich ihr Geld einzuteilen und damit über eine bestimmte Zeitspanne auszukommen. Eltern müssen ihnen nicht jeden Wunsch von den Lippen ablesen. Nicht jedes große Spielzeug muss zum Geburtstag oder zu Weihnachten automatisch auf dem Gabentisch landen, und es muss auch zwischendurch nicht immer wieder Geschenke regnen, sobald das Kind irgendetwas haben will. Kinder sollten sparen und dadurch den Wert von Dingen schätzen lernen. Nur so entwickeln sie ein Gefühl dafür, wie sie eine Summe Geld, die ihnen zur Verfügung steht, einsetzen können. Dies hilft ihnen, selbst Entscheidungen zu treffen und unabhängiger von den Eltern zu werden. Immerhin ist ein großer Teil der Verantwortung, die sie später als Erwachsene tragen werden, finanzieller Natur. Wie sollen die Kinder von heute später als Mütter und Väter klug und umsichtig für die eigene Familie haushalten, wenn sie nicht gelernt haben, bewusst mit den Finanzen umzugehen? Sie werden wahrscheinlich auch als Erwachsene noch alles auf den Kopf hauen, um sich immer gleich den nächstbesten Wunsch zu erfüllen. Oder zwanghaft sparsam mit ihrem Geld umgehen, weil sie sich nicht entscheiden können, wofür sie es einsetzen wollen.

Geld ist also ein wichtiger Baustein beim Erwachsenwerden. Es lehrt Kinder, selbstständig zu werden, Verantwortung zu übernehmen und diese auch zu spüren, nämlich im eigenen Portemonnaie. Außerdem bedeutet Geld auch ein Stück Freiheit: die Kinokarte, der Busfahrschein, die Pizza mit Freunden oder sich etwas für sein Hobby zu kaufen – all das sind Möglichkeiten, über die ein Kind im Alltag alleine entscheiden können sollte.

Deshalb sollte jedes Kind Taschengeld bekommen. Wie hoch dieses ausfällt, hängt natürlich unter anderem von den finanziellen Möglichkeiten des Elternhauses ab. Eine gute Orientierungshilfe bieten aber die Taschengeldtabellen der Jugendämter oder die Empfehlungen des Bundesfamilienministeriums. Spätestens mit der Einschulung sollte ein Kind über eigenes Geld verfügen: 1 Euro bis 1,50 Euro wöchentlich sind für Sechsjährige angemessen. Da mit jedem Lebensjahr auch die Wünsche wachsen, sollte sich die Summe langsam steigern. Mit neun Jahren sind dann rund 3 Euro pro Woche angebracht. In den höheren Altersstufen, spätestens ab elf oder zwölf Jahren, ist es gut, wenn die Taschengeldausschüttung monatlich stattfindet – so gewöhnt sich das Kind daran, über einen längeren Zeitraum mit dem Geld zu haushalten. Für Zwölfjährige dürfen es dann schon 20 Euro im Monat sein.

Wichtig ist, dass die Erhöhungen nicht automatisch erfolgen. Und es ist gut, sich mit dem Kind einmal im Jahr zusammenzusetzen und »Verhandlungen« zu führen. So lernt es, zu argumentieren und sich durchzusetzen.

Wenn Sie Ihrem Kind zum ersten Mal Taschengeld geben, sollten Sie mit ihm auch besprechen, was es sich davon kaufen darf. In diesem Alter sind das meistens Süßigkeiten oder andere kleine Dinge, wobei das Kind alternativ natürlich sparen kann, zum Beispiel, wenn es sich ein bestimmtes Spielzeug wünscht. Nehmen Sie dem Kind aber nicht die Verantwortung über das Geld aus der Hand, oder überreden Sie es zu sparen, weil Sie das sinnvoller finden: Wenn es in den Laden geht, um sich etwas Kleines zu kaufen, dann ist das seine Entscheidung.

Mit fortschreitendem Alter und mit steigenden Taschengeldauszahlungen – und größeren Geldgeschenken von den Verwandten – wird es natürlich etwas komplizierter. Aus Schokoladentafeln, Lollis und kleinerem Spielzeug werden dann bald Handys oder Tablets. Bei solchen Wünschen kommt schnell die Frage auf: Wer bezahlt das, die Eltern oder das Kind? Ich bin dafür, Kinder sich solche Geräte selbst kaufen zu lassen oder sie ihnen zu Weihnachten oder zum Geburtstag zu schenken – eventuell mit einer Zuzahlung von ihrem Taschengeld. Vielleicht erinnern Sie sich ja noch an Ihre erste Stereoanlage, die fiel wahrscheinlich auch nicht einfach vom Himmel. Vermutlich haben Sie lange dafür gespart, und das war auch gut so. Sie haben gelernt, sich zu disziplinieren, Geld auf die hohe Kante zu legen, und als Sie sich den Wunsch dann erfüllt haben, war das ein irres Glücksgefühl. Das sollten wir den Kindern heute nicht vorenthalten, denn so lernen sie ihre Sachen zu schätzen und gut darauf aufzupassen.

Sie sollten dann allerdings auch die Kaufentscheidung des Kindes respektieren. Ich hatte mal so einen Fall in der Oberstufe. Mein Schüler Robin war 16, als er sich von seinem Ersparten ein Tablet kaufte. Seine Eltern hatten zuvor gesagt, dass sie dagegen waren; sie hielten einen richtigen Computer für sinnvoller. Der Junge hat sich das Tablet dennoch gegen all ihre Einwände geholt. Seine Eltern haben zum Glück vernünftig reagiert: Sie moserten zwar ein wenig herum, akzeptierten dann aber schließlich seine Entscheidung und nahmen ihm das Tablet nicht weg. Es war sein Budget, seine Entscheidung, seine Verantwortung.

Natürlich ist es gut, wenn Eltern ihrem Kind in monetären Dingen zur Seite stehen, doch diese Hilfe sollte eher eine Beratung sein. Sie können dem Kind Tipps geben, wie es am besten spart, und ihm alle Möglichkeiten vom Sparschwein bis zum Sparplan aufzeigen. Doch selbst dann gilt: Lassen Sie das Kind selbst entscheiden, und lassen Sie es auch selbst errechnen, wie viel es vom Taschengeld zurücklegen muss und wie lange es dauert, bis es die gewünschte Summe zusammenhat. Auch ein beliebter Deal wie der, dass das Kind das restliche Geld für eine größere Anschaffung von den Eltern zum Geburtstag dazubekommt, wenn es bis dahin eine bestimmte Summe angespart hat, sollte nicht auf dem Silbertablett daherkommen. Auf so eine Lösung sollte das Kind selbst kommen und diese mit den Eltern aushandeln. Trotz allem können Eltern nicht verhindern, dass Kinder ihr Geld auch mal für etwas ausgeben, das sie selbst für Unsinn halten, und das sollten sie auch gar nicht. Oft stellt sich nämlich über kurz oder lang bei den Kindern selbst die Erkenntnis ein, dass es besser gewesen wäre, das Geld beisammenzuhalten. Gerade eine falsche Kaufentscheidung ist in dieser Hinsicht ein guter Wegweiser.

Das ist spätestens dann der Fall, wenn es sich nicht um Taschengeld, sondern um selbst verdiente Penunzen handelt. Ich bin deshalb sehr dafür, dass Kinder sich mit Nebenoder Ferienjobs etwas zusätzlich zum Taschengeld dazuverdienen. Jeder von uns erinnert sich sicher noch daran, wie es war, das erste eigene Geld in den Händen zu halten, das man sich hart erarbeitet hat. Gibt man dieses Geld dann für Dinge aus, die sich als unsinnig entpuppen, ist der Ärger umso größer. Ein toller Lerneffekt.

Es darf also ruhig auch mal etwas schiefgehen, das hilft den

Kindern meistens mehr, Verantwortung zu empfinden, als wenn ihnen jemand die vermeintlich richtigen Entscheidungen vorgibt und immer alle Steine aus dem Weg räumt. Und aus einer Entscheidung, die man auf einen Ratschlag hin getroffen hat, entsteht statt einer Einsicht nur Frust und Wut: auf sich selbst wie auf die Rat gebende Person.

Es gibt im Alltag noch viele andere Gelegenheiten, Kinder an Eigenverantwortlichkeit wachsen zu lassen:

Eine Freundin von mir hatte ihrer Tochter einmal den Küchenputz überantwortet. Das Kind hatte beim Spielen auf dem Boden bemerkt, dass dort immer besonders viele Krümel herumlagen, und von selbst vorgeschlagen, dort sauber zu machen. Das mag für eine Siebenjährige zunächst wie ein eher skurriles Ansinnen wirken, aber Kinder haben gerade in diesem Alter Spaß daran, den Großen nachzueifern und wie diese Tätigkeiten im Haushalt zu übernehmen. Warum das Angebot also nicht nutzen?

Meine Freundin verabredete mit ihrer Tochter, dass das Mädchen einmal in der Woche die Küche putzt. Sie zeigte ihr, wo die dazu nötigen Utensilien zu finden sind und worauf man bei deren Verwendung achten muss. Sie achtete natürlich darauf, dass die Reinigungsmittel auch von Kindern sicher zu verwenden waren. Dann ließ sie das Kind machen.

Die ersten Ergebnisse waren eher kontraproduktiv. Ihre Tochter benutzte zu viel Wasser, dann zu viel Seife, sodass der Raum entweder unter Wasser stand oder aussah wie bei einer Schaumparty. Mutter wie Kind waren ziemlich gefrustet. Meine Freundin hätte ihrer Tochter die Aufgabe nun einfach wieder abnehmen können, was natürlich ein ziemlicher Dämpfer für die Kleine gewesen wäre. Doch sie entschloss sich, das mäßige Ergebnis zu tolerieren. Statt zu rügen, erklärte sie dem Kind, wie es besser geht. Mit der Zeit verfeinerte ihre Tochter ihre Putztechnik, behielt den

Spaß an der Arbeit und hilft, mit inzwischen zehn Jahren, nach wie vor motiviert im Haushalt.

Wenn es also nicht gleich perfekt klappt, ist es noch kein Grund, den Kindern die Verantwortung zu entziehen. Lieber sollten Eltern sie motivieren – und sie manchmal ruhig auch ein wenig aus der Komfortzone treiben. Das Putzen ist dabei nur ein Beispiel, natürlich könnte es genauso gut eine kleine Reparaturarbeit sein, die man dem Kind beibringt. Es geht nur darum, die Ideen des Kindes umzusetzen und damit seinem Bedürfnis nach Eigenständigkeit nachzukommen. Und gerade bei großen Herausforderungen wachsen Kinder immer wieder über sich hinaus. Das erlebe ich oft beim Haik und in meiner Informatik-AG.

5 Lassen wir uns von den Kindern zeigen, was sie alles können

Es ist noch früh am Morgen, kurz nach sieben. In den Tälern der Hügellandschaft hängt der Nebel, als ich aus dem Küchenfenster des Ferienhauses blicke. Hinter mir an der Arbeitsplatte steht Tobias, unser Koch. Rechts neben ihm liegen ordentlich sortiert Lauchstangen, Hackfleisch und Kartoffeln für das Mittagessen; links von ihm jede Menge Brötchen, Käse, Aufschnitt und ein kleiner Butterberg fürs Frühstück. Tobias ist 13 Jahre alt, und bis vor wenigen Wochen war das Aufwendigste, was er in seinem Leben zubereitet hat, Tiefkühlpizza aus dem Supermarkt. In den kommenden Tagen wird er für dreißig Personen kochen. Dreißig Personen! Ich wüsste selbst nicht, wie ich das anstellen sollte; ich gerate schon ins Schwimmen, wenn ich vier Leute zu mir nach Hause zum Essen einlade. Wer mich kennt, weiß, dass ich daher fast nie koche. Aber Tobias sagt, er schafft das. Ich vertraue ihm, ein Plan B existiert nicht. Gelingt es nicht, müssen wir Kohldampf schieben – oder viel Geld für den Lieferdienst ausgeben.

Ich bin mit dem Orgakreis meiner Informatik-AG über das Wochenende in ein Selbstversorgerhaus in der Eifel gefahren. Die meisten würden für so etwas wohl eher eine Jugendherberge oder eine kleine Pension wählen, in der man rundum versorgt ist. Mir ist es aber lieber, wenn unsere Gruppe sich selbst versorgt. In der AG lernen die Schüler zu programmieren, doch zusätzlich vermittle ich ihnen in diesem Rahmen viele wichtige Sozialkompetenzen. Das ist in so einer großen Gruppe nicht immer einfach: Als ich die Informatik-AG vor vielen Jahren ins Leben gerufen habe, nahmen ein gutes Dutzend Schüler teil. Doch die Zahl stieg rapide, und seit einiger Zeit sind es über einhundert Kinder.

Eine so große Gruppe kann ich neben meinem Unterricht nicht mehr alleine organisieren. Wir halten es in der AG daher wie in einer Großfamilie – alle müssen mit anpacken, damit der Laden läuft. Dabei lege ich so viel Verantwortung wie möglich in die Hände der Schüler. Die Aufgaben, die ich ihnen anvertraue, unterteile ich in »Projekte« und »Jobs«.

Ein Projekt ist eine Aufgabe, die einen Anfang und ein Ende hat. Dazu zählt zum Beispiel unser Tag der offenen Tür an der Schule, an dem sich auch die AG beteiligt und sich vorstellt. In verschiedenen Räumen gibt es dann kleine Spiele, ein Quiz oder einfache Programmieraufgaben zum Reinschnuppern. Das ist eine ziemlich stressige Angelegenheit für den oder die Verantwortliche/n:

Im Vorfeld ist viel zu planen, Räume müssen »gebucht«, Absprachen mit der Schulleitung getroffen werden, Plakate oder Flipcharts müssen hergeschafft, und die Aufgaben der einzelnen Teilnehmer, die unsere Informatik-AG repräsentieren, müssen verteilt und besprochen werden. Am Tag selbst muss die verantwortliche Person in allen Räumen ständig nach dem Rechten sehen, nachschauen, ob alles läuft, ob alle an ihren Plätzen sind und alle Infoplakate hängen. Außerdem muss sie den Besuchern Rede und Antwort stehen, ihnen bei Bedarf erklären, was wir machen.

Selbst für einen Erwachsenen wäre das eine ziemlich fordernde Tätigkeit. In der AG managt das Projekt aber ein Schüler – zuletzt der 15-jährige Tristan.

Anders als die Projekte erstreckt sich ein Job in der AG über einen längeren Zeitraum, also über ein Jahr, manchmal auch über mehrere Jahre. Ein Job kann sein: stets die Räume aufzuschließen, wenn der Unterricht beginnt, die Schränke mit den Notebooks zu verwalten sowie die Internetseite oder das interne Forum der AG zu pflegen.

Ich unterscheide dabei zwischen gelben Jobs, bei denen es vor allem um Zuverlässigkeit geht, und grünen Jobs, die ein hohes Maß an Eigeninitiative erfordern. Ein gelber Job ist beispielsweise das Aufschließen der Räume. Ein grüner Job wäre die Webseiten-Pflege, weil derjenige, der sich darum kümmert, Bilder machen und selbst entscheiden muss, ob dort etwas Neues eingestellt werden soll und ob die Seite noch auf dem neuesten Stand ist.

Wenn ich die Aufgaben unter meinen Schülern verteile, tendiere ich dazu, sie eher mit einer anspruchsvolleren Tätigkeit zu betrauen, als sie zu unterfordern. Wenige Jobs in der AG sind für die Betreffenden »easy going«. Sie sind eine Herausforderung, und das ist auch gut so, denn ich merke immer wieder, wie viele Kinder gefordert werden wollen. Nur mit entsprechend anspruchsvollen Jobs oder Projekten gelingt es mir, sie aus ihrer Komfortzone zu holen. Viele blühen dann erst richtig auf.

Mache ich mir meine Arbeit einfacher, indem ich sie auf die Kinder abwälze? Sicher nicht.

Die Realität sieht anders aus: Damit alles läuft, muss ich den Schülern immer wieder hinterherlaufen. Gerade Schüler, die neu in der AG sind, brauchen regelmäßige Erinnerungen, bis sie sich wirklich eigenverantwortlich um eine Sache kümmern. Aber auch ältere und erfahrenere Teilnehmer brauchen noch jemanden, der mitdenkt: Im Orgakreis der AG sind die Teilnehmer teilweise 16 bis 18 Jahre alt, doch auch dort läuft noch nicht alles von selbst. Oft wäre es einfacher für mich, die Aufgabe kurzerhand selbst zu erledigen. Für die Entwicklung der Kinder ist es aber besser, wenn ich ihnen ihre Verantwortung ins Gedächtnis rufe, statt sie ihnen abzunehmen. Also ja – es kostet viel Zeit. Und es lohnt sich trotzdem.

Vermutlich wäre ich schon völlig damit ausgelastet, die diversen Jobs und Projekte in der Informatik-AG zu verteilen und zu überwachen – ich könnte meinen Job als Lehrer an den Nagel hängen. Deshalb habe ich für die AG einen Orgakreis ins Leben gerufen, mit inzwischen rund 20 bis 30 Schülern, die mir bei der Organisation helfen – und von denen einige als Trainer auch selbst Unterricht im Programmieren für einzelne Kurse in der AG geben.

Die Fahrt in das Ferienhaus in der Eifel ist einerseits ein Dankeschön für das Engagement des Orgakreises, aber gleichzeitig auch eine Fortbildungsveranstaltung für meine Trainer und die anderen Orgakreis-Mitglieder. Sie lernen, wie man unterrichtet, Tests aufsetzt, mit problematischen Kindern umgeht, wie man Unterricht vorbereitet, Sachen veranschaulicht oder in einer Klasse binnendifferenziert arbeitet, also so, dass man Stoff und Lerntempo individuell auf schwächere wie auch stärkere Schüler ausrichtet. Außerdem reflektieren wir ihre Jobs, schauen auf vergangene Projekte, überlegen gemeinsam, wie man kommende noch besser organisiert, sich selbst immer wieder motiviert, und dann planen wir während dieser Zeit gemeinsam das nächste Schuljahr.

Eine der anspruchsvollsten Aufgaben auf dieser Tour ist die des Kochs. Als ich an diesem Morgen in der Küche vorbeischaue, merke ich aber schnell, dass Tobias alles bestens im Griff hat. Er hat sich einen Assistenzkoch organisiert, einen Jungen aus der achten Klasse. Sie haben zusammen einen Plan aufgestellt, eingekauft, kalkuliert, was alles kostet, und nachdem das Frühstück erledigt ist, kochen sie nun gemeinsam das Mittagessen. Es gibt Lauchcremesuppe mit Hackfleisch, und sie haben sogar daran gedacht, eine laktosefreie und eine vegetarische Variante anzubieten.

Am Ende werden Tobias und sein Helfer uns fünf Tage lang mit Frühstück, Mittagessen und Abendbrot versorgt haben. Beide werden von den Teilnehmern für ihr Engagement und ihr leckeres Essen gefeiert. Ihr Selbstvertrauen ist enorm gewachsen, das merkt man ihnen an; sie sind stolz auf sich. Zu Recht!

Wenige Tage, nachdem wir von der Tour zurück sind, schreibt mir Tobi auf, wie sehr ihn dieses Erlebnis bewegt hat. Um zu zeigen, zu welch planerischer Meisterleistung ein 13-Jähriger imstande ist, möchte ich ihn an dieser Stelle gerne selbst zu Wort kommen lassen:

»Ich habe für dreißig Leute auf unserer Orgatour gekocht. Wie bin ich darauf gekommen, und wie war das für mich? Auf meiner ersten Tour mit der AG hatte ich schon sehr viel Spaß daran, in der Küche zu helfen. Ich spülte sehr viel und half, Gemüse zu schneiden. Ich interessierte mich also sehr für die Küche. Auf der darauffolgenden Tour stand ich auch schon mal am Herd und machte Pfannkuchen oder rührte in einem Topf. Ab da stand für mich quasi fest, dass ich irgendwann einmal die Küche organisieren wollte.

Da gab es dann den Orgakreis in der AG, der viele unterschiedliche Sachen organisiert, darunter auch die Versorgung auf den Touren. Ich überlegte jedoch noch eine Zeit lang, ob ich denn wirklich in den Orgakreis eintreten wollte, da dies auch viel Verantwortung mit sich bringen würde. Ich entschloss mich dann dazu, da ich der Überzeugung war, dass ich diese Verantwortung tragen konnte. Ich fragte also Herrn Nattermann, ob es möglich wäre, in den Orgakreis einzutreten. Auf meine Anfrage bekam ich einen Bogen, der auszufüllen war. Darauf gab ich unter anderem an, wie ich mich in den Orgakreis einbringen könnte, in welchem Bereich ich besser werden möchte und auch, wie sich aus meiner Sicht die AG weiterentwickeln sollte. Ich schickte ihn zurück und bekam dann glücklicherweise die Bestätigung, dass ich aufgenommen war.

Darin befand sich auch die Zusage, dass ich der Küchen-Chef der Orgatour sein würde. Puh, das waren knapp dreißig Leute, für die ich kochen sollte. Aber ich war echt glücklich und fing auch direkt mit der Planung an. Ich holte mir noch Henry dazu, der auch in meinem Alter ist. Danach schrieb ich Corinna an, die für das Essen auf den Touren schon einige Jahre erfolgreich sorgte. Von ihr bekam ich auch eine tolle Mappe, in der viele Tipps zum Vorgehen beim Einkaufen und allem rund um die Küche standen. Zuerst entwarf ich den Essensplan, in dem auch schon das Wichtigste, nämlich die Nachtische, aufgeführt wurden. Manche Gerichte, wie zum Beispiel eine Käse-Lauch-Suppe, hatte ich noch nie gekocht. Deswegen fragte ich eine Freundin meiner Mutter, die in einer Großküche gearbeitet hatte, wie man diese Suppe am besten für dreißig Leute machen könne, und kochte mit ihr auch schon einmal zur Probe, damit ich wusste, wie ich auf der Tour vorgehen könnte. Dann rückte der Beginn der Orgakreistour so langsam näher. Ich ging mit meinen Eltern über drei Tage verteilt einkaufen. Meine größte Sorge war jedoch, dass ich zu wenig Lebensmittel eingeplant hatte. Und dann fuhren wir schon los. Wir hatten den Abend vor der Abfahrt alle Lebensmittel auf zwei Autos verteilt, sodass wir direkt starten konnten. Am Haus angekommen, schleppten wir alle Sachen in die Küche, die ich jetzt zum ersten Mal sah, da wir die Tage das erste Mal in diesem Haus verbrachten. Ich inspizierte die vorhandenen Sachen und stellte erst mal geschockt fest, dass wir nur zwei Trockentücher hatten, und zwar die, die ich mitgebracht hatte.

Die gesamte Tour war fest getaktet. Deswegen musste ich gucken, dass ich früh genug anfing zu kochen, damit ich nicht den gesamten Zeitplan verschob. Da die Gerichte ja nicht nur aus einer Zutat bestanden, teilte ich mir die Arbeit so mit Henry auf, dass jeder für zwei Töpfe zuständig war. Außerdem holten wir uns noch zwei weitere Helfer. Wenn jedem das Essen schmeckte, freuten wir uns ziemlich und waren dann auch motiviert, die Küche weiterzuführen.

Nach dem Essen teilte ich Leute ein, die spülten, abtrockneten und so weiter. Am Morgen sind Henry und ich immer eine Stunde früher aufgestanden, um das Frühstück zu machen. Das war manchmal etwas anstrengend.

Doch auf der gesamten Tour hat mir Herr Nattermann kein Mal beim Kochen auf die Finger geschaut, was ich total toll fand, denn ich bekam die volle Verantwortung für die Küche.

Und jetzt wird in Erwägung gezogen, dass ich auf der kommenden Herbsttour für rund achtzig Personen die Küche leiten werde, und das ist echt cool. In Zukunft will ich die Küche auch mit meinen eigenen Ideen prägen und viele Jahre weiterführen.«

Inzwischen haben wir auch die Herbsttour hinter uns gebracht, und Tobi und seine Küchengehilfen haben es tatsächlich geschafft, für achtzig Personen zu kochen – mit Großküchengeräten, peniblem Zeitplan und ungeheurem Engagement.

In seinem Schreiben merkt man Tobi deutlich an, wie glücklich er mit dieser Aufgabe ist. Das macht auch mich glücklich. Denn ich hatte Erfolg: Tobias hat meine Hilfe dabei kein einziges Mal gebraucht.

Auch Sie können im Familienalltag daran arbeiten, dass Ihr Kind Sie irgendwann nicht mehr braucht. Je früher dies der Fall ist, desto besser. So, wie ich es in meiner Informatik-AG tue, können auch Sie zu Hause Ihren Kindern kleine Jobs und Projekte anvertrauen, um die Selbstständigkeit und das Verantwortungsgefühl Ihrer Kinder zu stärken.

Scheuen Sie sich dabei nicht, Ihre Kinder hier und da an ihre Grenzen zu führen und sie auch mal vorsichtig zu überfordern.

Im Alter von fünf oder sechs Jahren können Kinder natürlich ohne Weiteres morgens beim Bäcker an der Ecke Brötchen holen gehen. Später können sie aber auch ihr Zimmer selbst gestalten, mit einem bestimmten Budget, das sie von den Eltern dafür zur Verfügung gestellt bekommen. Und auch ein Haustier ist sehr lehrreich für Kinder, sofern keine Allergien dagegensprechen. Für ein lebendes Wesen zu sorgen, dafür, dass es immer genug zu essen und zu trinken hat oder sein Käfig gesäubert wird, ist auch eine gute Möglichkeit, Kinder Verantwortung spüren zu lassen. In der Schule gibt es ebenfalls zahlreiche Möglichkeiten, die Schüler eigenverantwortlich arbeiten zu lassen. Wir können sie beispielsweise durch Projekte dazu bringen, sich aktiv mit der Welt auseinanderzusetzen, in der sie leben: Ich lasse meine Schüler in Mathematik beispielsweise gerne die Finanzierung eines Hauskaufs durchrechnen. Dazu müssen sie sich bei verschiedenen Banken über die aktuellen Zinsen und die Konditionen für eine Kreditvergabe erkundigen und anschließend einen Tilgungsplan errechnen. Die dazu nötige Recherche fordert nicht nur ihre Eigenständigkeit, sondern vermittelt ihnen auch praktisches Alltagswissen. In anderen Fächern wie Politik können die Schüler auch zu bestimmten Themen Straßenumfragen machen, oder sich in Deutsch schlaumachen, wie Bücher verlegt werden, um den Literaturbetrieb kennenzulernen.

Am besten lässt sich Selbstständigkeit natürlich außerhalb der eigenen vier Wände üben. Ein Restaurantbesuch kann dazu eine wunderbare Gelegenheit sein. Schicken Sie beim Betreten des Restaurants ruhig das Kind vor, mit der Aufgabe, einen Platz auszuwählen. Sicher, das ist eine sehr kleine Verantwortung, aber es ist eine.

Sechs- oder Siebenjährige sollten auch in der Lage sein, das Essen selbst zu bestellen – das Kind kann ja sprechen, warum sollten das also immer die Eltern erledigen? Vielleicht kann das Kind ja auch schon ein wenig lesen und selbst einen Blick in die Speisekarte werfen. Lassen Sie es auch abwägen, ob es eine kleine oder große Portion nimmt – sind die Augen größer als der Magen, können Sie darauf hinweisen, und beim nächsten Mal denkt das Kind daran.

Überhaupt ist es wichtig, dass Eltern ihre Kinder mit zu gesellschaftlichen Anlässen nehmen. Wenn meine Schüler Praktika bei Firmen machen, erlebe ich es immer wieder, dass manche von ihnen anecken, weil es ihnen an Etikette oder der entsprechenden sprachlichen Ausdrucksweise mangelt. Nehmen Sie Ihr Kind daher, wenn möglich, zu offiziellen Terminen oder auch mal einem beruflichen Treffen mit, um ihm beizubringen, dass es in unserer Gesellschaft verschiedene Umgangsformen gibt. Kinder wissen nicht automatisch, wie man sich in bestimmten Situationen benehmen sollte. Sie müssen diese Verhaltensweisen erst lernen, wozu auch gehört, dass es in aller Regel Konsequenzen hat, wenn man schlechtes Benehmen an den Tag legt.

Lassen Sie Ihr Kind zu Hause darüber hinaus so oft wie möglich mitentscheiden. Beziehen Sie es bei Überlegungen mit ein. Und stellen Sie gemeinsam fest, was getan werden muss, um ein Ziel zu erreichen, damit es begreift, dass im Leben nichts automatisch geschieht, sondern dass man sich um die Dinge kümmern muss.

Meine Freundin Sarah – die mit den drei Kindern und dem Kreidetrick – hält zum Beispiel regelmäßig einen Familienrat ab. Hier werden gemeinsam Entscheidungen in Belangen getroffen, die alle Familienmitglieder angehen. Das kann die Geburtstagsplanung sein, die Wochenendgestaltung, aber auch der nächste Urlaub. Die Eltern bringen schon ein paar Ideen mit in die Runde, erkundigen sich dann aber, an welchen die Kinder besonderes Interesse haben. Das heißt, sie bekommen schon eine gewisse Vorauswahl an Themen, können also nicht komplett frei auswählen, aber zumindest mitentscheiden.

Und in Sachen Urlaub gibt es auch wieder allerhand spannende Jobs für den Nachwuchs zu vergeben, natürlich immer altersgerecht: Mit welchem Verkehrsmittel erreicht die Familie das Urlaubsziel am besten, und wer besorgt gegebenenfalls die Tickets? Wer erledigt die Einkäufe für die Geburtstagsfeier, und wo bekommt man eigentlich eine ordentliche Geburtstagstorte her? Welche Ausflugsmöglichkeiten fürs Wochenende gibt es im Umland, und wo kann man sich darüber informieren? Das herauszufinden, sind Aufgaben, die man Kindern und Jugendlichen anvertrauen kann. Dabei ist es allerdings wichtig, dass diese die Aufgaben aus eigenem Antrieb erledigen. Pflichtaufgaben gibt es in der Schule und damit im Leben unserer Kinder bereits genug. Außerhalb dessen sollten Kinder und Jugendliche einen Reiz verspüren, gewissen Aufgaben nachzugehen. Sie sollen dabei Lust statt Frust erleben.

Das hat gleich drei positive Effekte: Erstens machen Eltern ihre Kinder damit alltagstauglich. Kinder, die früh damit beginnen, tägliche Herausforderungen zu meistern, werden schneller selbstständig und haben weniger Probleme, später als junge Erwachsene auf eigenen Füßen zu stehen. Zweitens sind Ihre Kinder wieder motivierter, haben mehr Lust auf Neues und Spaß daran, Aufgaben zu übernehmen. Und drittens lernen sie, welcher Aufwand auch hinter vermeintlich alltäglichen Dingen stecken kann. Sie wissen es dann auch wesentlich mehr zu schätzen, wenn die Eltern, Geschwister oder Freunde etwas für sie erledigen und ihnen eine Arbeit abnehmen. Sie entwickeln echte Dankbarkeit und wissen wiederum, was sie selbst geben können, wenn sie eine Aufgabe erledigen.

Auch das ist für mich immer ein sehr wichtiger Punkt bei der Erziehung: Kinder müssen sich nicht vor ihren Eltern in den Staub werfen, doch sie sollen zu schätzen wissen, was andere für sie tun, nicht alles für selbstverständlich nehmen. Dank und Würdigung sind sozialer Kitt und stärken menschliche Verbindungen.

Ich halte es mit meinen Schulklassen auch so. Viele Lehrer sind genau wie Eltern frustriert, weil sie sich für die Kinder einsetzen, am Ende aber wenig zurückbekommen. Im Gegenteil: Es wird an allen Ecken und Enden gemosert. Wenn ich etwas für meine Schüler organisiere, beispielsweise einen außerplanmäßigen Wandertag oder eine ganz besonders tolle Klassenfahrt, dann bringe ich ihnen bei, dass sie sich bei mir dafür bedanken. Das ist, ehrlich gesagt, ein etwas merkwürdiges Gefühl, aber auch für mich ist ein Dankeschön hin und wieder neuer Antrieb für weitere tolle Aktionen. Danke sagen können, das ist eine wichtige Sozialkompetenz. Und mir geht es nicht nur um das Dankeschön für mich, sondern darum, dass die Schüler etwas für ihre Zukunft lernen.

Einer der Grundgedanken ist: Ein Dank darf nicht einfach so dahergesagt werden. Vielmehr geht es mir darum, meinen Schülern beizubringen, anderen etwas zurückzugeben. Es ist manchmal tatsächlich aufwendig, den Kindern diesen

Gedanken nahezubringen – viele sind es einfach nicht gewohnt, sich richtig zu bedanken.

Ich habe schon alle möglichen Dankeschöns bekommen: selbst gemachte Backwaren genau wie einstudierte Tänze, ein Klassenkonzert, bei dem die einen sangen und andere ihre Instrumente mitbrachten, selbst gedrehte Videos oder einen bunt geschmückten Klassenraum. Die Kinder hatten sich jedes Mal nicht nur unheimlich viel Mühe gegeben, sondern auch bestimmte Kompetenzen geübt. Wenn sich beispielsweise zwei oder drei Siebtklässler trafen, um zu überlegen, wie sie mir einen Kuchen backen, dann war das ganz nebenbei eine schöne Selbstständigkeitsübung. Sie mussten sich koordinieren, organisieren und Absprachen treffen. Jedes Geschenk war eine kleine Herausforderung, die sie in der Gruppe meisterten. Dabei liefen übrigens oft Schüler zur Hochform auf, die ansonsten keine guten Leistungen in der Schule erbrachten. Sie entdeckten an dieser Stelle ihr Organisationstalent und ihre praktische Veranlagung und zogen besondere Befriedigung daraus, dass sie auch mal eine wichtige Rolle einnehmen konnten.

Diese gemeinschaftlichen Erlebnisse sind nicht nur gut für den Zusammenhalt der Klasse, sondern sie stärken auch die Beziehung zwischen Lehrer und Schülern, da sie zeigen, dass wir in einem gegenseitigen Geben und Nehmen miteinander leben.

Und das Gleiche gilt auch für die Beziehung von Eltern zu ihren Kindern. Kleine Dankeschön-Aufgaben können auch in der Familie Wunder wirken. Denn eines sollten Sie Ihren Kindern klar zu verstehen geben: Sie sind als Eltern keine Servicedienstleister. Sie sind weder dazu da, ihnen die Wünsche von den Lippen abzulesen, noch ihnen alles hinterherzutragen.

Das bedeutet auch: Selbst wenn die Kinder im Laufe der Zeit immer mehr für sich selbst verantwortlich sein sollen und wenn Sie ihnen eine entsprechend lange Leine lassen – es sind immer noch Sie als Eltern, die die Hosen anhaben. Einem Kind Freiheiten zuzugestehen, ist alles andere als eine Einladung zum Lotterleben. Kinder brauchen klare Regeln und müssen auch lernen, sich daran zu halten. Ein klares Nein zur rechten Zeit ist genauso wichtig wie Vertrauen zu schenken. Es ist besonders dann angebracht, wenn Kinder ihrer Verantwortung nicht nachkommen. So etwas muss Konsequenzen haben, die auch spürbar sind. Konsequenzen, die Eltern und Lehrer derart gestalten sollten, dass sie im besten Fall wieder positive Energien freisetzen.

Ich hatte in dieser Hinsicht einmal einen schwierigen Fall in meiner Informatik-AG. Die beiden Freunde Tim und Maurice, 14 und 15 Jahre alt, hatten sich bis in den Orgakreis vorgearbeitet und waren immer begeistert bei der Sache.

Als die jährliche Orgakreisfahrt anstand, übertrug ich den Jungen zwei wichtige Aufgaben: Tim sollte sich um unsere Unterkunft kümmern, Maurice die Anreise organisieren. Beide hatten sich diese Aufgaben auch gewünscht. Zwei Jobs, bei denen man ein wenig Energie investieren, im Internet recherchieren und herumtelefonieren muss, um die günstigsten Angebote und Fahrtwege zu finden. Wir verabredeten, dass jeder von ihnen zwanzig Angebote heraussuchte, die wir vergleichen konnten, und besprachen auch, welchen Anforderungen diese gerecht werden mussten.

Dann passierte lange nichts. Tim kam erst nach mehrmaliger Aufforderung in die Gänge und lieferte kurz vor der vereinbarten Deadline lediglich eine Auswahl von drei Unterkünften ab, von denen keine einzige den festgelegten Kriterien entsprach. Sein Freund Maurice versuchte, sich mit Ausreden aus der Affäre zu ziehen, und kapitulierte schließlich vollends vor seiner Aufgabe.

Zu jener Zeit besuchte ich eines Abends die Weihnachtsfeier des Orgakreises. Tim und Maurice waren nicht dort, obwohl sie Mitglieder waren, und die anderen Schüler berichteten mir, dass sich die beiden in den vergangenen Wochen mehr und mehr aus der AG zurückgezogen hätten. Ich erfuhr auch, dass Tim und Maurice gegenüber anderen Schülern nur noch Schlechtes über die AG und über mich erzählten.

Eine solche Reaktion schien logisch: Die Jungen waren an ihren Aufgaben gescheitert, ihr Frust äußerte sich, indem sie das Objekt des Scheiterns abwerteten, was bei Pubertierenden, die ja oft sehr emotional reagieren, nicht ungewöhnlich ist. Dennoch traf mich ihr Verhalten hart, weil sie schon so viele Jahre dabei waren und weil ich mich um sie bemüht hatte wie um alle meine Teilnehmer.

Da beide auch bei mir Mathematikunterricht hatten, stellte ich sie einige Tage später nach einer Stunde zur Rede. Ich hatte mir zuvor lange überlegt, wie ich dieses Gespräch geschickt führen könnte – ich wollte den Jungen klare Konsequenzen aufzeigen, sie aber gleichzeitig aufbauen und motivieren.

Als sie mir am Tisch gegenübersaßen, sagte ich ihnen als Erstes auf den Kopf zu, dass sie über die AG und mich lästerten. Sie gaben dies zu, hatten aber keine vernünftige Antwort auf meine Frage, warum sie das getan hatten. Ich führte ihnen vor Augen, wie viel ich für die AG tat und wie ich auch sie unterstützt und ihnen vertraut hatte. Und ich machte ihnen klar, dass es Regeln für das Verhalten in der AG gab. Eine davon: Wir sprechen Probleme offen und direkt an, und die Beteiligten klären sie miteinander, statt hinter dem Rücken des anderen darüber zu reden.

Tim und Maurice waren nun ziemlich aufgelöst. Das eigene Verhalten war ihnen reichlich peinlich, und sie zeigten sich einsichtig. Ich stellte sie vor die Wahl: Wenn sie von der AG dermaßen enttäuscht waren, wie es den Anschein hatte, dann sollten sie diese auch konsequenterweise verlassen –

oder, wenn sie doch bleiben wollten, ihr Fehlverhalten in irgendeiner Weise wiedergutmachen.

Die Jungen entschieden sich für Letzteres. Und sie kamen auf die Idee, ein Buch zu gestalten, in das sie ihre Erlebnisse aus der AG schrieben und Fotos einklebten. Das Ergebnis ist ein Dokument über ihre Zeit in der AG, das sich wirklich sehen lassen kann und das noch heute in meinem Bücherschrank steht. Den beiden ist bei der Arbeit daran bewusst geworden, wie viele schöne Erinnerungen sie mit der AG verbinden. Ihnen wurde noch einmal deutlich, welches Eigentor sie sich durch ihr Verhalten geschossen hatten. Beide sind inzwischen wieder Feuer und Flamme für die AG und arbeiten sogar als Trainer. Wenn sie heute eine Aufgabe übernehmen, vertraue ich ihnen mehr denn je, dass sie dieser auch gerecht werden – denn sie haben gelernt, was es heißt, Verantwortung zu tragen.

Solche Probleme tauchen immer wieder auf, in der Schule, aber natürlich auch alltäglich in der Familie. Es ist nie angenehm, solche Situationen durchzustehen und in Lösungsgesprächen eine konsequente Linie zu fahren. Wichtig ist allerdings, dass in solchen Fällen nicht die Eltern mit einem mulmigen Gefühl oder gar Schuldgefühlen an die Sache herangehen. Sie müssen sich vor Augen halten, dass dies gerade eine wichtige Erfahrung für ihr Kind ist: Denn wirkliche Verantwortung übernimmt nur, wer erfahren hat, dass es Konsequenzen gibt, wenn man den vereinbarten Aufgaben nicht nachkommt. Dazu ist es aber auch nötig, dass alle Beteiligten wissen, was von ihnen erwartet wird. Treffen Sie also mit Ihrem Kind klare Absprachen, erklären Sie ihm, was in seiner Verantwortung liegt, und auch, was geschieht, wenn es dieser nicht nachkommt. Wichtig ist es, dass das Kind diese Aufgaben wirklich erledigen möchte und motiviert ist.

Und wenn Sie Ihrem Kind eine verantwortungsvolle Aufgabe übertragen haben und dann etwas schiefgeht, was es zu verantworten hat: Stellen Sie das Versäumnis fest, und geben Sie Ihrem Kind die Gelegenheit, die Tragweite zu verstehen. Die Konsequenz sollte in der Regel ein Gespräch sein – meist ein unangenehmes für das Kind, aber nicht so sehr, dass es die Lust an der Aufgabe verliert. Nach einem anfänglichen Tadel sollte das Gespräch konstruktiv verlaufen und sich darum drehen, was das Kind beim nächsten Mal besser machen könnte.

Bewahren Sie das Kind auch nicht immer vor der »natürlichen« Konsequenz. Wenn Ihr Kind lügt, dann seien Sie ruhig mal sauer, lassen Sie Ihren Nachwuchs dies auch spüren, und vertrauen Sie ihm ein oder zwei Tage spürbar weniger. Und wenn es wiederholt nicht für eine Arbeit übt, dann muss es mit der schlechten Note leben, statt in letzter Minute noch mit den Eltern zu pauken. Anschließend kann man mit dem Kind überlegen, wie es weitergehen soll.

Berauben Sie Ihr Kind nicht dieser wichtigen emotionalen Erfahrung und helfen Sie ihm nicht bei der Suche nach Ausreden. Wer Verantwortung trägt, muss für sein Verhalten geradestehen. Im besten Fall heimst man Lob ein, im schlechtesten Fall muss man sich Tadel gefallen lassen.

Dies gilt nicht nur für das häusliche und familiäre Umfeld, in dem sich ein Kind bewegt. Da Kinder heute einen beträchtlichen Teil ihrer Zeit in digitalen Welten verbringen, müssen sie lernen, auch dort Verantwortung zu übernehmen. Wie und warum, das erkläre ich im Folgenden.

6 Wie wir die digitale Welt für unsere Zwecke nutzen können

Neulich saß beim Elternsprechtag ein völlig verzweifelter Vater vor mir. Es ging nicht um die Schulnoten seines Sohns, sein Betragen oder eines der vielen anderen klassischen

Themen, die Eltern und Lehrer seit eh und je verhandeln, sondern um ein neuzeitliches Problem: Smartphones. Wir saßen am Besprechungstisch, als er mir sein Leid klagte.

»Ich weiß nicht, was mit dem Jungen los ist«, meinte der Mann. »Er rennt draußen nur noch mit dem Handy vor der Nase rum. Das war doch früher nicht so. Und wissen Sie was?« Er schüttelte den Kopf. »Ich habe, ehrlich gesagt, überhaupt keine Ahnung, was er da eigentlich treibt.«

Ich habe dem Vater ein wenig Trost damit gespendet, dass es ihm nicht alleine so geht. Von Eltern – und auch Lehrerkollegen – höre ich bezüglich digitaler Medien immer wieder die gleichen Klagen. Diese sind, der Reihe nach:

1. Die Kinder verbringen viel zu viel Zeit mit Computern und Handys.
2. Jungen verdaddeln ihre Zeit meist mit Spielen.
3. Mädchen verdaddeln ihre Zeit meist mit Social-Media-Networking.
4. Die Kinder sind wegen der neuen Medien faul und nicht mehr so selbstständig.
5. Computer, Handys und generell alle digitalen Medien lassen unsere Kinder verblöden.

Bei jedem dieser Punkte nickte der besorgte Vater.

Ich beschrieb ihm dann, wie andere Eltern mit diesen Sorgen umgehen: In seltenen Fällen setzen Eltern auf Totalentzug und betreiben sogenannte Bewahrpädagogik, indem sie ihre Kinder von der neuen digitalen Welt fernhalten, ihnen also den Zugang zu Computern oder Handys komplett verwehren. Ich kenne tatsächlich solche Fälle. Einmal wollte ein Kind zu mir in die Informatik-AG, obwohl seine Familie zu Hause weder Internet noch Computer, Tablets oder Handys hatte. Das Kind war dann umso begeisterter, als es all diese Dinge in der AG benutzen durfte.

In einem anderen Fall war es einem 14-Jährigen nur erlaubt, das Handy seiner Mutter zu verwenden. Allerdings ging damit die technische Entwicklung komplett an ihm vorbei, denn seine Mutter hatte noch ein altes Tastenhandy aus den frühen Nullerjahren. Den Anschluss wird er zwar später vermutlich ohne Weiteres aufholen, aber für den Moment ist er von Klassenchats und Gesprächen ausgeschlossen.

Andere Eltern umarmen die neue Technik hingegen und setzen sie zu ihren Zwecken ein, nämlich zur Totalüberwachung ihrer Kinder. Sie installieren Spysoftware, die aufzeichnet, welche Apps das Kind benutzt oder welche Seiten es im Internet ansteuert. Andere nutzen GPS-Tracker, um dem Nachwuchs bei jedem Schritt auf den Fersen zu sein, oder lassen sich alle Passwörter ihres Kindes geben, damit sie freien Zugang zu seinen Accounts und damit die totale Kontrolle haben. Das alles kommt zum Glück nicht oft vor, doch die Möglichkeiten bestehen, und manche nutzen sie eben.

Wesentlich häufiger erlebe ich Eltern, die komplett überfordert sind von der digitalen Welt, die sich mit schwindelerregender Schnelligkeit entwickelt. Sie haben keine Ahnung, was ihre Kinder mit Computern und Handys tun, und geben ihnen völlig freie Hand, in der Annahme, dass ihre Kinder mehr davon verstehen als sie selbst.

Und dann sind da noch jene Eltern, die selbst digitale Trendsetter sind und das Internet als ihre eigene Lebenswelt begreifen. Sie haben Accounts bei Facebook, Instagram, Snapchat oder WhatsApp und benehmen sich dort auch noch wie Teenies. Sie vernetzen sich mit ihren Kindern, schicken lustige Bilder, poppen in deren Chats auf und entpuppen sich mit der Zeit immer mehr als virtueller Kumpel des Nachwuchses.

Der besorgte Vater hörte mir aufmerksam zu, während ich ihm all dies erzählte, und an seinem Gesichtsausdruck konnte ich ablesen, dass er bei jedem Wort abwog, ob das jeweilige Vorgehen vielleicht auch etwas für ihn sei.

Ich sagte ihm daher sehr schnell, was ich von alldem halte: herzlich wenig. Keiner dieser Lösungsansätze ist wirklich zielführend. Weder der Komplettentzug noch die totale Überwachung oder das digitale Anbiedern.

Ich sehe das alles etwas entspannter.

Ja, es ist sicherlich nicht gut, wenn unsere Kinder zu viel vor Computern, Handys oder Tablets hängen – vor allem solange sie dort nur stumpf konsumieren. Aber es ist auch nicht so brandgefährlich, wie allgemein behauptet wird. Entscheidend ist, ob die Kinder im realen Leben mit beiden Beinen auf dem Boden stehen. Es spricht überhaupt nichts dagegen, dass ein Kind an einem Wochenende mal sechs Stunden Computer spielt – solange es am nächsten Tag auch wieder etwas in der realen Welt unternimmt, Freunde trifft, zum Sport geht, draußen herumtollt. Und natürlich sollten Eltern ein Auge darauf haben, *was* ihre Kinder da spielen. Und eingreifen, wenn es ein Spiel ist, das sie nicht für altersgemäß halten.

Dennoch gehört das Handy unweigerlich zum heutigen Leben – auch von Kindern – dazu. Schon Zehn- oder Elfjährige treffen ihre Freunde online, bei WhatsApp, SnapChat und in anderen sozialen Medien. Sie tun dort das, was wir als Kinder früher in der Eisdiele gemacht haben: Sie unterhalten sich. Entziehen wir einem Kind also diese Plattformen, dann trennen wir es auch von seinem Freundeskreis – es wird zum Außenseiter. Und das ist genauso schlimm wie ein überbordender Medienkonsum.

Wahr ist auch, dass Kinder heute gleich das Handy rausholen, sobald sich mal eine ruhige Minute ergibt. Wenn wir unser eigenes Verhalten beobachten, werden wir aber feststellen: Bei uns Erwachsenen ist das nicht anders. Wir sind inzwischen darauf trainiert, dass auf allen möglichen Geräten und

Kanälen ständig etwas passiert. Wir ertragen es nicht mehr, keinen medialen Input zu haben. Das ist also ein generelles Problem. Wir leben heute in einer digitalisierten, bild- und reizüberfluteten Welt. Wir können zwar darüber jammern, das Rad der Zeit können wir aber nicht zurückdrehen.

Natürlich ist es nicht gut, wenn wir uns vom ständigen Info- und Unterhaltungsstrom der digitalen Medien einfach mitreißen lassen. Wir werden das Problem aber nicht lösen, indem wir unseren Kindern die neuen Medien einfach vorenthalten, und genauso wenig, indem wir sie einfach ahnungslos darauf loslassen, in der Hoffnung, es werde schon alles gut gehen. Denn die Welt, in der sie zukünftig leben werden, wird eine auf allen Ebenen digitalisierte sein. Darauf müssen wir unsere Kinder vorbereiten, wollen wir, dass sie sich darin zurechtfinden. Das geht nicht mit dem Holzhammer, sondern nur, indem wir ihnen beibringen, im digitalen Kosmos Verantwortung zu tragen.

Wir müssen dabei geschickt vorgehen. Das bedeutet, wir sollten uns zunächst vergegenwärtigen, dass die digitalen Medien nicht nur Bespaßungsmaschinen sind, sondern auch nützliche Werkzeuge, die uns im Alltag, in der Schule und im Beruf das Leben erleichtern.

Früher haben wir uns als Kinder in der Schule verabredet oder nachmittags miteinander telefoniert. Heute regeln die Kinder das über WhatsApp. Es ist letztlich nur eine andere Form der Kommunikation – eine einfachere obendrein, die dazu führt, dass man sich viel schneller und spontaner mit Leuten treffen kann.

Auch unsere Mobilität hat sich wesentlich vereinfacht. Wir brauchen keine Bus- oder Bahnfahrpläne mehr zu studieren, die nur an den Haltestellen hingen oder die man sich aufwendig als fummelige Faltpläne irgendwo besorgen musste und dann doch nie im richtigen Moment zur Hand hatte. Heute genügt eine Google-Suche oder ein Klick auf die entsprechende App. Warum also eine Papierkarte mitschleppen, wenn es digital viel unkomplizierter geht?

Ich erlebe in meiner AG immer wieder: Wenn die Kinder wissen wollen, wie sie einen Ort erreichen, zücken sie das Handy und sehen nach. Und das ist auch völlig in Ordnung. Es ist für sie dadurch viel einfacher geworden, alleine irgendwohin zu gelangen. Richtig eingesetzt, können digitale Medien die Selbstständigkeit der Kinder also sogar fördern.

Und das gilt auch für den Wissenserwerb. Wenn man sich früher eine Information suchte, musste man sehr viel lesen, Nachschlagewerke wälzen, vielleicht sogar tagelang in einer Bibliothek hocken, bis man das Gesuchte gefunden hatte. Heute googeln die Kids alles oder schlagen bei Wikipedia nach. Das ist doch wunderbar! Es ist ein einfacher und schneller Weg, an Wissen zu gelangen.

Bei meinen Schülern beobachte ich übrigens, dass die Digitalisierung sie entgegen aller Vermutungen sogar wieder vermehrt in Bibliotheken treibt. Diese sind nämlich überraschenderweise sehr nah am Puls der Zeit, jedenfalls sind sie bei der Nutzung der digitalen Welt wesentlich weiter als Schulen und Behörden. Voll digitalisierte Bibliotheken bieten neben Büchern und CDs oft eine ganze Reihe an Blu-Ray-Discs, DVDs und Konsolen-Spielen an. Außerdem sind meistens auch viele Zeitschriften und spannende Aktionen im Angebot. Und ein Großteil der Leihe läuft heute online in Form von E-Books. Tausende Bücher sind so nur einen Klick weit entfernt, und das Wissen, das in ihnen steckt, ist binnen Sekunden auf den Rechner oder den E-Reader zu Hause heruntergeladen. Unseren Kindern eröffnet sich da gerade eine unendliche Welt des Wissens, von der wir früher nicht einmal träumen konnten.

Sogar beim Computerspielen kann man eine Menge lernen. Ich habe selbst in meiner Jugend viel am Rechner gespielt, zum Beispiel Handels- oder Aufbauspiele, in denen man

Waren kaufen und verkaufen muss, um ein Handelsimperium zu errichten. Eindrucksvoller als alle Schulbücher brachten mir diese Spiele die Gesetze des Marktes bei. Lehrreich waren auch Rollenspiele, bei denen man erst bestimmte Fertigkeiten eines Charakters entwickeln muss, um einen gewünschten Beruf zu ergreifen. Ich übertrug das auf das reale Leben, wo wir uns ja auch in einer Art Live-Rollenspiel bewegen. So wurde mir schnell klar, dass ich meine eigenen Fähigkeiten genauso entwickeln – »leveln« – muss wie meine Spielfiguren in der virtuellen Welt, um meine beruflichen Träume zu verwirklichen.

Und so ist es mit fast jeder Gattung von Computerspielen: Von Jugendlichen, die Shooter spielen, weiß man inzwischen, dass sie eine deutlich gesteigerte Reaktionsfähigkeit und ein besseres räumliches Orientierungsvermögen haben. Sie können sich beispielsweise auf einer großen Kreuzung besser orientieren als Menschen, die nicht spielen. Vielleicht haben sie sogar später beim Autofahren eine schnellere Reaktionszeit. Und Onlinegames, bei denen Kinder in Gruppen mit- und gegeneinander spielen, schulen die Kommunikationsfähigkeit und lehren, wie man größere Teams organisiert, strategisch vorgeht – und das virtuell, was den Kindern später in der voll digitalisierten Berufswelt zugutekommen kann.

Der Computer muss also kein rein abstumpfendes Konsuminstrument sein. Er kann neue Welten und Spielräume eröffnen und bietet Möglichkeiten für kreative Interaktion. Nirgendwo steht geschrieben, dass Kinder stundenlang nur davorhocken und YouTube-Filmchen gucken müssen. Sie können auch ihre eigenen Filme für YouTube drehen und hochladen. Genau das erlebe ich bei manchen meiner Schüler. Hier zeigt sich das positive Potenzial, das die neuen Medien bei Kindern und Jugendlichen wecken können. Denn wenn Kinder beispielsweise einen YouTube-Clip drehen, werden sie produktiv und zeigen Eigeninitiative. Sie gestalten, treffen auf Probleme, die gelöst werden wollen, sie lernen von anderen und verfolgen ein Ziel. Vielleicht erstellen sie auch ganze Websites oder programmieren ein kleines Game – die Möglichkeiten sind vielfältig.

Das Problem sind also nicht die digitalen Medien an sich. Es ist nicht das Handy, der Computer, das Tablet oder die Programme darauf. Digitale Medien wirken nicht per se verantwortungsvollen Kindern entgegen.

Entscheidend ist, wie die Kinder mit den Möglichkeiten der digitalen Medien umgehen. Dann können diese Eigeninitiative, Selbstständigkeit und Verantwortung sogar stärken. Und diese Verantwortung sollten sie ab einem gewissen Alter selbst tragen können.

Wesentlich schwieriger ist die Frage zu beantworten, wer sich darum kümmern sollte, die Kinder entsprechend aufzuklären und sie an diese Verantwortung heranzuführen.

Die Eltern, sagen die Lehrer.

Die Lehrer, sagen die Eltern.

Womit das Problem nicht gelöst, sondern die Verantwortung nur hin- und hergeschoben wird.

Gemeinsam würden wir mehr erreichen. Denn Eltern und Lehrer stehen ja im Grunde vor demselben Problem: Beide sind mit der Aufgabe reichlich überfordert.

Das Rad der digitalen Welt dreht sich viel zu schnell, als dass Eltern zwischen Beruf, Familienmanagement und Alltagsbewältigung mithalten könnten. Nachdem erst alle auf schülerVZ und dann bei studiVZ waren, trat eine Wanderbewegung zu Facebook und Twitter ein, die sich nun aber auch schon wieder zugunsten anderer Anbieter abschwächt. Ob WhatsApp, Instagram oder SnapChat – sobald Eltern sich gerade an eine Plattform gewöhnt haben, sind plötzlich drei neue unter den Kindern angesagt.

Viele Eltern befinden sich in einem Wettrennen, das sie kaum gewinnen können. Die Kinder sind ihnen immer einen

Schritt voraus – die Auffassungsgabe der Digital Natives ist in diesen Dingen einfach schneller, und Trends verbreiten sich in ihren Gruppen im Handumdrehen.

Dieselbe Problematik stellt die Schulen ebenso vor neue Fragen und Herausforderungen. Auch wir befinden uns im Wettbewerb mit Smartphones und Co. Digitale Medien und die Schulung des Umgangs mit ihnen sind heute ein zentrales Thema. Keine Schule kann einfach sagen: Wir machen da nicht mit, der Lehrplan ist voll genug. Die Vermittlung von Medienkompetenz ist inzwischen auch Aufgabe der Schule geworden.

Was geschieht? Wir stopfen den Unterricht zu digitalen Medien in den ohnehin übervollen Lehrplan hinein, zusätzlich zum normalen Stoff, zur Aufklärung über Drogen, Lernen lernen, Sozialkompetenz-Kursen, Klassengemeinschaftsaufbau, Antimobbing- und Antigewalttrainings, Sexualkunde, Einheiten zur richtigen Ernährung oder zur Integration von Behinderten. Es wird dann Textverarbeitung in Deutsch gelehrt, PowerPoint-Unterricht in Erdkunde oder Biologie erteilt, Tabellenkalkulation in Mathematik besprochen und soziale Medien in Politik integriert.

Klingt erst mal gut. Die Realität aber ist: Das steht zwar alles im Stundenplan, doch die Lehrer sind damit überfordert. In den seltensten Fällen werden die Themen tatsächlich in angemessenem Umfang im Unterricht behandelt, die Zeitnot lässt eher nur homöopathische Dosen zu. Wobei ich an dieser Stelle eine Lanze für meine Kollegen brechen muss – es geht einfach nicht anders. Die Lehrpläne sind ohnehin schon überfüllt, und an einigen Schulen gibt es zudem zu viele Unterrichtsausfälle, sodass es schier unmöglich ist, digitale Kompetenzen sinnvoll zu schulen.

Das andere Problem ist das Know-how. Es reicht nicht aus, Kindern einfach zu erklären, wie man ein wenig mit PowerPoint herumspielt. Man sollte ihnen neben den reinen Programmfunktionen auch beibringen, was eine gute Präsentation ausmacht. Und die Präsentation eines Sechstklässlers sollte anders aussehen als die eines Neuntklässlers. Auch wirken zum Beispiel die Aufzählungszeichen bei Listen, wie man sie in den Neunzigerjahren benutzte, um möglichst viele Argumente auf einer Seite zu versammeln, inzwischen veraltet. Moderne Präsentationen leben von Bildern und Emotionen und kommen mit einem Mindestmaß an Text aus, nur wissen das die wenigsten Lehrer.

Das soll kein Kollegenbashing sein. Ich kenne einen Politiklehrer, der Ende 50 ist. Er ist ein Genie in seinem Fach. Aber was soll er den Kindern authentisch über Facebook beibringen, wenn er es selbst nicht benutzt? Seine Schüler sind da viel weiter als er, und es hilft wenig, ihn auf eine Fortbildung zu schicken. Denn bis er die Materie verinnerlich hätte, die AGBs durchforstet hat und Vor- und Nachteile einzelner Möglichkeiten von Facebook kennt, wäre sein Wissen vermutlich schon wieder veraltet. Und wie sollte er seinen Schülern verständlich und authentisch etwas über Datenschutz und Persönlichkeitsrechte bei Facebook oder Snap-Chat vermitteln, wenn er die Plattformen noch nie selbst benutzt hat? Schließlich muss man auch wissen, welche Privatsphäreneinstellungen möglich sind und bei welchen Vorgängen man private Daten hergibt.

Schule und Lehrer können sich nicht aus der Verantwortung stehlen, wenn es darum geht, Kinder auf die digitale Welt vorzubereiten – darauf werde ich im nachfolgenden Abschnitt noch eingehen. Die Verantwortung über die Aufklärung der Kinder liegt aber auf beiden Seiten – auf der von Lehrern wie von Eltern. Und doch muss sie notwendigerweise im Elternhaus beginnen. Wer dem Kind das Handy oder den Computer kauft, hat auch dafür Sorge zu tragen, dass es damit sinnvoll und verantwortlich umgeht.

Bei einem acht- oder neunjährigen Kind sollten die Eltern

wissen, was es mit den digitalen Geräten macht, die sie ihm anvertrauen. Kindersperren, Zeitlimits und Internetfilter sind nützliche Hilfsmittel – sie ersetzen aber nicht das intensive Gespräch zwischen Eltern und Kind, in dem unter anderem klare Vereinbarungen getroffen werden, was das Kind machen darf. Dann kann das Kind langsam in dem gesteckten Bereich voranschreiten, die Eltern können nach und nach die Schranken lockern. Spätestens mit 13 oder 14 Jahren sollte ein Kind fit und reif für die digitale Welt sein.

Damit meine ich nicht, dass es genügt, wenn wir den Kindern beibringen, wie man ein Handy ein- und ausschaltet, einen Text in Word schreibt oder ein Video bei Facebook postet. Bei allen aktuellen Programmen, Websites und Apps auf dem Laufenden zu sein, wird uns nicht gelingen, weil wir, wie beschrieben, immer hinterherhinken werden.

Viel entscheidender ist aus meiner Sicht daher, dass Sie Ihre Kinder auch im digitalen Bereich zur Eigenverantwortlichkeit erziehen. Kinder sollen selbst entscheiden können, was sinnvoll ist und was nicht. Und sie sollen Verantwortung für sich übernehmen können.

Dafür sind drei Dinge wichtig:

1. Der konsequente Einsatz digitaler Medien als Werkzeuge. Kinder müssen lernen, dass Handys, Computer und Co. keine reinen Konsum- und Bespaßungsgeräte sind, sondern nützliche Helfer im Alltag, in der Schule und später im Beruf. Kinder sollen lernen, wie sie die digitale Technik nutzbringend für ihre Belange einsetzen können.
2. Die umfassende Aufklärung über Risiken. Hier geht es um Grundlegendes wie Datenschutz, Copyright, Privatsphäre und andere Fallen, die im Internet lauern. Sie sollten nicht wertend vorgehen und den Kindern beispielsweise beibringen, dass Google oder Facebook böse sind, weil sie die Daten ihrer Nutzer sammeln. Viel sinnvoller ist es, den

Kindern die Hintergründe und Motive zu erklären: also warum Shoppingseiten oder soziale Medien auf ihre Daten aus sind, welchen Nutzen die Betreiber davon haben – und vor allem, welcher Nachteil den Kindern daraus entstehen kann. Deshalb ist auch der letzte Punkt elementar:

3. Werfen Sie mit Ihren Kindern einen Blick hinter die Kulissen. Es ist gut für sie, die digitalen Angebote nicht nur als Anwender zu kennen, sondern auch aus Entwicklersicht. Warum arbeiten Spiele überhaupt mit Leveln und Punkten? Wo und wie ziehen soziale Medien den Nutzern die Daten aus der Tasche? Kinder sollen wissen, wie Programme gemacht werden, zum Beispiel ebenjene, die primär Nutzerdaten ziehen, aber auch Computerspiele. Jemand, der weiß, dass diese Spiele heute darauf programmiert sind, bei Anwendern eine ständige Endorphinausschüttung auszulösen, damit sie möglichst viel und lange spielen, kann besser für sich einschätzen, ob er der Game-Industrie schon auf den Leim gegangen ist und zu viel vor dem Rechner hockt.

Die Kinder sollen aber nicht nur Verantwortung für sich selbst übernehmen – sondern auch für andere.

Und auch dafür müssen sie die grundlegenden Funktionsweisen und Wirkmechanismen der digitalen Welt verstehen. Das beste Beispiel, wenn es um die Verantwortung geht, die Kinder für andere im digitalen Kosmos tragen, ist Cybermobbing.

Mobbing unter Kindern (wie auch unter Erwachsenen) hat es immer schon gegeben. Auch früher konnte man anonym über jemand anderen herziehen, indem man Sprüche mit seinem Namen an die Wand in der Toilette schmierte. Heute geschieht dasselbe, nur eben im Internet.

Was die Sache schlimmer macht als früher, ist, dass sich der Kreis jener, die solche Botschaften sehen, um ein Vielfaches vergrößert hat. Zudem lässt sich der Spruch an der Wand wegwischen oder überstreichen – was aber einmal im Internet steht, bleibt. Das Netz vergisst nicht so schnell.

Einiges ist also neu, der Ursprung des Mobbings ist aber derselbe geblieben: das Kind, das ein anderes schikaniert.

Hier ist also auch nicht das Medium das Problem, sondern der Umgang damit. Jeder ist heute in gewissem Sinne Publizist, da er freien Zugang zu digitalen Werkzeugen hat, die ihm potenziell ein Millionenpublikum eröffnen. Wenn unsere Kinder also mit solchen Programmen umgehen, müssen sie verstehen, welche Macht sie in Händen halten und welchen immensen Schaden sie anrichten können, wenn sie Gerüchte über andere in Umlauf bringen – und sei es nur aus Unwissen- oder Unbedachtheit. Sie müssen lernen, in diesem Rahmen verantwortlich zu handeln.

Lassen Sie mich noch an einem anderen Beispiel klarmachen, was es bedeutet, digitale Verantwortung für sich und andere zu übernehmen – in einem Bereich, der alle Teenager und ihre Eltern irgendwann sehr beschäftigt: Liebesbeziehungen.

Teenager verlieben sich heute genauso wie früher, und ihre Beziehungen nehmen auch noch immer denselben Verlauf, das heißt: Bei den meisten ist früher oder später Schluss. Neu ist, dass es zu diesem Zeitpunkt oft eine Menge digitaler Fotos oder Videos gibt – oft auch Nacktfotos des oder der Liebsten, die sich die Jugendlichen auf WhatsApp oder Snapchat hin- und herschicken. Die Sache ist so: Da wir Jugendliche in diesem Alter nicht mehr komplett überwachen können, liegt die Verantwortung in der Hand der Kinder. Einerseits die Verantwortung, sich nicht nackt fotografieren zu lassen. Andererseits aber auch die Verantwortung, mit diesen Bildern kein Schindluder zu treiben und jemandem mutwillig Schaden zuzufügen, indem man die Fotos online postet oder in WhatsApp-Gruppen versendet.

Auf dieses verantwortliche Handeln müssen Eltern und Lehrer die Kinder gemeinsam vorbereiten. Wir müssen ihnen zeigen, wie die digitale Welt funktioniert. Im entsprechenden Alter sollte dann eine solide Vertrauensbasis geschaffen sein, die es zulässt, Kinder machen zu lassen – weil sie dieser Verantwortung tatsächlich gewachsen sind.

Was aber geschieht, wenn dies nicht gelingt, wenn Eltern feststellen, dass ihr Kind doch zu viel am Computer spielt und vom Handy nicht mehr loszubekommen ist? Diese Geräte sind Verführer und dafür gemacht, dass wir – insbesondere aber Kinder – auf die Verlockungen anspringen. Mit Leveln, Punkten, Anzeigen für neue Nachrichten locken sie, hinzuklicken und weiterzumachen. Natürlich schadet ein wenig Computerspielen oder Handyzocken nicht, aber wenn es überhandnimmt, verpasst das Kind wichtige Erlebnisse in der realen Welt.

Eltern sollten daher rechtzeitig Optionen außerhalb des digitalen Universums aufzeigen. Und damit meine ich attraktive Gegenmodelle, nicht den Spaziergang am Wochenende, der selbst uns als Kinder schon gelangweilt hat. Eltern müssen sich Mühe geben, wenn sie mit der digitalen Welt konkurrieren wollen. Das ist nicht ganz einfach, aber generell gilt: Kinder funktionieren heute nicht grundsätzlich anders als früher. Sie sind immer noch heiß auf Abenteuer in der Wirklichkeit und Erlebnisse mit Gleichaltrigen – und an diese muss man sie heranführen, Optionen in der realen Welt schaffen: sei es das Toben im Wald oder im Park, ein Zeltwochenende, eine Radtour oder ein Haik. Wenn man abends erschöpft am Lagerfeuer sitzt, holt ganz bestimmt kein Kind mehr das Handy heraus oder sehnt sich nach dem Joystick.

Ich weiß, viele Eltern lesen dies nun und sehnen sich nach einem einfachen Rezept, ihre Kinder vom Computer wegzulocken. Vor allem, wenn diese in einer Tour nur noch am Rechner zocken und die Noten in den Keller gehen.

Leider muss ich Sie enttäuschen: Ein leichtes Rezept gibt es nicht, und ja, manchmal muss man Kinder und Jugendliche zu ihrem Glück zwingen und ihnen den Computer verwehren. Aber wenn dann das passende Alternativangebot fehlt, nichts auch nur ansatzweise die Endorphine produziert wie das Spielen am Computer, dann wird dies bei dem Kind oder Jugendlichen immer wieder zu Frust führen und auch zu vielen Streitigkeiten mit den Eltern.

Schaffen Sie also – am besten rechtzeitig noch vor der Pubertät – spannende Alternativen, oder sorgen Sie rechtzeitig dafür, dass Ihr Kind den nötigen Freiraum hat, um diese kennenzulernen.

7 Verpassen wir Kindern einen Motivationsschub

Ich habe schon in jungen Jahren Jugendgruppen und Ferienfreizeiten geleitet. Auch damals lagen mir die Motivation und die Problemlösungskompetenz der Kinder schon sehr am Herzen, obwohl ich selbst noch nicht ganz erfasst hatte, wie wichtig beides dafür ist, dass aus Mädchen und Jungen verantwortungsvolle Erwachsene werden. Ich entwarf zu jener Zeit zahlreiche Spiele, mit denen ich speziell jene Fähigkeiten stärken wollte, die aber in erster Linie einfach Spaß machen sollten. Eine dieser Kreationen wurde bei den Kindern ein echter Renner. Ich nannte sie: das Umschlagspiel. Und es geht so:

Wir befinden uns im Jahr 1998. Ich bin mit einer Gruppe von Kindern im Alter zwischen 12 und 15 Jahren in der damaligen Bundeshauptstadt Bonn unterwegs. Die Kinder bekommen ein paar Taler von mir. Manchmal nehme ich diese goldenen Schokotaler, es gehen aber natürlich auch Papiermünzen oder jede andere Form von Spielgeld. Es gibt also eine gewisse Währung.

Mit dem Geld können die Kids sich bei mir Umschläge kaufen. Ich habe Umschläge, die 3 oder 5 Taler kosten, ich habe aber auch welche, die 20 Taler kosten. Jeder Umschlag enthält eine Aufgabe.

Lösen die Kinder diese Aufgabe, erhalten sie als Belohnung Taler, und zwar in jedem Fall mehr, als sie für den Umschlag bezahlt haben.

Ich reiche den Kindern jetzt einen Umschlag für 5 Taler. Sie öffnen ihn und ziehen den Zettel heraus, den ich mit einer Aufgabe beschriftet habe:

Versucht, 10 Leute in eine Telefonzelle zu bekommen.

Damit steht die Gruppe schon mal vor einem Problem, sie besteht nämlich nur aus acht Leuten, und schon diese passen nicht in eine Telefonzelle.

Die Kreativität der Kinder ist also gefragt und damit ihre Problemlösungskompetenz, die unabdingbar ist, wenn man Verantwortung übernehmen will. Sie brauchen zwei weitere Menschen, und sie müssen das Platzproblem lösen.

Die Kinder laufen durch die Stadt, sie sprechen Fremde an, Eltern und ihre Kinder, denen sie das Spiel erklären und mit denen sie dann versuchen, sich in die Telefonzelle zu quetschen. Ich begleite die Gruppe in einigem Abstand, um zu sehen, wie sie die Aufgabe bewältigen.

Sie schaffen es schließlich, indem sie mehrere kleinere Kinder überreden, sich auf die Schultern nehmen zu lassen. Es lohnt sich: Sie bekommen von mir für ihre 5 Taler Einsatz ganze 10 Taler retour. Das gewonnene Spielgeld investieren die Kinder nun in neue, teurere Umschläge, die kniffligere Aufgaben enthalten.

Die Aufgaben des Umschlagspiels sind alle ausgefallen, sie bedürfen einer kreativen Lösung. Mal müssen sich die Teilnehmer des Spiels mit ihren Überredungskünsten einen gratis Hamburger beschaffen. Mal müssen sie es hinbekommen, dass in einem Elektrogroßmarkt ein bestimmtes

Foto auf den ausgestellten Fernsehern erscheint. In einem anderen Umschlag steckt die Aufgabe, ein Familienfoto zu machen, auf dem eine Oma, ein Opa, eine Mutter, ein Vater und zwei Kinder zu sehen sind. Da eine solche Kombi natürlich selten durch die Stadt läuft, müssen sie Wildfremde überreden, sich zu einer Großfamilie zusammenstellen zu lassen, um ein Gruppenbild zu machen.

Je teurer der Umschlag, desto skurriler die Aufgaben. In den günstigen Umschlägen stecken hingegen Aufgaben wie:

Frage einen Verkäufer im Supermarkt, ob er schon mal einen kenianischen Zuchtbullen mit einem Ochsenfrosch gekreuzt hat.

Nicht sonderlich schwer, doch es hilft, die Scheu abzulegen und mit Menschen in Kontakt zu treten – und es macht einfach Spaß.

Für eine der schweren Aufgaben habe ich mitten in der Bonner Fußgängerzone einen Bereich hauchdünn mit Kreide markiert – ein Quadrat von fünf mal fünf Metern Größe. Die Aufgabe: Eine Minute lang darf niemand das Quadrat betreten, andernfalls startet die Zeit wieder von vorne. Die meisten Passanten bemerken das Quadrat auf dem Boden gar nicht. Die Kinder versuchen erst, es abzusperren, und sprechen die Leute an, bitte nicht durch den markierten Bereich zu gehen – was die meisten nicht verstehen oder einfach missachten. Und um den kompletten Bereich mit nur acht Leuten zu umstellen, sind fünf mal fünf Meter eben schon zu groß.

Die Kinder müssen sich also wieder etwas Originelles einfallen lassen, zumal der Umschlag recht teuer war und sie ihren hohen Einsatz nicht verlieren wollen. Sie kommen schließlich auf die Idee, einen von ihnen in der Mitte des Quadrats zu positionieren. Es ist ein Mädchen, das nun eine kleine Show veranstaltet: Es führt einen Tanz zu »We will Rock you« auf und versucht sich sogar im Breakdance.

Die anderen stellen sich auf den Linien des Quadrats so auf, als wären sie Publikum. Mit der Zeit sammeln sich immer mehr Zuschauer, die sich in einem größeren Kreis um das Quadrat herumstellen und zusehen. Und so gelingt es den Kindern, dass die Fläche eine Minute lang nicht von anderen Menschen betreten wird.

Die Aufgabe ist gelöst, die Kinder bekommen von mir den Gewinn in Talern ausgeschüttet, von denen sie sich einen teureren Umschlag kaufen. Darin ist die schwerste Aufgabe, und die hat mit meinem Fach Mathematik zu tun:

Ermittelt alle Zahlen, die siebenstellig sind, in denen die Ziffern von 1 bis 7 nur einmal vorkommen und die durch 7 teilbar sind.

Das kann man mit dem Taschenrechner versuchen, der einem allerdings höchstens eine einzige Zahl auf einmal auswirft, nie aber alle. Das finden die Kinder auch schnell heraus, nachdem sie sich in einem Schreibwarenladen einen Taschenrechner besorgt haben. Danach stehen sie erst einmal auf dem Schlauch. Irgendwann kommt einer von ihnen auf die Idee, zur Universität zu fahren und sich dort bei Fachleuten zu erkundigen.

Sie machen sich schlau, wo der Studiengang Informatik an der Uni Bonn zu finden ist, und fahren dann mit dem Bus und der Straßenbahn zum entsprechenden Institut. Da sie noch nie an einer Uni gewesen sind, kennen sie sich dort nicht aus. Sie betreten das Gebäude, fragen sich durch und platzen schließlich einfach in eine Vorlesung. Möglichst unauffällig – was ihnen natürlich nicht so recht gelingt – schleichen sie durch die Reihen, bis sie einen Studierenden finden, der ihnen helfen will. Er kann die Vorlesung nicht sofort verlassen, verspricht aber, sich der Sache danach anzunehmen.

Als sie ihn nach der Veranstaltung abpassen, erklärt er ihnen, dass er dazu ein kleines Programm programmieren müsse, und sie vereinbaren einen Ort, wo er später die Ergebnisse für die Kinder deponieren wird.

In der Zwischenzeit spielen wir weiter, lösen die Aufgaben in anderen Umschlägen. Die Kinder haben kaum Hoffnung, dass der Student ihnen wirklich helfen wird, sie glauben ihre Taler bereits verloren. Als sie nach zwei Stunden wiederkommen, liegt die Liste mit Hunderten von Zahlen aber tatsächlich am vereinbarten Ort. Meine Gruppe jubelt und ist total euphorisch. Das war die »Masteraufgabe«, und sie haben sie bewältigt. Welch ein schönes Ende für einen so tollen Nachmittag.

Ich spiele das Umschlagspiel noch heute mit Kindern. Die Aufgaben des Spiels sind unterschiedlich, aber sie haben im Kern alle damit zu tun, dass man kreativ werden und vor allem mit anderen Leuten interagieren muss. Es ist wichtig, den Kindern solche Problemlösungskompetenz beizubringen, sie dazu zu bewegen, eine Aufgabe als Herausforderung und nicht als Last zu sehen, weil dies ein Bereich ist, der von der Schule und den Eltern üblicherweise wenig bis kaum geschult wird. Und die Kinder haben immer einen Mordsspaß. Man muss auch ein bisschen Mut haben, mal etwas wagen – und das ist eben der Unterschied zur klassischen Rallye oder Schnitzeljagd. Diese laufen meist nach demselben Muster ab: *Geh irgendwohin, schreibe dort etwas ab, bringe was mit.* Das lehrt die Kinder nichts. Die Aufgaben sind so gleichförmig, dass sie diese fünf Minuten nach dem Lösen wieder vergessen haben. Sie sind daran interessiert, einen Preis zu erringen, nicht an dem Weg, wie sie die Aufgabe lösen.

Das Umschlagspiel hingegen ist eine Methode, mit der ich Kinder motiviere. Denn sie lernen dabei einige wichtige Dinge wie Teamarbeit, Durchhaltevermögen, Zielstrebigkeit, Kreativität und dass knifflige Aufgaben tatsächlich auch Spaß machen können und es sich lohnt, dranzubleiben. Dies sind alles Eigenschaften, die Kinder darauf vorbereiten, später als Erwachsene Verantwortung zu tragen. Meiner Erfahrung nach wirken sich solch positive Erfahrungen auch positiv auf schulische Leistungen und das Engagement im Unterricht aus.

Ich bin deshalb sehr dafür, dass wir uns als Lehrer und Eltern mehr Mühe geben, Kinder zu motivieren. Wer motiviert ist, schafft leichter gute Leistungen und traut sich auch eher, Verantwortung zu tragen.

Natürlich ist das kein einfaches Unterfangen. Wie schaffe ich also echte Motivation?

Dazu muss ich mir über die Hebel im Klaren sein, die ich bei Kindern ansetzen kann. Zunächst einmal gibt es zwei Möglichkeiten, wie ich jemanden dazu bringe, zu tun, was ich will:

Ich kann Druck ausüben oder ihn motivieren.

Druck ist das deutlich leichtere Mittel, denn man braucht nicht so viel Kreativität. Man muss sich nur eine Konsequenz, eine Strafe überlegen, wenn ein Kind die Aufgabe, die ich erledigt wissen möchte, nicht ausführt. Das System Schule, so wie wir es heute kennen, basiert weitgehend auf dieser Methode: Fehler werden markiert, es gibt mündliche Rügen, zusätzliche Hausaufgaben werden vergeben, Nachsitzen und schlechte Noten verteilt. Natürlich kann eine gute Note auch motivieren, aber sie ist ein Teil dieses Leistungssystems.

Weitaus nachhaltiger, als Druck auszuüben, ist es jedoch, Kinder zu begeistern und zu motivieren – allerdings ist das auch viel schwieriger.

Am Anfang meiner Laufbahn als Lehrer hatte ich mir vorgenommen, nur mithilfe von Motivation zu arbeiten. Aber so ganz funktionierte das nicht, denn ich begriff schnell, dass es beides braucht, um ein Ergebnis zu erzielen: Druck und Motivation. Ich kann hier jedoch nur ermutigen, wesentlich mehr über Motivation denn über Druck zu arbeiten, weil sich dies für die Kinder positiver auswirkt:

Gelerntes verfestigt sich viel schneller und nachhaltiger, wenn man es aus echtem Interesse aufsaugt, anstatt es sich unter Zwang für die nächste Klassenarbeit anzueignen, nur um es danach gleich wieder zu vergessen.

Es gibt einige Mittel, mit denen wir Jugendleiter, Trainer, Lehrer und Eltern echte Motivation bei den Kindern erzeugen können:

Werben wir für eine Aufgabe. Als Betreuer auf Jugendfreizeiten habe ich früh begriffen, dass Lehrer und Eltern auch gute Verkäufer sein müssen. Damals standen wir als Betreuer oft vor dreißig, vierzig Kindern und stellten unsere Workshops vor, wobei jeder darauf hoffte, genügend Teilnehmer für seine Gruppe anzuwerben. Mit der Zeit lernte ich, meine Workshops so anzupreisen, dass ihre Inhalte genau auf meine Zielgruppe ausgerichtet waren – ich kannte die Lebenswelt der Jugendlichen und wusste, worauf sie positiv reagierten. Manchmal überlegten wir uns abends in der Betreuerrunde sogar irgendwelche Quatschworkshops, die wir dann aber so verkauften, dass es sehr interessant klang. Sicher kann man über die Sinnhaftigkeit von Workshops mit dem Titel »Theoretisches Tiefseefischen« oder »Wandstarren« diskutieren – wir konnten sie aber so gut anbieten, dass sie in Nullkommanichts voll waren. Das Ergebnis war dann unter anderem, dass ich an einem Morgen tatsächlich mit fünfundzwanzig Kindern zwei Stunden lang eine weiße Wand angestarrt habe, bis wir uns alle vor Lachen bogen.

Inhalte gut zu verpacken ist also, was die Motivation angeht, die halbe Miete. Diesen Rat habe ich auch neulich einem Freund gegeben, der ihn sofort ausprobiert hat. Er wohnt in einer Vorstadt von Köln und hatte die Erfahrung gemacht, dass seine beiden Töchter – Zwillinge und acht Jahre alt – nicht besonders gut auf seinen Vorschlag ansprachen, am Wochenende doch mal einen Spaziergang durch die Stadt zu machen. »Laaaaangweilig!«, war die Reaktion der Kinder gewesen. Nachvollziehbar, immerhin wäre es uns als Kindern früher ja genauso gegangen.

Nachdem ich mit meinem Freund gesprochen hatte, überlegte er ein paar Tage und tat dann Folgendes: Er sagte den Kindern, dass er mit ihnen gerne ein Pfadfinderspiel machen würde. Pfadfinder, das finden die meisten Kinder cool. Zu ihrem Entzücken erklärte er dann, dass es in Köln ein Schokoladenmuseum gibt. Er nannte ihnen die Adresse, drückte den Kindern einen Stadtplan und einen Fahrplan der Straßenbahn in die Hand und trug ihnen auf, ganz alleine den Weg dorthin zu finden. Die Mädchen waren Feuer und Flamme, und am nächsten Samstag zogen sie los, meinen Freund als passiven Beobachter im Schlepptau.

So kam mein Freund zu seinem Spaziergang durch die Stadt, der für seine Kinder ganz nebenbei auch noch eine wunderbare Übung in Eigenständigkeit war.

Sind die Kinder älter, könnte man mit ihnen alternativ auch ein Geocaching-Spiel machen, bei dem sie zum Beispiel im Wald mittels GPS-Koordinaten nach versteckten Schätzen suchen müssen. Eltern sollte es nicht schwerfallen, ihren Kindern eine solche Aktion zu verkaufen: Die Koordinaten müssen nämlich mit dem Handy oder GPS-Geräten ermittelt werden, was der Nachwuchs üblicherweise recht faszinierend findet.

Stecken wir mit Begeisterung an. In der Schule wird mir oft klar, dass die Kinder nicht so begeistert vom Informatikunterricht wären, wenn ich nicht selbst so sehr dafür brennen würde. Begeisterung schwappt von einer zur anderen Person über. Dabei hilft es zusätzlich, wenn die Person, die diese Begeisterung vermitteln will, sympathisch und beliebt ist – womit Eltern praktisch prädestiniert sind, ihre Kinder mit Begeisterung für ein Thema anzustecken.

Damit diese Strategie funktioniert, muss die eigene Begeisterung natürlich echt und nicht nur gespielt sein. Sind Eltern etwa der Meinung, ihr Kind müsste, aus welchem Grund auch immer, unbedingt ein Instrument erlernen, obwohl sie selbst nicht die geringste Beziehung zur Musik haben, dann sind die Chancen gut, dass auch der Sprössling sich nicht die Bohne dafür interessieren wird. Lesen die Eltern hingegen viel und zeigen Freude daran, wird sich das Kind fast automatisch für die Bücherwelt interessieren. Solche Momente gilt es dann zu nutzen, um das Feuer für Neues in einem Kind zu wecken.

Nutzen wir Vorbilder. Kinder imitieren vieles, und sie eifern ihren Vorbildern nach, und damit meine ich jetzt nicht die üblichen Show- oder Sportstars. Auch ein Klassensprecher kann ein Vorbild sein, wenn er seinen Job in der Klasse besonders gut erledigt. Das kann bei anderen Kindern die Lust wecken, es auch einmal zu probieren. Auch der Zugang zu bestimmten Kreisen, der in Aussicht gestellt wird, kann andere dazu bringen, ebenfalls zum Kreis der Eingeweihten gehören zu wollen. Das nutze ich beispielsweise in der AG, in der nur die Trainer beziehungsweise meine Orgakreisler zu bestimmten Treffen Zugang haben. Sie genießen ein gutes Ansehen in der AG, und darum werden sie von anderen beneidet, die dann ebenfalls diese Position anstreben. Sie haben Lust darauf, obwohl die Position des Trainers und des Orgakreislers mit Mehrarbeit und Anstrengung verbunden ist.
So etwas kann auch innerhalb der Familie funktionieren. Eltern können ihrem Kind signalisieren: Erledigst du bestimmte Arbeiten wie Rasenmähen, Staubsaugen oder regelmäßige wöchentliche Besorgungen zuverlässig, dann werden wir dir mit der Zeit verantwortungsvollere Aufgaben übertragen. Du rückst dann nach und nach in den Kreis der Erwachsenen auf.

Wecken wir Lust an Aufgaben. Dies ist einer der Punkte, der in meiner Erziehungsarbeit zu den wichtigsten gehört: Solange wir Kinder und Jugendliche dazu erziehen, Arbeit mit etwas Negativem zu assoziieren, wird sich das auch auf ihre spätere Motivation im Job und im Leben auswirken. Wenn wir es aber schaffen, dass Arbeit, Erledigungen und Herausforderungen als etwas Positives gelten, können sie später ein viel erfüllteres Leben führen. Der größte Fehler ist es in meinen Augen, Aufgaben als Strafe zu verteilen. Sie müssen im Gegenteil als Belohnung gelten. Natürlich gibt es auch lästige Aufgaben. Aber auch ein Abwasch kann zu einem fröhlichen Erlebnis werden, wenn jemand Musik anmacht und alle bei der Arbeit mitsingen.

Gamification – Lernen wir von Computerspielen, entwickeln wir Belohnungssysteme. Die heutigen Computerspiele sind darauf ausgelegt, die Spieler möglichst lange vor dem PC oder der Konsole zu fesseln. Die Game-Industrie kennt daher nur ein Ziel: ihre Spieler glücklich zu machen. Denn wer glücklich ist, spielt länger. Die Spiele fesseln die Nutzer durch massive Endorphinausschüttung, biochemische Mechanismen, die dazu auffordern, immer weiterzuspielen. Das Problem, das daraus resultiert – Kinder, die zu viel zocken –, haben wir weiter oben schon betrachtet. Und ich möchte der Spieleindustrie ihre ausgezeichneten Fähigkeiten hier auch nicht zum Vorwurf machen. Sie machen ihren Job, nämlich den Spielern möglichst viel Spaß zu bereiten, einfach unglaublich gut. Wir Eltern und Lehrer können diese Glücksmechanismen der Computerspiele nun mit aller Vehemenz ablehnen und bekämpfen. Ich glaube aber, dass sie uns eine oft verkannte Chance für die Erziehung und Motivation unserer Kinder bieten. Versuchen wir also lieber zu verstehen, wie moderne Spiele funktionieren, und dies zu unseren Gunsten zu nutzen.

In vielen modernen Computerspielen, vor allem in jenen mit Rollenspielelementen, gibt es kaum noch negative Erlebnisse wie Strafpunkte oder den Verlust des virtuellen Lebens. Stattdessen winken ständig Belohnungen: Für gewonnene Kämpfe oder gelöste Aufgaben erhalten die Spieler jede Menge Erfahrungspunkte. Über diese steigt man in der Regel in höhere Level auf, in denen man die Leistung seiner Spielfigur verbessern kann.

Völlig neu sind derartige Belohnungssysteme natürlich nicht. In fast jedem Kampfsport gibt es beispielsweise verschiedene Gürtelfarben, die den Erfahrungsgrad ihres Trägers anzeigen. Auch das motiviert ungemein, sich anzustrengen, immer wieder zu üben und durch Prüfungen in der Graduierung aufzusteigen.

Ich habe vor einigen Jahren ein solches System auch in der Informatik-AG eingeführt. Für die Teilnahme an AG-Stunden, für das Einloggen auf unserer Homepage, für gestellte und beantwortete Fragen im Forum, aber auch für Fortbildungen, Workshops und Tests gibt es Erfahrungspunkte. Wenn Teilnehmer sich besonders engagieren, beispielsweise einen Job übernehmen, bekommen sie ebenfalls Punkte. Mit entsprechend vielen Erfahrungspunkten steigt ein Teilnehmer ein Level auf. Die Level sind durch verschiedenfarbige Sterne gekennzeichnet, die für alle sichtbar im Profil des Teilnehmers auf der Online-Plattform stehen. Im Chat gratulieren sich die Teilnehmer gegenseitig zu den errungenen Sternen, das heißt, höhere Level sind mit mehr Ansehen in der Gruppe verbunden. Außerdem gibt es Achievements in Form von Medaillen, die man gewinnen kann, wenn man beispielsweise eine bestimmte Zeit lang online auf der Homepage aktiv war oder mehrere Workshops absolviert hat.

Die Erfahrungspunkte, Level und Achievements werden in unserem Fall in der realen Welt nicht eingelöst. Die Belohnung ist rein virtuell und erfüllt doch ihren Zweck. Das zeigt: Es geht nicht um ein materielles Ziel, sondern um die Bestätigung innerhalb der Gruppe.

Der Grund, warum dies aus meiner Sicht essenziell ist: Später im Leben funktioniert es nicht anders. Wir bekommen nicht für jede erfüllte Aufgabe einen materiellen Gegenwert. Stattdessen müssen wir uns für viele Aufgaben immer wieder selbst motivieren. Wenn wir also in der Kindheit ein wenig von dem Geist atmen, der Begeisterung weckt, sind wir eher gewillt, unser Bestes zu geben, auch ohne auf den Lohn dafür zu schielen. Wir erbringen eine Leistung um ihrer selbst willen, weil sie unseren Ehrgeiz weckt und weil wir es als positiv empfinden, unseren Beitrag in einer Gruppe zu leisten. Etwas Besseres, als das zu lernen, kann Kindern nicht passieren – es schafft Lust, gibt Energie und hebt die Toleranzschwelle.

Eltern und Lehrer können Gamification anwenden, indem sie die Kinder für bestimmte Aufgaben oder Verhaltensweisen Punkte sammeln lassen. Dazu braucht es kein ausgefeiltes Computersystem, das geht auch mit einer modernen Abwandlung der altbewährten Fleißkärtchen.

Meine Großmutter hatte sich ein solches Prinzip für mich ausgedacht. Ich war damals vier Jahre alt, verbrachte in den Ferien ein paar Wochen bei ihr, und war zu jener Zeit nicht das einfachste Kind. Oma nahm am Ende eines jeden Tages einen Zettel zur Hand und zeichnete darauf ein Rechteck. Darin durfte ich etwas mit Buntstiften malen. Hatte ich mich ordentlich benommen, bekam ich von Oma ein großes Rechteck und konnte viel malen, war ich unartig gewesen, war das Rechteck kleiner. Auch das malte ich noch gerne aus, allerdings gab ich mir doch immer Mühe, ein großes Rechteck zu bekommen, weil das mehr Spaß machte. Damit hatte Großmutter ein ziemlich simples, aber perfektes Belohnungssystem ausgetüftelt: Ich hatte meinen Spaß und lernte nebenbei, wie ich mich richtig zu verhalten hatte.

Ein anderes Beispiel: Ich hatte einmal eine sehr schwierige fünfte Klasse, in der zahlreiche Kinder Probleme damit hatten, sich zu fokussieren. Es gab immer Trubel und viele Unterbrechungen im Unterricht. Ich führte ein Belohnungssystem mit Emojis ein, die der jeweilige Fachlehrer für die Klasse nach der Stunde vergab. Die Schüler bekamen entweder einen lachenden, einen neutralen oder einen weinenden Smiley, je nachdem, wie sich die Klasse im Unterricht betragen hatte. Am Ende des Schultages erhielt die gesamte Klasse dann einen Tagessmiley, der ihr durchschnittliches Verhalten repräsentierte. Sammelten die Schüler in einer Woche nur lachende Smileys, erhielten sie drei Sonnen aus Papier – sonst weniger oder gar keine –, die wir an der Wand auf ein Banner klebten. Auf dieses Banner passten insgesamt 60 Papiersonnen, die wir auf eine Art Fortschrittsbalken klebten. An einigen Stellen des Balkens waren Belohnungen eingezeichnet, wenn die Klasse die Leiste bis dahin mit Sonnen auffüllen konnte: Für 20 Sonnen gab es eine Geschichtenstunde, in der ich den Kindern vorlas. 25 Sonnen waren ein Nachmittag mit Spielen. 30 Sonnen eine Superrallye. 35 Sonnen gemeinsames Klettern. Und beim Maximalgewinn von 60 Sonnen winkte eine dreitägige außerplanmäßige Klassenfahrt mit tollem Programm.

Ich habe die Problemklasse also nicht mit Strafen überzogen, sondern sie mit Belohnungen geködert – Extraleistungen meinerseits, wenn sie sich gut benahmen. Und das hat wunderbar funktioniert.

Eine Freundin hat das System auch erfolgreich bei ihrer Tochter angewendet, sechs Jahre alt, die immer ein riesiges Gezeter veranstaltete, wenn sie ihr Zimmer aufräumen sollte. Meine Freundin hatte schon alles ausprobiert, von gutem Zureden bis zu drakonischen Strafen, doch nichts half. Aus unerfindlichem Grund hatte ihre Tochter einfach ein Riesenproblem damit, Ordnung zu schaffen. Statt den Streit weiter eskalieren zu lassen, kam meine Freundin auf die Idee mit dem Belohnungssystem. Sie vergab fortan immer, wenn das Kinder selbstständig und ohne Zank sein Zimmer aufräumte Fleißpunkte in Form von kleinen Sternchen, die sie an einem Pinnbrett in der Küche sammelte und für die es am Ende der Woche kleinere Belohnungen gab. Auch hier funktionierte das System.

Dennoch rate ich in Fällen wie dem Letzteren zur Vorsicht: Ein Belohnungssystem dieser Art ist vor allem dann sinnvoll, wenn das Kind in einem bestimmten Bereich sehr große Probleme hat und überhaupt nicht zurechtkommt – was bei der Tochter meiner Freundin der Fall war. Für Alltagsverrichtungen wie das Zubettgehen sollten Eltern Belohnungen hingegen nur im Ausnahmefall einsetzen. Denn gewöhnt sich das Kind daran, für normale Tätigkeiten Belohnungen zu erhalten, erwartet es später auch für jeden anderen einfachen Dienst in der Familie eine Gegenleistung. Zähneputzen, Hausaufgaben machen, kleine Hilfen im Haushalt, das alles sind Selbstverständlichkeiten, die normalerweise nicht zusätzlich von den Eltern motiviert werden sollten – auch wenn das Kind noch so sehr darüber klagt.

Es muss eben nicht alles Spaß machen. Das eigene Zimmer aufzuräumen ist beispielsweise vielmehr eine Frage der Ordentlichkeit. Kinder haben in der Regel nicht das Bedürfnis, in einem ordentlichen Umfeld zu leben, zumindest nicht so ausgeprägt wie wir Erwachsenen. Das Bedürfnis, Ordnung zu halten, entwickelt sich erst im Laufe der Zeit und ist damit eben auch eine Erziehungsaufgabe. Hier geht es darum, klare Regeln mit dem Kind zu finden, wann und wie es aufräumt, und an diesen Absprachen festzuhalten. Man kann natürlich zu bestimmten Zeiten in einem bestimmten Rahmen – etwa im Familienrat oder Ähnlichem – über Regeln diskutieren. Solange die Regel steht, gilt aber: Das Kind muss sich daran halten.

Natürlich können Eltern mit einem drei- oder vierjährigen Kind, mit dem sie das Aufräumen üben wollen, anfangs ein kleines gemeinsames Spiel machen, bei dem sie eine Tonne in die Mitte des Zimmers stellen, und jeder wirft wie beim Basketball die herumliegenden Stofftiere oder Spielsachen hinein. Das sollte aber nicht die Regel werden. Das Ziel ist, dass man einem zehn- oder elfjährigen Kind nicht mehr sagen muss, dass es sein Zimmer aufräumen soll. Das muss es selbst tun, und wenn nicht, dann lebt es eben im Saustall – wenngleich in der Hoffnung, dass es durch die Eltern so sozialisiert wurde, dass es die Unordnung früher oder später nicht mehr erträgt und von sich aus aufräumt. Damit es aber einen Sinn dafür bekommt, muss man es anfangs mit etwas Druck zur Ordnung nötigen.

Gleiches gilt für Hausaufgaben. Die sind eine gegebene Notwendigkeit der Schule. Da gibt es wenig zu verhandeln, da müssen die Kinder einfach durch. Es gibt im Leben eben Sachen, die keinen Spaß machen und dennoch sinnvoll sind. Meine Motivationsmethoden zielen daher auch nicht darauf ab, aus jeder Aufgabe eine reine Freude zu machen. Mein Gedanke ist ein anderer: Viele Kinder pendeln heute in der Welt zwischen Arbeit und Konsum. Arbeit, das ist für Kinder die Schule, die ihnen oft keinen Spaß bereitet und daher negativ belegt ist. Freizeit ist hingegen oft purer Konsum, ob es um Filme, Fernsehserien, Computerspiele oder ein Nachmittagsprogramm voller Hobbys geht, das die Kinder nur noch aufsaugen müssen. Das macht Spaß.

Aus dieser Umklammerung möchte ich Kinder lösen, denn es gibt noch eine Alternative zu diesen beiden Extremen. Egal, ob in der Schule oder in der Freizeit: Ich möchte Kinder motivieren, indem ich ihnen Aufgaben nahebringe, die Freude machen, die weder in Druck ausarten noch in reiner Bespaßung gipfeln.

Wenn ein Kind zum Beispiel Probleme hat, seine Hausaufgaben regelmäßig und ordentlich zu erledigen, können Lehrer in diesem Bereich eine motivierende Projektarbeit initiieren. Sie können ein Thema ausfindig machen, das das Kind besonders interessiert, und es bitten, dazu einen Vortrag zu entwickeln, den es vor der Klasse hält – gerne einen mit Bildern oder Videos, dadurch gewinnt das Ganze wieder etwas Spielerisches. Auch dies ist eine Form der Hausaufgabe, allerdings nennen wir es nicht so. Wenn das Kind an dieser Aufgabe Freude hat und ausdauernd daran arbeitet, lernt es generell: Es gibt auch ernste Aufgaben, die Spaß machen und bei denen es sich lohnt, dranzubleiben, bis man das Ziel erreicht hat und ein Ergebnis in Händen hält, auf das man stolz sein kann.

Sammeln Kinder bei solchen »Nebenaufgaben« immer wieder positive Erfahrungen, bilden sie wichtige Fähigkeiten wie Durchhaltevermögen oder Zielstrebigkeit aus. Es fällt ihnen dann meiner Erfahrung nach leichter, diese auch bei Arbeiten aufzubringen, die ihnen nicht so großen Spaß machen, wie eben Hausaufgaben. So erlebe ich beispielsweise, dass die Trainer meiner Informatik-AG dadurch, dass sie Verantwortung für andere übernehmen, letztlich auch mehr Verantwortung für sich selbst übernehmen und damit besser in der Schule werden, obwohl das gar nicht das primäre Ziel meiner Arbeit mit ihnen ist.

Bei besonders schwierigen Fällen, also Kindern, die offenbar eine hartnäckige Resistenz gegen jedwede Form der Motivation ausgebildet haben, haben sich für mich die folgenden drei Maßnahmen bewährt:

1. Geduld.
2. Problembewusstsein wecken. Die richtige Ansprache zur richtigen Zeit. Dabei muss man die Situation für das Kind emotional greifbar machen. Es muss seine Lage selbst kritisch sehen. Dann können Eltern oder Lehrer verschie-

dene Lösungswege mit dem Kind erarbeiten. Welchen es davon wählt, das sollte man unbedingt dem Kind überlassen und es nicht auf einen bestimmten Weg zwingen.

3. Regelmäßige Gespräche. Egal, ob es um die Hausaufgaben geht, Unordnung im Kinderzimmer oder schulische Leistungen, die Lage wird sich selten auf Anhieb verbessern. Das sollte man immer im Hinterkopf behalten. Wichtig ist daher, mit dem Kind von Beginn an ein regelmäßiges Gespräch zu planen, einmal monatlich zum Beispiel, bei dem man bespricht, wie es läuft. Dieses Gespräch sollte man auch dann – oder gerade dann – führen, wenn es gut läuft. Gerade positive Rückmeldungen sind wichtig für die Motivation.

Schwierig wird es, wenn das Kind das Problem gar nicht sieht und sich überhaupt nicht betroffen fühlt. In diesem Fall gibt es folgende Möglichkeiten:

1. Das Kind ist eigentlich betroffen, will gegenüber den Eltern aber nicht schwach erscheinen, dies also nicht offen zeigen. In diesem Fall sollte eine neutrale Person mit dem Kind sprechen und eine Lösung vereinbaren. Das können Lehrer sein, aber auch gute Freunde, Tanten und Onkel zu denen das Kind einen Draht hat.

2. Dem Kind ist es wirklich egal. Da hilft alles nichts, dann muss man zum Wohl des Kindes doch den nötigen Druck aufbauen, damit es seinen Pflichten nachkommt.

3. Wenn es dem Kind wirklich egal ist, dann kann man es auch mal stolpern lassen, sprich abwarten, was passiert. Vielleicht muss das Kind erst sitzenbleiben, bis es versteht, dass es etwas für die Schule tun muss. So eine Methode ist jedoch nicht in jedem Fall ratsam, und man sollte genau abwägen, ob sie dem Kind wohl zuträglich ist. Ein Jahr rumgammeln kann ein Kind unter Umständen so tief hi-

nunterziehen, dass es nicht mehr auf die Füße kommt, weil es das Arbeiten schlicht nicht mehr gewohnt und überfordert ist. Da hilft das Sitzenbleiben dann wenig – es sind andere Maßnahmen gefordert.

Als Lehrer möchte ich Sie gerne dabei unterstützen, Ihre Kinder nicht nur zu verantwortungsvollen Bewohnern der Welt zu machen, sondern auch zu Menschen, die sich für eigene Belange, für ihre Familie, die Gesellschaft und ihre Arbeit einsetzen. Dies erfordert eine konsequente Anstrengung im Elternhaus – genau wie vonseiten der Schule. Damit dies gelingen kann, müssen allerdings nicht nur die Eltern ihren Kindern die Verantwortung zurückgeben und ihre Motivation stärken, sondern auch die Schule muss dies tun.

8 Denken wir Schule neu – und zwar so, dass sie Kinder wirklich auf die Zukunft vorbereitet

Die zentrale Aufgabe von Schule ist es, Kinder zu mündigen Menschen zu machen, die selbstbewusst und eigenständig ihren Platz in der Gesellschaft finden. Kurz, sie soll Kinder auf das Leben als Erwachsene vorbereiten, das sie in Zukunft führen werden. Wie diese Zukunft aber aussehen wird, ist heute so ungewiss wie lange nicht mehr.
Wir erleben gerade einen epochalen Wandel. Unsere Arbeitswelt, die auch in Zukunft für das Wohl der Kinder eine entscheidende Rolle spielen wird und auf die wir Lehrer sie vorbereiten sollen, verändert sich mit ungekannter Rasanz – wir stecken mitten in einer neuen industriellen Revolution. Die erste industrielle Revolution begann um 1800 mit der Einführung der Massenproduktion, bedingt durch neue Maschinen wie den Webstuhl. Ende des 19. Jahrhunderts läutete das Fließband die zweite industrielle Revolution ein.

Und als in den Siebzigerjahren des vergangenen Jahrhunderts die Computer ihren Siegeszug rund um die Welt antraten, erlebten wir die dritte industrielle Revolution – den Beginn der Digitalisierung. Heute befinden wir uns in einer vierten industriellen Revolution. Die Digitalisierung ist in eine neue Phase getreten, in der zukünftig Algorithmen und Roboter nicht mehr nur einfache Jobs in der Fertigung ersetzen werden. Betroffen sind nun auch Bürojobs von »Wissensarbeitern« und Tätigkeiten, von denen man bislang annahm, sie könnten nur von Menschen ausgeführt werden. Doch schon heute, oder zumindest sehr bald, werden Computer einen wesentlich effektiveren Sparplan für den Vermögensaufbau austüfteln können als jeder Bankmitarbeiter, werden einfache Tätigkeiten in der Buchhaltung einer Firma von automatisierten Rechnersystemen erledigt, werden Taxifahrer von selbstfahrenden Autos und Kassiererinnen im Supermarkt von computerisierten Selbstbedienungskassen ersetzt. Viele Jobs, die man nach einem bestimmten Schema abarbeiten kann, werden im Zuge der Digitalisierung mehr und mehr wegrationalisiert. Wie viele das genau sein werden, kann heute unmöglich jemand vorhersagen – genauso wenig ist abzusehen, wie viele neue Jobs an anderer Stelle entstehen werden.

Das bedeutet, unsere Kinder werden sich als Erwachsene einer Welt gegenübersehen, die – mehr noch, als das ohnehin bereits der Fall ist – einem konstanten Wandel unterliegt. Sie werden immer wieder mit neuen Situationen zurechtkommen, sich umorientieren, anpassen und aus eigener Initiative ihren Platz in der Gesellschaft suchen müssen.

Auf diese Zukunft müssen wir die Kinder vorbereiten. Sie als Eltern, vor allem aber auch wir als Lehrer, weil wir in der Schule dafür verantwortlich sind, Ihre Kinder mit besten Voraussetzungen ins Erwachsenenleben und die Berufswelt zu entlassen. Reine Wissensvermittlung und die Schulung für einen bestimmten Beruf oder ein spezielles Aufgabenfeld wird nicht mehr ausreichen. Vielmehr müssen wir die Kinder eigenverantwortliches Entscheiden und Handeln lehren. Ihnen beibringen, mit einer sich ständig wandelnden Umgebung klarzukommen. Verantwortung spielt damit nicht nur, wie in den vorigen Kapiteln gezeigt, eine entscheidende Rolle für das seelische und körperliche Wohl der Kinder, sondern ebenso für ihr berufliches.

Was also muss Schule heute leisten, damit unsere Kinder auf die Welt von morgen vorbereitet sind? Wie können Lehrer ihre Schüler mit mehr Eigenverantwortlichkeit und Motivation für das Leben ausrüsten?

Kinder lernen leider nicht automatisch, Verantwortung zu übernehmen. Auf dem Weg in die Eigenständigkeit müssen wir sie an die Hand nehmen, und dazu braucht es in der Schule der Zukunft geeignete Unterrichtsformen, die Eigeninitiative und selbstständiges Lernen fördern. Unser derzeitiges Schulsystem tut das nicht, es ist darauf ausgelegt, möglichst viel Stoff in die Kinder hineinzustopfen. Überwiegend findet Frontalunterricht statt, und das enge Zeitkorsett des Lehrplans lässt wenig bis keine Zeit für Experimente zur Selbstständigkeit. Auch Unterricht in Gruppen oder in Partnerarbeit sind nicht wirklich Methoden, die Kinder plötzlich eigenverantwortlicher machen. Ganztagsschulen haben da sicherlich einen etwas größeren Spielraum, gehen aber oft auch über eine reine Hausaufgabenbetreuung nicht hinaus; es gibt nur selten Projekte, die die Rundumverwahrung durchbrechen. Die angespannte Personalsituation an vielen Schulen erschwert es zusätzlich, einzelne Schüler zu fördern und Fähigkeiten zu schulen, die nicht im Unterrichtsplan vorgesehen sind.

Ein bestehendes System zu verändern, ist immer schwierig, selbst dann, wenn klar zu erkennen ist, dass die derzeitige Form, in der Schule besteht, nicht mehr mit dem raschen

Wandel der Welt Schritt halten kann. Unser Schulsystem ist vergleichbar mit einem schwerfälligen, altgedienten Ozeandampfer, der in einem Sturm gegen die Wellen der rauen See anstampft, den Kurs nicht mehr halten kann und ins Schlingern gerät. Die Digitalisierung ist für die Schule ein solcher Sturm. Dabei kann unser Schiff den Kurs nicht finden und schippert immer weniger in Richtung Zukunft der Kinder: Der Unterrichtsstoff, den wir heute vermitteln, entspricht eher der beruflichen Wirklichkeit, für die wir Kinder vor 20 Jahren ausgebildet haben. Schon heute ist mir klar, dass 50 Prozent meiner Fünftklässler Berufe ergreifen werden, die es noch gar nicht gibt und die sich die wenigsten im Entferntesten vorstellen können.

Bislang haben wir reagiert, indem wir noch mehr Stoff in den Lehrplan gepackt haben. Wir haben damit eine Art Außenbordmotor an unser Schiff geschraubt, mit dem wir aber längst nicht auf das Tempo kommen, das wir brauchen.

Unser Schiff bedarf deshalb einer Generalüberholung. Am liebsten würde ich es in ein Trockendock schleppen und grundsanieren. In der Realität, mit dem laufenden Schulsystem, ist das natürlich nicht zu bewerkstelligen. Die Mängel sind gravierend, und dennoch ist es weder möglich, alles von heute auf morgen zu verändern, noch können wir mehrere Jahre pausieren, um uns ein neues System auszudenken.

Daher sollten wir stattdessen lieber ein ganz neues Schiff bauen, das das alte begleitet: ein zweites staatliches Schulsystem, das zum konventionellen Schulunterricht parallel läuft. Sagen wir mal, es führt zum Abitur 2.0.

Das bedeutet: Drücken wir den Resetknopf. Denken wir Schule völlig neu. Lassen Sie uns ein wenig träumen ...

Dazu braucht es zunächst den Rückhalt der Besatzung, also den der Lehrer: neue Unterrichtsmethoden, die die Verantwortung und Eigenständigkeit der Schüler stärken, deutlich weniger Inhalte vorgeben, sondern die Kinder ihrer Neugier folgen und den Stoff selbst erkunden lassen, können nur Erfolg haben, wenn wir Lehrer selbst daran glauben. Wir brauchen deutlich weniger konkrete Inhalte, dafür mehr Kompetenzen. Den Schülern diese Fertigkeiten beizubringen, ist eine herausfordernde pädagogische und didaktische Aufgabe. Und sie findet unter erschwerten Bedingungen statt, da viele Kinder Eigenverantwortung heute eben nicht mehr gewohnt sind. Sie tun sich mit entsprechenden Lehrangeboten daher zunächst schwer. Wir Lehrer müssen ihnen erst vermitteln, wie sie mit der Freiheit umgehen. So wie man Sechsjährige bei der Einschulung an das System Schule gewöhnen muss, müssen die Kinder in der Schule der Zukunft das Konzept Eigenständigkeit zunächst begreifen. Das braucht Zeit.

Leider stehen viele Lehrer solchen Konzepten derzeit noch kritisch gegenüber. Sie sind nicht überzeugt und werten das anfängliche Scheitern der Kinder bei neuen Lernmethoden daher gerne vorschnell als Untauglichkeit dieser Konzepte ab.

Andere sperren sich auch, weil sie wegen der Fülle des Stoffs und wegen des Zeitmangels ohnehin unter großem Druck stehen. Es ist aber auch schlicht eine Frage der eigenen beruflichen Absicherung: Der Stoff ist die Existenzgrundlage eines Lehrers. Um mehr Raum für Experimente zu haben, müssten wir kürzen. Kürzungen im Stoff werden von vielen Lehrern aber als existenzbedrohend empfunden. Seit Jahrzehnten, wenn nicht gar seit Jahrhunderten gibt es quasi den gleichen Schulstoff. Dieser, so scheint es mir oft, gilt als heilig, hat man ihn doch schon selbst als Schüler gelernt. Aber wir können zum altgedienten Stoff nicht mehr und mehr Inhalte in die Lehr- und Stundenpläne stopfen. Das machen wir schon seit Jahren so. Darunter leiden wir Lehrer, die Eltern, aber vor allem die Schüler. Wir müssen Luft schaffen.

Luft und Raum für Neues, für Wichtiges, für die Zukunft unserer Kinder.

Dabei müssen wir vom Ziel her denken: Was wollen wir erreichen, was brauchen wir als Unterbau, um es zu schaffen? Es sollte beim Abitur 2.0 nicht wie beim jetzigen System um reine Wissensabfrage gehen. Wir müssen ein Schulsystem entwickeln, das die Verantwortung von Kindern fördert, sie als selbstständige Menschen ins Leben entlässt. Und dieses wird weniger auf Inhalte fixiert sein. Verpflichtenden Lernstoff wird es natürlich auch noch geben, aber wir müssen einiges aussortieren. Wir werden logisches Denken schulen, aber ebenso relevant wird der Erwerb von Sozialkompetenzen sein. Ähnlich wie bei Aufsätzen in Deutsch – die nur zum Teil einer subjektiven Bewertung unterliegen –, werden wir objektive Kriterien finden müssen, wie wir die Selbstständigkeit, das Verantwortungsbewusstsein, das Durchhaltevermögen oder die Eigenständigkeit der Kinder bewerten. Ein Kuschelabitur wird das nicht werden – denn stures Auswendiglernen wird nicht mehr zum Ziel führen. Schüler werden stattdessen große Einzel- und Gruppenprojekte durchführen, organisieren, präsentieren, die vernetzte Welt verstehen, sich sozial engagieren, sich gegenseitig unterstützen und auch wieder ein wenig mehr Luft in dem zurzeit so vollgepackten Schulsystem bekommen.

Ein solches paralleles Schulsystem hätte eine Chance, sich zu bewähren und durchzusetzen, wenn wir dabei auf die Kräfte des Marktes vertrauen: Unter Schulen herrscht schon heute eine starke Konkurrenz. Wenn sich nun jene neuen Schulen als erfolgreich beweisen und Schüler anziehen, werden die anderen automatisch nachziehen.

Bis dahin ist es noch ein weiter Weg.

Doch wir können bereits heute eine Menge tun, um die Verantwortung der Kinder in der Schule zu stärken. Im Rahmen des bestehenden Schulsystems gelingt mir dies, wie beschrieben, mit meiner Informatik-AG oder Projekten wie dem Haik, wobei ich stark auf die Eigenständigkeit der Kinder setze und die entsprechenden sozialen Kompetenzen bei ihnen stärke. Auch bin ich als Klassenlehrer sehr darauf bedacht, meine Schüler zur Selbstständigkeit zu erziehen.

Mir ist natürlich bewusst, dass nicht jede Schule und jeder Lehrer solche Initiativen ohne Weiteres ins Leben rufen können. Es bedeutet enormen Aufwand, der noch dazu nicht vergütet ist. Doch es gibt weitere kleine Stellschrauben im Schulalltag, bei denen wir ansetzen können. Das macht ebenfalls Arbeit und kostet Kraft, aber – und an dieser Stelle möchte ich das Wort an meine Kollegen richten: Es lohnt sich. Ich habe die Erfahrung gemacht, dass sich die Mühe, die ich investiere, um meinen Schülern Eigenverantwortung zu vermitteln, schließlich auszahlt, indem sie mir (und den Kindern) den Schulalltag erleichtert. Denn Schüler, die selbstständig und eigenverantwortlich denken und handeln, legen eine wesentlich positivere Haltung zu Unterricht und Schule an den Tag. Sie lernen für sich selbst und nicht, weil Eltern oder Lehrer das von ihnen verlangen.

Was können wir also tun?

Machen wir Informatik zum Pflichtfach. Und das nicht, weil es eines meiner Lieblingsfächer ist, und auch nicht nur, weil auf diesem Gebiet in Zukunft jede Menge Jobs entstehen werden, sondern weil Informatik, das Programmieren von Computern, eine besondere Art des Denkens schult und Problemlösungskompetenz vermittelt.

Wirklich logisches, strukturiertes Denken wird in kaum einem anderen Fach derart gefördert. Selbst in Mathematik kann man durch reines Auswendiglernen und Anwenden des Gelernten gute Ergebnisse erzielen. In Informatik geht das nicht. Hier geht es immer wieder darum, Probleme zu lösen und durch eigene Kreativität weiterzukommen. Das ist so, weil eben nicht jeder Programmcode gleich ist, weil jedes Programm einen eigenen Zweck erfüllt und weil ständig Schwierigkeiten auftreten, mit denen man im Voraus nicht rechnen kann. Es gibt also keine Standardwege zum Ziel, sondern viele verschiedene Möglichkeiten, an denen man sich ausprobieren muss. Informatik ist damit vielleicht so etwas wie die Erlebnispädagogik unter den Schulfächern.

Wir sollten uns damit nicht zu viel Zeit lassen: Andere Länder sind in diesem Punkt bereits weiter als wir, wie zum Beispiel Estland, wo Programmieren schon heute in der Grundschule unterrichtet wird. Die Esten können inzwischen über einen Chip in ihrem Personalausweis ihre Volksvertreter bequem von zu Hause per Internet-Voting wählen, sich online ummelden, einen neuen Ausweis beantragen oder eine Firma gründen, Dokumente im Netz unterschreiben oder gar ihre komplette Krankenakte einsehen. Im EU-Fortschrittsbericht, in dem die Europäische Kommission jedes Jahr ermittelt, wie weit die Mitgliedsstaaten in Sachen Digitalisierung vorangeschritten sind, belegte Estland 2017 den ersten Platz. Deutschland folgte abgeschlagen an achtzehnter Stelle.

Nehmen wir den Klassensprecherjob ernst. In Deutschland ist es fast an jeder Schule so, dass es einen Klassensprecher mit Stellvertreter gibt. Das ist eine gute Sache, weil sich dadurch eine Person konkret aufgefordert fühlt, wenn es im Klassenverband etwas zu tun gibt. Auf der anderen Seite soll der Klassensprecher für die Klasse sprechen, auch mal Kritik gegenüber dem Lehrer äußern oder Ideen vortragen. Leider ist das Klassensprecheramt derzeit jedoch viel zu wenig im Alltag verankert.

Es war auch früher schon so, dass das Amt eine relativ kleine

Rolle gespielt hat. Ich nutze es gerne ein bisschen mehr: Ich frage, ob der Klassensprecher Sachen für die Klasse oder mit seinen Mitschülern organisieren kann, beispielsweise, wenn die Klasse eine Klassenfahrt machen möchte – dann können sich die Schüler um alles Mögliche kümmern: überlegen, wohin es gehen soll, was sie dort machen möchten, das Programm planen. Und wenn sie älter sind, können sie auch eine Unterkunft organisieren. Ansprechpartner für mich ist dann der Klassensprecher, der das Ganze mit der Klasse bespricht. Ebenso funktioniert das bei der Planung weiterer Aktionen, wie einem gemeinsamen Grillen oder einer Übernachtung in der Schule. Natürlich muss auch ein Klassensprecher erst an solche Aufgaben herangeführt werden – von niemandem kann man erwarten, dass er ein solches Amt von Anfang an perfekt ausübt.

Ein weiterer Lerneffekt besteht darin, dass demokratisches Handeln geübt wird: Der Klassensprecher wird von der Klasse gewählt, er geht zu den Sitzungen in den Schülerrat, in dem die Klassensprecher aller Klassen sitzen. Über das Klassensprecheramt können die Schüler also im besten Falle lernen, dass ihre Wahl Auswirkungen und Relevanz hat – aber nur, wenn die gewählte Person dann auch aktiv ist, Kompetenz besitzt und ihren Einfluss nutzt.

Stärken wir eigene Projekte der Schüler. Zu meiner Schulzeit gab es noch allerhand Gruppen und AGs, die in Schülerhand lagen und bei denen keine Lehrer als Aufsichtspersonen zugegen waren – die Schülervertretung, die Schülerzeitung, Schulbands, eine Theatergruppe oder Schulsanitäter. Neben der großen Musical-AG unserer Schule, die verschiedene Lehrer unter ihre Fittiche genommen hatten, gab es auch eine nicht schulische Musicalgruppe. Sie wurde ausschließlich von Schülern getragen und organisierte jedes Jahr ein Musical, das in der Aula der Schule aufgeführt wurde. Ich war auch Mitglied dieser AG. Wir schrieben das Drehbuch, besetzten Rollen, bauten das Bühnenbild, nahmen Gesangscoaching und trafen uns jede Woche zu Proben. Schüler unterschiedlicher Altersgruppen kamen zusammen, manchmal gab es auch Auseinandersetzungen, aber die mussten wir unter uns lösen. Wir organisierten also alles selbst und waren hinterher auch selbst für das verantwortlich, was auf der Bühne zu sehen war. Eine meiner Mitschülerinnen, die das Ganze damals federführend leitete, ist inzwischen recht berühmt und arbeitet als Moderatorin bei einem großen privaten TV-Sender.

Solche selbst organisierten AGs schulen also nicht nur das Verantwortungsgefühl und die Eigeninitiative von Kindern, sondern bieten ihnen auch die Möglichkeit, außerhalb des üblichen Stundenplans ihre Talente zu entdecken.

Leider werden heute viele AGs nur noch von Lehrern geleitet. Das sollten wir ändern. Geben wir auch in diesem Bereich den Kindern die Verantwortung zurück.

Machen wir aus Eltern, Lehrern und Schülern ein Team. Ich hatte in der Einführungsphase der Oberstufe einmal einen Schüler namens Moritz. Moritz war 15 Jahre alt, als er sich vertrauensvoll an mich wandte. Er erzählte mir, dass seine Eltern zwar sehr liebevoll und nett seien, aber gerade die Mutter etwas überbehütend – sie brachte ihn zum Beispiel noch jeden Morgen mit dem Auto zur Schule, obwohl der Junge das inzwischen gar nicht mehr wollte.

Moritz hatte selbst den Wunsch, selbstständiger zu werden und bestimmte Dinge allein tun zu können. Ich riet ihm daher, aus der festgefügten Routine auszubrechen, mehr Aufgaben – auch zu Hause – zu übernehmen und auch ein wenig für seine Freiheit zu kämpfen.

Ein paar Tage später fand ich in meinem Lehrerfach einen Zettel, auf dem stand, dass die Mutter von Moritz um Rückruf bat. Mir gingen tausend Gedanken durch den Kopf, und ich ahnte schon, worum es ging. Dabei hatte ich die leise Befürchtung, dass Moritz nach Hause gekommen wäre und gesagt hätte:»Also, liebe Eltern, der Herr Nattermann hat gesagt, ihr macht das alles falsch …« Tatsächlich war es ganz anders: Die Mutter entschuldigte sich dafür, dass ihr Sohn noch so unselbstständig sei, er hätte ihr erklärt, dass er jetzt mehr Sachen selbst machen wolle. Sie war mir sehr dankbar für den Input. Wir unterhielten uns dann lange darüber, was wir beide tun könnten, um den Jungen in seinem Wunsch zu unterstützen.

Inzwischen steht Moritz kurz vor dem Abitur, er ist also zwei Jahre weiter und deutlich selbstständiger geworden – auch weil wir als Eltern und Lehrer hier an einem Strang gezogen haben.

Und das wünsche ich mir wesentlich öfter. Denn wir haben doch das gemeinsame Ziel, die Kinder lebenstüchtig zu machen.

Stattdessen erlebe ich auch auf Elternsprechtagen immer wieder Eltern, die kommen, um sich berieseln zu lassen. Sie hören sich an, was ihr Kind so treibt, nicken vieles ab und gehen wieder. Ich erlebe selten, dass Eltern vorbereitet kommen, sich Gedanken über Stärken und vor allem Defizite ihres Kindes gemacht haben, entsprechende Fragen oder Lösungsansätze mitbringen, über die wir reden können. Wenn sich Eltern vorbereiten, dann geht es meistens nur um Kritik an uns Lehrern.

Deshalb, liebe Eltern, lassen Sie uns wieder mehr als Team zusammenarbeiten. Nur gemeinsam schaffen wir es, Kinder zu verantwortungsvollen Erwachsenen zu machen. Der Elternsprechtag ist eine von vielen Gelegenheiten: Nutzen wir ihn als konstruktiven Raum, und scheuen wir uns nicht vor neuen Wegen, wie zum Beispiel diesem:

Führen wir einen Schülersprechtag ein. Bei Elternsprechtagen sind die Kinder oft nicht dabei. Es ist ihnen peinlich, über gewisse Dinge in Gegenwart der Eltern zu reden. Manche Schulen haben deshalb einen Schülersprechtag eingeführt. Wir auch. Und das halte ich für eine geniale Idee. Denn die üblichen Gespräche zwischen Schülern und Lehrern finden eher zwischen Tür und Angel statt – viel Zeit für einen intensiven Austausch gibt es da nicht.

Bei einem Schülersprechtag aber können die Kinder sich vorbereiten, ihre Fragen und Probleme notieren und auch über Zukunftspläne und Ideen sprechen.

Noch wichtiger ist, dass sie dazu angeregt werden, sich Gedanken über sich und ihr Lernen zu machen. Sie können sich zwar selbst Lehrer aussuchen, zu denen sie gehen möchten, müssen aber in jedem Fall mit einem sprechen. Zudem gibt es Fragebögen, die sie vorher ausfüllen müssen und die dazu dienen, dass sie sich über ihre Stärken und Schwächen Gedanken machen.

Es ist spannend, wenn Schüler am Schülersprechtag mit ihren Lehrern gemeinsam überlegen können, wie sie sich weiterentwickeln. Denn damit liegt die Verantwortung in der Hand des Schülers. Ein solcher Tag soll motivieren. Und darum wird hier auch viel mehr Ermutigendes gesagt als bei Elternsprechtagen.

Stärken wir die Gemeinschaft. Auf einer Orgatour meiner Informatik-AG bot einmal einer der Teilnehmer, Lars, der kurz vor dem Abi stand, einen Workshop an. Das Thema war: »Spuren hinterlassen.« Lars fragte, mit welchen ehemaligen Teilnehmern die Gruppe noch etwas verbindet. Zwei Ex-AG-Schüler waren allen im Gedächtnis geblieben. Einer hatte viele Sachen programmiert, die auch heute noch oft benutzt werden, der andere hatte menschlich viel in die Gruppe gegeben, hatte angefangen, eine ganz andere Art von Trainer zu sein, mit den Teilnehmern anders umzugehen.

Das Fazit: Es gibt Menschen, die hinterlassen Spuren, die auch Jahre später noch in irgendeiner Art und Weise präsent sind.

In dem Workshop wurde dann analysiert, was die betreffenden Personen ausmachte, was sie von anderen unterschied. Lars bekannte schließlich: »Ich möchte auch gerne Spuren hinterlassen.« Er machte dann Vorschläge, wie ihm das gelingen könnte. Welchen Weg er auch wählt, Spuren hat er schon jetzt hinterlassen: Inzwischen achten Teilnehmer immer darauf, sich auch so in der AG einzubringen, dass sie ihren Nachfolgern etwas Positives hinterlassen. Abgesehen davon, dass es das Ego stärkt, nach dem Abi bei einem Besuch in der AG zu merken, hey, das habe ich damals eingeführt: Auch das ist eine Art von Verantwortung – eine Verantwortung für diejenigen, die nach einem kommen, für die Nachwelt.

Und das, finde ich, ist ein Gedanke, den wir heute den Kindern mehr denn je mit auf den Lebensweg geben müssen: Wer später nicht nur Verantwortung für sich, sondern auch für seine Umwelt und die Gesellschaft übernehmen soll, der muss dies als Kind und Jugendlicher lernen. Es geht dabei um Geben und Nehmen, das Bewusstsein, etwas für die Gemeinschaft zu tun – und die wertvolle Erfahrung, in ihr aufzugehen, etwas zu hinterlassen und zu bewegen.

Denn viel mehr als jeder materielle Besitz und Reichtum macht dies uns Menschen glücklich.

Was sollte Ihr Kind ab welchem Alter können?

Kurze Zeit allein zu Hause sein

Sich eigenständig verabreden

Den Schulweg selbstständig bewältigen

Taschengeld erhalten

Bei Freunden übernachten

Brötchen holen gehen

4–7 Jahre   5–7   6   ab 6   6–7

Allein Bus fahren, kürzere bekannte Strecken, ohne Umsteigen

Unbeaufsichtigt draußen spielen

Um Haustier kümmern (nicht komplette Verantwortung)

Hausaufgaben selbst organisieren

Allein mit Freunden ins Schwimmbad gehen

Schulmaterial eigenständig besorgen

Eigener Computer, eigenes Handy

Allein weitere Bahnfahrten mit Umsteigen

Frühestens jetzt ein TV im Kinderzimmer

8–11   9–11   10–12   11–14   12–13   13–14

Überblick über eigene Termine

Ohne Anweisung Ordnung im eigenen Zimmer halten

Sich um eigene Körperhygiene sorgen

Einen Abend allein zu Hause verbringen

Allein einkaufen gehen

Allein Bus fahren, unbekannte Strecken

Auf der Straße Rad fahren

7-9   8   8-10

Im Ferienlager oder auf Klassenfahrten eine Woche und länger ohne Eltern auskommen

Interesse an Politik, sozialem Handeln und der Umwelt

Eventuell Nebenjob wie Babysitten oder Zeitungsaustragen

Allein mit Freunden Urlaub machen dürfen

Verantwortungsvoller Umgang mit Alkohol

Verantwortungsvoller Umgang mit Zigaretten

Für sich und andere Verantwortung übernehmen

15-17   16   18

13-16

Interesse und Engagement für die eigene Zukunft und den zukünftigen Beruf

13-15

13-14

Es ist schwierig zu sagen, wann ein Kind für etwas reif ist. Der Gesetzgeber legt jedoch Altersgrenzen für die Mündigkeit in verschiedenen Bereichen fest, und wir müssen unsere Kinder darauf vorbereiten. Wir müssen uns also zumindest grob an Altersgrenzen orientieren. Diese Übersicht soll Sie anregen, Ihr Kind altersange-messen herauszufordern, sie ist aber keinesfalls eine Checkliste. Ich habe für Sie Rechte und Freiheiten sowie Kompetenzen ausgewählt, die zu Selbstständigkeit und Verantwortung führen. Es ist nicht schlimm, wenn Ihr Kind eine Kompetenz zu einem angegebenen Zeitpunkt noch nicht besitzt. Problematisch wird es erst dann, wenn viele Punkte deutlich später erfüllt sind.

Nachwort

Fassen wir Mut

Erziehung besteht aus zwei Dingen: Beispiel und Liebe.
Friedrich Fröbel, Pädagoge

Ich schließe die Tür auf und betrete den Flur meiner Wohnung. Auf einmal ist es ganz still. Wenn ich genau lausche, höre ich vielleicht sogar den Sand, der aus den Ritzen meines Rucksacks rieselt. Sieben Tage Haik liegen hinter mir, wir sind vom Bodensee bis nach Liechtenstein gewandert, und ich habe Blasen an den Füßen, die ich jetzt dringend mit Pflastern versorgen müsste. Ungeachtet des Drecks, den ich von der Tour mit mir herumtrage, stelle ich mein Gepäck aber erst einmal neben der Tür ab, gehe ins Wohnzimmer und lasse mich aufs Sofa sinken. Meine Füße pochen, meine Knie und mein Rücken tun weh vom Laufen. Aus dem Briefkasten quillt die Post, ganz zu schweigen von den Hunderten von Mails, die alle noch beantwortet werden wollen. Und auf dem Couchtisch vor mir wartet ein Stapel Klassenarbeiten darauf, korrigiert zu werden.

Möglicherweise denken Sie nun: Der Mann muss verrückt sein, dass er sich neben seinem Fulltime-Job als Lehrer noch solche Unternehmungen wie den Haik ans Bein bindet. Ich habe solche Sprüche schon des Öfteren von Freunden und Bekannten gehört und ungläubiges Kopfschütteln geerntet, wenn ich von meinen außerschulischen Aktivitäten, von der Informatik-AG oder den Ferienfreizeiten erzählt habe. Die meisten Leute lauschen zwar neugierig meinen Erzählungen und sagen, dass sie selbst gern solche Lehrer gehabt hätten wie mich, aber meist ist das Urteil einhellig: »Ich könnte das nicht, was du da machst.« »Das wäre mir viel zu anstrengend.« Oder: »Hast du nichts Besseres mit deiner Zeit vor?«

Nein, habe ich nicht.

Im Gegenteil: Ich bin davon überzeugt, dass es das Beste ist, was ich mit meiner Zeit anfangen kann. Ich bin eben ein leidenschaftlicher Lehrer. Mich für Kinder, Jugendliche und junge Erwachsene einzusetzen, ist das Sinnvollste, was ich mir vorstellen kann. Nichts ist so beglückend, wie zu sehen, was geschenktes Vertrauen und übertragene Verantwortung bei ihnen auslösen: Auf dem Haik zu erleben, wie die Teilnehmer ganz allein ein Problem gelöst haben und sich am Abend dafür am Lagerfeuer selbst feiern, so stolz, als hätten sie gerade die Weltformel gelöst. Ein Kind zu sehen, das eine Aufgabe nicht nur erfüllt, sondern sie sich so zu eigen macht, dass es seinen ganzen Stolz und seine ganze Energie hineinlegt und von innen heraus zu strahlen beginnt, wenn es Erfolg hat. Zu erfahren, was Freiheit mit den Kindern macht, wenn sie beim Bergwandern selbst beschließen, den Gipfel zu erklimmen, und das dann durchziehen, die Jubelschreie zu hören, wenn sie ganz oben stehen. Dann wird klar, Kinder sind geborene Entdecker und Eroberer. Sie sehen eine Welt, die sich vor ihnen ausbreitet und bis zum Horizont voller Abenteuer ist, eine Welt, die so viele Geheimnisse und Verlockungen birgt, dass sie dazu reizt, das Leben in die eigene Hand zu nehmen, einfach alles auszuprobieren und daran zu wachsen.

Eigentlich müsste man meinen, dass für mich die Luft raus ist, wenn die Schüler irgendwann von der Schule abgehen. Und das stimmt sogar zum Teil: Wenn die Kinder nach dem Abitur die Schule verlassen, befällt mich trotz der Freude, dass sie nun den Abschluss gemacht haben, auch jedes Mal Melancholie, auch, weil ich das, was sie im Leben schaffen werden, oft nicht mehr mitbekomme.

Auch in diesem Jahr gibt es wieder Anlass, sich für die Abiturienten zu freuen, aber das Ganze ist wie jedes Mal mit Abschiedsschmerz für mich verbunden. Ich erlebe immer wieder aufs Neue, wie Schüler gehen, deren Leben ich durch die Informatik-AG und meine Projekte geprägt habe, die aber auch in meinem Leben und der AG ihre Spuren hinterlassen haben. Dieses Jahr sind es vier Trainerinnen und zwei Trainer aus der AG, die uns verlassen und die allesamt großartige Arbeit geleistet haben.

Nach dem Abschied würde ich gerne durchatmen und mich darüber freuen, was diese jungen Menschen für ihr weiteres Leben mitnehmen. Von meinen AG-Teilnehmern studieren fast alle Informatik. Sie wenden das an, was sie in der AG und in meinen Stunden gelernt haben, und sie zehren auch von den Erlebnissen beim Haik – sie können nun Projekte leiten, souverän Vorträge vor Publikum halten und vieles mehr. Das Beste: Sie übernehmen Verantwortung für sich, für andere und ihre Umwelt.

Dass ich ihren Lebensweg und ihre Erfolge nicht in jedem Fall weiter miterlebe, ist schade. Andererseits habe ich aber keine Zeit, mir darüber Gedanken zu machen. Denn mein Beruf als Lehrer ist ein ewiger Kreislauf, in dem es mit den neuen Fünftklässlern auch für mich wieder von Neuem losgeht: Ich lerne die Kinder kennen, wenn sie noch sehr jung sind, und begleite sie durch Krisen wie durch Glücksmomente. Ich sehe, dass sie wie ihre Vorgänger immer selbstständiger werden und schließlich die Schule als reife Menschen verlassen. Und wenn sie abgehen, sind wieder die nächsten Schüler da, die angespornt werden wollen, sich ausprobieren möchten und Lust auf neue Abenteuer haben. Das, was ich mit ihnen gemeinsam leiste, kommt einem größeren Zweck zugute: Meine Schüler wachsen an der Verantwortung, die ich ihnen im Laufe der Zeit gebe. Und das versetzt sie in die Lage, ihrerseits der Gesellschaft als Erwachsene etwas zurückzugeben.

Wenn ich das sehe, macht es mich stolz.

Dann weiß ich, sie lohnt sich, die Mühe, immer dranzubleiben. Und so freue ich mich, wenn neue Schüler folgen, wenn diese mitgenommen und begeistert werden wollen und zu einer Gemeinschaft zusammenwachsen. Selbst wenn das heißt, dass ich immer wieder nachhaken und auch mal unmotivierte Kinder anspornen muss, und ständig gefragt bin, sie an ihre Aufgaben zu erinnern, ihnen etwas auch noch zum tausendsten Mal zu erklären, und sie alle mitzureißen.

Ich weiß auch deswegen, dass die Mühe sich lohnt, weil ich selbst als Kind es so erfahren habe. Für viele Dinge bin ich meinen Eltern und Lehrern dankbar, aber vor allem dafür, dass sie mir nicht das Gefühl gaben, ich müsse ständig überwacht werden. Dass sie mich losziehen ließen, damit ich mir meine Welt so mache, wie sie mir gefällt. Dass sie mich nicht ausgebremst haben. Nicht zuletzt deswegen wurde ich zu dem Menschen, der ich heute bin.

Ich war wissbegierig und entdeckungsfreudig und konnte meinen Interessen ohne Einschränkung nachgehen. Meine Lehrer haben mich durch das, was sie mir beibrachten, geprägt. Und meine Eltern haben mir die Freiheit gelassen, mich zu entwickeln und selbst für mich Verantwortung zu übernehmen. Vielleicht war es mir deshalb so wichtig, mich früh in der Jugendarbeit zu engagieren, weil ich dort mehr Verantwortung übernehmen konnte, auch für andere, und weil mein Lebensweg mich gelehrt hat, wie wichtig es ist, andere zu motivieren.

Ich weiß also aus eigener Erfahrung, wie wichtig es ist, Kindern Vertrauen und Verantwortung zu schenken. Deshalb setze ich mich heute mit ganzer Kraft dafür ein, dass den Kindern dies zugutekommt.

Ganz richtig, nicht jeder Lehrer kann so viel seiner Zeit opfern. Darum möchte ich Ihnen als Eltern, Erzieher und Lehrer Mut machen, es immer wieder in dem Rahmen zu versuchen, in dem Sie diese wertvolle Arbeit leisten können. Und auch ein bisschen darüber hinaus. Schließlich reizt die Herausforderung auch uns Erwachsene ein wenig, richtig?

Haben wir Mut, unsere eigene Angst beiseitezuschieben. Obwohl Eltern nichts so sehr am Herzen liegt wie die Zukunft ihrer Kinder, gefährden sie diese aus übermäßiger Angst oft, ohne es zu wissen. Die sogenannten Helikoptereltern sind dabei nur die Spitze des Eisbergs einer immer mehr in die Absicherung rückenden Gesellschaft, in der furchtvolle Erwachsene ihre Kinder vor einer vermeintlich gefährlichen Welt behüten wollen.

Haben wir Mut, unseren Kindern zu vertrauen. Fehlt diese Grundzutat, dann ist es schwer bis unmöglich für die Kinder, sich selbst zu vertrauen. Infolgedessen geben wir den Kindern heutzutage deutlich weniger Verantwortung als früher, und das hat schlimme Auswirkungen. Im Juni 2016 habe ich einen *Spiegel-Online*-Artikel zum Thema Verantwortung in der Erziehung verfasst. Mit über 200.000 Klicks schon am ersten Tag des Erscheinens fand mein Artikel sehr großen Anklang. Das Thema ist präsenter denn je, und es spaltet unsere Gesellschaft.

Umso wichtiger ist es, sich vor Augen zu führen, was passiert, wenn wir weiterhin nicht im Sinne der Kinder handeln und sie nicht darauf vorbereiten, in der Welt zu bestehen. Versuchen Sie also, das Beste für Ihr Kind zu tun – und das ist nicht immer, es ihm besonders einfach zu machen. Im Gegenteil!

Haben wir Mut, die Kinder auch mal zu überfordern. Es geht mir dabei nicht um Hürden, die wir ihnen schulisch in den Weg legen sollten. Die Schule ist für viele Schüler eine unliebsame Pflichtübung, und der Ehrgeiz der Eltern macht es nicht unbedingt leichter. Beim Überfordern geht es mir darum, die Kinder herauszufordern, eigene Lösungen zu suchen, selbstverantwortlich zu werden. Ihnen Aufgaben zu übertragen, bei denen es für sie wirkliche Erfahrung und echten Stolz zu gewinnen gibt. Deshalb:

Haben wir Mut, unsere Kinder zu stärken. Es geht darum, die Stärken des Kindes zu betonen. Ihm zu helfen, auf eigenen Beinen zu stehen. Echte Erfolgsmomente zu schaffen. Anleitung zur Selbstmotivation zu geben. Das Kind aus der Komfortzone zu führen, indem wir sein natürliches Interesse wecken.

Haben wir den Mut, einem Kind Verantwortung zu geben. Für jedes Kind gibt es den richtigen Moment dazu – selbst wenn es erst so aussieht, als ob das nie der Fall sein würde, weil das Kind vielleicht schüchtern oder besonders oft krank ist. Besonders die Geschichte meines Schülers Lennart erinnert mich in dieser Hinsicht immer wieder daran, zu welchen unerwarteten Höhenflügen Kinder ansetzen können.
Lennart ist 14 Jahre alt, und er spielt in einem Hockeyteam. Sein Verein organisiert eine Art Schüleraustausch mit Mannschaften aus den europäischen Nachbarländern, wo die Kinder bei Gastfamilien unterkommen, damit sie auch mal die Gelegenheit haben, in Freundschaftsspielen gegen internationale Gegner anzutreten. Deshalb hatte Lennarts Team vor Kurzem Besuch von einer schwedischen Hockey-Mannschaft. Er freundete sich mit seinem Gastspieler an, der ihn dann zu einem Gegenbesuch in seine Heimat einlud und vorschlug, einmal in Schweden Hockey zu spielen und andere Spieler kennenzulernen.
Bis dahin war Lennart noch nie alleine auf einer größeren Reise gewesen. Doch er entschied sich für das Abenteuer und dafür, seiner Neugier auf die Welt freien Lauf zu lassen.

Lennart sprühte vor Energie und Begeisterung. Ich bat ihn, einen Reisebericht zu verfassen, um dieses positive Gefühl für sich selbst festzuhalten. Nichts, was ich schreibe, könnte so gut wiedergeben, wozu ein Junge in seinem Alter fähig ist und wie er selbst die Situation wahrnimmt. Und so bin ich froh, dass Lennart mir erlaubt hat, ihn hier zu zitieren:

»Die Reise hörte sich für mich super spannend an. Doch da gab es mehrere Probleme. Zum einen mussten meine Eltern einwilligen und die Flugkosten übernehmen. Zum anderen musste die Schule mich für drei Tage freistellen. Das letzte Problem, über das ich erst nachdenken wollte, wenn die anderen Probleme gelöst waren, war das Zurechtfinden in dem fremden Land, die Organisation der Fahrt und das Leben in einer anderen Familie im Ausland. Es blieb nur wenig Zeit, also musste ich direkt handeln. Am einfachsten erschien es mir, an unseren Schuldirektor eine E-Mail zu schreiben. Das ging schnell, und ich musste ihm nicht persönlich die Argumente für die Reise vortragen. Beim Abschicken der Mail war es trotzdem ein komisches Gefühl, weil ich mich damit fest entschlossen hatte zu fliegen.
Noch am selben Abend sprach ich mit meinen Eltern. Eigentlich verstehen sie immer sehr gut, wenn ich etwas Besonderes unternehmen möchte, auf der anderen Seite muss man auf das Gespräch gut vorbereitet sein, da sie dann immer gleich konkrete Abläufe und Organisationen erwarten.
Also Fragen wie: Schreibst du noch Klassenarbeiten, kannst du dir das schulisch leisten, wie gedenkst du, vom Flughafen zur Gastfamilie zu kommen, bringst du Gastgeschenke mit, hast du Kontakt zur Hockeymannschaft, an welchen Trainings und welchen Spielen kannst du in der kurzen Zeit teilnehmen und so weiter.

Mir war klar, dass ich zu vielen Fragen zu diesem Zeitpunkt noch keine Antworten hatte. Also blieb mir nichts anderes übrig, als vor dem Gespräch noch mögliche Flüge rauszusuchen, zu klären, wie ich vom Flughafen wegkomme, und eine E-Mail an die Gastfamilie zu schreiben.

Dann fühlte ich mich erst mal gut genug vorbereitet, um mit ihnen zu sprechen. Sie waren zwar unsicher, aber sagten, dass ich fliegen darf, wenn die Schule ihr Okay gibt.

Die erste Hürde war genommen. Unser Schulleiter erlaubte netterweise auch, dass ich fliegen darf, wenn meine Klassenlehrer Ja sagen.

Das war das größte Problem, denn ausgerechnet in diesem Zeitraum schrieb ich noch eine Klassenarbeit. Nur weil sich mein Klassenlehrer Herr Nattermann eingesetzt hat, durfte ich endgültig fliegen. Donnerstagabend um 21.00 Uhr bekam ich die Erlaubnis, meine Reise nach Schweden anzutreten.

Jetzt hieß es Gas geben. Noch an diesem Abend suchte ich den passenden Flug heraus und bat meine Mutter, ihn zu buchen, da ich nicht im Besitz einer Kreditkarte bin. Derweil überlegte ich mir, dass ich am besten so vorgehe, dass ich mir überlege, was ich in den nächsten 34 Stunden noch zu erledigen hatte, bis der Flug startete.

Die kleinste Kleinigkeit schrieb ich mir vorsichtshalber in der Reihenfolge auf, in der sie in den nächsten Stunden erfolgen würde. Ich packte meine Schultasche für den nächsten Tag, ich legte Geld für die Gastgeschenke bereit, ich packte meine Reisetasche, meine Hockeytasche und die Lebensmittel für das Frühstück des Orgateams der Informatik-AG. Der Zettel für die Sachen aus dem Kühlschrank klebte auf der Haustür. So konnte ich sie am nächsten Tag nicht vergessen. Mittlerweile war es Mitternacht, und ich konnte endlich schlafen gehen.

Ehrlich, als ich zum ersten Mal seit einigen Stunden zur

Ruhe kam, hatte ich ein total komisches Gefühl. Es war eine Mischung aus Stolz, weil ich alle überredet bekommen hatte, Aufregung vor meinem kleinen Abenteuer, aber auch gehörig Respekt davor, etwas vergessen zu haben und vielleicht den Weg doch nicht so einfach von Deutschland nach Schweden zurückzulegen.

Irgendwann bin ich dann doch eingeschlafen.

Am nächsten Morgen musste ich mich schon von meinen Eltern verabschieden, da ich sie erst nach meinem Schweden-Aufenthalt wiedersehen würde. Sie waren zur Weihnachtsfeier von Papas Firma eingeladen und würden erst sehr spät in der Nacht nach Hause kommen. Es blieb nicht viel Zeit, und das war gut so, denn man fängt vor Eltern sehr schnell wieder an zu zweifeln, ob man das so alles auf die Reihe bekommt, denn die helfen einem ja schnell, wenn mal etwas nicht klappt.

Dann war noch mal Unterricht angesagt. Ich fürchte, meine mündliche Mitarbeit war schon mal besser. Anschließend hatten wir die Weihnachtsfeier mit der Informatik-AG. Es blieben mir noch gut eineinhalb Stunden Zeit, bevor ich zum Orgakreis der AG ins Jugendheim musste. Diese Zeit nutzte ich, um meine Gastgeschenke zu besorgen. An der Schule wartete dann meine Tante, die mich netterweise zum Treffpunkt brachte. Außerdem hatte sie meine Reisetasche und die Frühstücksutensilien mitgebracht. Sie hatte sogar mein Briefchen an der Tür gelesen und noch die restlichen Lebensmittel aus dem Kühlschrank geholt. Prima, das hatte geklappt.

An dem Treffen des Orgakreises gab es wirklich leckeres Essen, und wir haben viel gequatscht. Wir hatten Spaß, und so war ich immer wieder abgelenkt. Mein Onkel hat mich dann so gegen 23.00 Uhr abgeholt. Bei jedem Wechsel der Location und bei jeder Verabschiedung war mir wieder etwas mulmig zumute. Es wäre einfacher gewesen, einfach zu bleiben und mit den anderen weiterzufeiern. Aber eigentlich freute ich mich auch schon auf meine neuen Hockeyfreunde.

Am nächsten Morgen ging es dann früh zum Flughafen. Meine Tante hat mich gefahren. Sie fragte zwar, ob sie mich noch reinbringen soll, aber den Flughafen in Düsseldorf kenne ich ja, und wenn es hier schon schiefgeht, dann schaffe ich es bestimmt nicht in Schweden.

Mein Abenteuer begann.

Eigentlich war es einfach, den richtigen Flugschalter zu finden und meine Reisetasche aufzugeben.

Ich entschied mich dagegen, die Hockeytasche auch als Reisegepäck aufzugeben, da mir mein Hockeyschläger sehr wichtig ist und er unter keinen Umständen wegkommen sollte. Das entsprach nicht unbedingt den Vorstellungen des Sicherheitspersonals, das mich fast nicht durch die Kontrolle ließ. Sie waren der Meinung, dass ein Hockeyschläger auch als Waffe eingesetzt werden kann und deshalb nicht mit ins Flugabteil darf.

Na super! Fing ja toll an.

Sie waren aber sehr nett, und als ich erklärt habe, wie wichtig mein Hockeyschläger war, wurde ich durchgelassen und aufgefordert, meine Tasche beim Einstieg ins Flugzeug einer Stewardess zu geben, um sie nach dem Flug dann wiederzubekommen. Da hatte ich echt Glück!

Alle waren supernett zu mir und fragten immer wieder, ob alles okay ist, und boten mir sogar zweimal etwas zu trinken an.

Als ich nach ungefähr zwei Stunden Flug in Stockholm ankam, war der Flughafen überschaubar groß. Das war ganz in Ordnung, obwohl ich dort ein wenig nervös wurde. Ich musste ja schließlich schauen, wie es weitergeht. Als ich meinen Koffer endlich hatte, suchte ich erst mal eine Toilette auf. Meine Eltern hatten mir noch mal eingeschärft, dass ich gut auf mein Gepäck aufpassen soll. Also nahm ich alles mit. Das war dann echt eine größere Herausforderung, mit Reisegepäck, Hockeytasche und kleinem Rucksack die kleine Toilette aufzusuchen.

Völlig fertig machte ich mich total bepackt auf den Weg zu einem Informationsschalter. Hier kam mein Englisch zum Einsatz. Mir wurde der Weg zum Arlanda Express sehr gut erklärt, und ich konnte sogar ein Ticket direkt am Informationsschalter kaufen. Ich hatte mir zwar zu Hause eine Karte von Stockholm ausgedruckt, aber dort lagen noch kostenlose Stadtpläne. Davon habe ich mir vorsichtshalber gleich zwei eingepackt. Einen in die Hockeytasche und einen in die Hosentasche. Na, das ging leichter als gedacht. Trotz des großen Bahnhofs, von dem viele Züge starten, die in viele Bereiche Schwedens fahren, war mein Zug schnell zu finden, da er von einem Extragleis losfuhr. Auch hier setzte ich mich so, dass ich mein Gepäck immer im Auge hatte. Der Zug war toll. Man konnte ihn vielleicht mit einem ICE vergleichen, da er mit 200 Stundenkilometern durch die Stadt fuhr. Draußen lag sogar etwas Schnee. In zwanzig Minuten war ich schon an der Central Station.

Da es draußen eiskalt war, versuchte ich, mir den Weg zu meiner Fähre zu merken. Der Stadtplan war wirklich viel besser als meine ausgedruckte Karte.

Schnell machte ich mich auf den Weg zum Hafen. Zwischendurch fragte ich Leute, und außerdem sah ich das Wasser schon. Das konnte nicht so schwierig sein. War es dann leider doch. Wenn ich zuerst noch begeistert war, welche tollen Häuser und Geschäfte es gab, hatte ich so später dafür keinen Blick mehr. Meine Gastfamilie hatte mir zwar angeboten, dass ich sie anrufen dürfte, falls ich den Weg zur Fähre nicht fand, und dass sie mich dann innerhalb von zwei Stunden in der Nähe des Bahnhofs abholen würden, aber noch wollte ich nicht aufgeben.

Das Problem war, dass es mehrere Hafenbecken hintereinander gab und dass dort eine Fülle von Fähren anlegte. Um zu meiner Familie nach Nacka Strand zu kommen, benötigte ich die Fähre Nr. 80.

Ich wusste einfach nicht weiter. An einem Hafenbecken war ein großes Hotel. Schwer bepackt stieg ich die Stufen hoch. Das war vielleicht ein nobles Hotel. Zu dem Zeitpunkt war mir das aber egal. Ich musste die Fähre finden. Erstaunlicherweise waren die dort sehr nett und erklärten mir, dass ich noch ein Hafenbecken weiter müsste. Dort gingen aber nicht mehr viele Fähren, da Samstag wäre. Ich müsste mich beeilen.

Also rannte ich los. Gut, dass wir so viel Lauftraining beim Hockey machen! Völlig fertig sah ich, wie die Taue meiner Fähre gelöst wurden. Ich rief laut »Stopp!« und kam so gerade noch mit auf die Fähre. Der Kapitän erklärte mir, dass sie nicht noch mal warten könnten, da sie einen sehr strengen Zeitplan einhalten müssten. Nett war es trotzdem, dass er mir Bescheid sagen wollte, wenn ich aussteigen muss. Zuerst rief ich meine Gasteltern an, dass ich jetzt auf der Fähre wäre, und sie versicherten mir, dass sie mich beim Anleger abholen würden. Die Fährfahrt dauerte wieder so ungefähr zwanzig bis dreißig Minuten. So langsam konnte ich mich wieder ein wenig entspannen. Bei den nächsten Stopps der Fähre konnte ich beobachten, dass die Fähre kaum angelegt hatte, dann fuhr sie sofort weiter.

Nach fünf Stopps kam ich in Nacka Strand an. Obwohl wir erst ungefähr 13:30 Uhr hatten, war ich unendlich müde. Alle Mitglieder der Familie warteten an der Anlegestelle. Darüber habe ich mich sehr gefreut. Sie haben mir so gezeigt, dass ich willkommen war. Den Rest des Weges konnten wir zu Fuß zurücklegen. Da dort alle Häuser in den Fels gebaut wurden, ging eine sehr steile Treppe zu den Hauseingängen. Die kann man aber nicht gut jeden Tag bewältigen. Dazu gab es auch noch eine Standseilbahn, die zu den oben liegenden Straßen führt. Total cool. Alle halfen mir mit dem Gepäck und zeigten mir mein Zimmer.

Am Sonntag war die Gastmutter so lieb und ist mit mir und ihren Jungs in einen Supermarkt gefahren, und ich durfte mir dort Brot und Obst aussuchen. Dann ging es zu meinen ersten Hockeyspielen. Am Nachmittag sind wir dann zu einem speziellen Weihnachtsmarkt gefahren. Dort tanzten ganz viele Schweden nach Musik einer kleinen Band um einen riesigen Weihnachtsbaum. Dabei schien es sich um traditionelle Tänze zu handeln, die Kinder und sogar alte Menschen beherrschten.

Am nächsten Tag ging es dann morgens in die Schule. Hier wurde nur Englisch gesprochen. Die Schule hatte zehn Stockwerke, und Schülern war es verboten, mit dem Aufzug zu fahren. Alle benahmen sich wirklich vorbildlich. Im zehnten Stock gab es einen Schulhof mit Kunstrasen, Eishockeyfeld, Kicker und Tischtennisplatte. In den Musikräumen gab es eigene Aufnahmestudios, und auch die anderen Räume waren toll ausgestattet. Es hat riesig Spaß gemacht, dort zur Schule zu gehen.

Ich habe noch häufiger in den Tagen die Fähre benutzt, und es war gar nicht mehr so ein großes Problem. Die Jungs benutzen die Fähre wie wir den Bus, da das für sie viel schneller geht.

Am letzten Tag bin ich von der ganzen Familie bis zu Central Station gebracht worden. So brauchte ich nur noch den Arlanda Express zu nehmen und nach Hause zu fliegen. Vorsichtshalber gab ich meine Hockeytasche als Gepäck mit auf. Der Flug ging schnell, und ich freute mich trotz der tollen Zeit auf zu Hause.

Ganz glatt lief es dann zum Schluss doch nicht. Als ich

mein Gepäck vom Band nehmen wollte, war nicht alles da. Was fehlte wohl? Na klar, die Hockeytasche. Also musste ich auch noch zum ›Lost-and-Found-Schalter‹ und sollte dort ein Formular auf Englisch ausfüllen. Sehr beruhigend, dass die Frau hinter dem Schalter das auch nicht besser konnte als ich. Müde und ein bisschen genervt wartete ich auf meine Hockeytasche. Die Bediensteten suchten für mich noch mal. Als die Hockeytasche doch noch wiedergefunden wurde, musste das Formular wieder zerrissen werden, und ich musste wieder ein Formular unterschreiben, dass ich nichts mehr vermisse. Ich wusste nach diesem Akt, dass ich wieder in Deutschland bin. Trotzdem war ich sehr erleichtert, dass mein Schläger wieder da war.

Nach fast einer Stunde Verspätung begrüßte mich mein Vater am Ausgang. Müde und hungrig, aber glücklich war ich wieder zu Hause. Zwei Stunden später besuchte ich das Weihnachtskonzert in meiner Schule. Schön, wieder zu Hause zu sein!

Meine neuen schwedischen Freunde besuchen mich im Februar, darauf freue ich mich schon riesig.«

Bei seiner Rückkehr ist Lennart spürbar ein Stück erwachsener geworden – er hat zum ersten Mal echte Verantwortung übernommen. Ich bin stolz auf ihn, darauf, wie er die Situation gemeistert hat und wie selbstständig er ist.

»Hast du zwischendurch nicht auch mal ein bisschen Bammel gehabt?«, fragte ich ihn, als wir uns am Freitag nach seiner Reise wieder in der Informatik-AG treffen.

Lennart grinst. »Doch, klar, auf der Hinfahrt eigentlich ständig. Aber muss man manchmal nicht auch etwas tun, wovor man sich fürchtet?«

Da hat der Junge recht. Manchmal muss man Mut haben, und das bedeutet, etwas zu tun, obwohl man Angst davor hat.

Deshalb ist Lennart für mich ein großes Vorbild. Er hat seine Ängste überwunden, Verantwortung übernommen und ist daran gewachsen.

Wenn ein 14-Jähriger so viel Mut aufbringen kann, können das auch andere Kinder – und wir Erwachsenen erst recht.

Denn auch Erziehung bedarf oft einer großen Portion Mut. Nämlich immer dann, wenn man als Eltern die eigenen Ängste überwinden oder wenn man sich als Lehrer auf neue Unterrichtskonzepte einlassen muss, um den Kindern jenen Freiraum zu geben, den sie für eine gesunde Entwicklung brauchen.

Lassen Sie uns das gemeinsam angehen:

Haben wir Mut.

Geben wir den Kindern die Verantwortung zurück.

Danksagung

An dieser Stelle möchte ich einmal Danke sagen. Danke an Jan F. Wielpütz und Ann-Kathrin Schwarz, die mich bei der Erstellung des Buchs so unglaublich toll unterstützt haben. Danke an Hanna Leitgeb, Stefan Ulrich Meyer und Christiane Bernhardt, die diesem Buch ebenfalls auf die Welt geholfen haben. Danke an die vielen Eltern, insbesondere Ilka und Sandra, für die netten Gespräche und die zahlreichen Erziehungstipps.

Danke an meine Eltern, die mir in jungen Jahren das nötige Vertrauen gaben und mich eigenverantwortlich aufzogen. Auch möchte ich mich bei meinen Gruppenleitern von damals bedanken; erst viel später wusste ich wirklich zu schätzen, was ich durch sie lernen durfte.

Danke an meine Trainer und die Orgakreisler meiner AG, ihr leistet großartige Arbeit. Last but not least auch ein Dankeschön an meine alte Klasse, die ich seit der 5. Klasse als Klassenlehrer begleiten konnte und deren Schülerinnen und Schüler jetzt ihr Abitur machen. Danke für die schönen Jahre. Ich wünsche euch alles Gute auf eurem weiteren Lebensweg.

Zitatnachweis

S. 9 Astrid Lindgren, *Pippi Langstrumpf.* Deutsch von Cäcilie Heinig.
Verlag Friedrich Oetinger, Hamburg 2007, S. 9.
Veröffentlichung mit freundlicher Genehmigung des Verlags.

S. 57 Erich Kästner, *Zum Neuen Jahr.* In: Es gibt nichts Gutes,
außer man tut es. Artrium, Zürich 2015, S. 14.

S. 141 Astrid Lindgren, *Deshalb brauchen Kinder Bücher.*
In: Oetinger-Almanach Nr. 15, Verlag Friedrich Oetinger,
Hamburg 1977, S. 14 f.

S. 150 Günter Grass, *Mündig sein: Eine Rede, gehalten an der Paul-Natorp-
Oberschule in Berlin. Gewidmet dem Abiturjahrgang von 2009.*
Online abrufbar unter: http://www.zeit.de/2009/29/C-Grass.

S. 156 Meike Winnemuth: *Das große Los: Wie ich bei Günther Jauch eine
halbe Million gewann und einfach losfuhr.* btb Verlag, München 2014,
S. 77.